Israel Shamir

BLUMEN AUS GALILÄA

Überarbeitete und ergänzte Ausgabe des englischen Originalwerkes:
Flowers of Galilee. The Collected Essays of Israel Shamir.

Bibliografische Information der Deutschen Bibliothek
Die Deutsche Bibliothek verzeichnet diese Publikation in der Deutschen Nationalbibliografie; detaillierte bibliografische Daten sind im Internet über http://dnb.ddb.de abrufbar

Umschlaggestaltung: Gisela Scheubmayr
Lektorat: Erhard Waldner
Druck: AZ Druck und Datentechnik GmbH
Printed in Germany
ISBN 3-85371-231-2

Fordern Sie einen Gesamtprospekt des Verlages an bei:
Promedia Verlag, Wickenburggasse 5/12
A-1080 Wien, Fax: 0043/1/405 715 922
E-Mail: promedia@mediashop.at
Internet: http://www.mediashop.at

Israel Shamir

Blumen aus Galiläa

Schriften gegen die Zerstörung des Heiligen Landes

Aus dem Englischen von Eva Hirschmugl
Herausgegeben von Fritz Edlinger

PROMEDIA

Der Autor

Israel Shamir, geboren 1947 in Novosibirsk, kam 1969 als Sohn jüdischer Eltern nach Israel. Er diente in einer Fallschirmjägereinheit der israelischen Armee und kämpfte im Jom Kippur-Krieg 1973. Shamir übersetzte den Talmud, James Joyce, Homer und andere Klassiker in die russische Sprache. Sein umfassendes Wissen erlaubt es ihm, historische und intrakulturelle Querverbindungen herzustellen, die für Lesende aus dem Okzident etwas erfrischend Atemberaubendes haben. Als Journalist arbeitet er für das israelische Radio sowie für eine Reihe von Zeitungen in Israel, Russland und Japan. Seine Schriften wurden in zahlreiche Sprachen übersetzt. Israel Shamir lebt in Jaffa. Er gehört zu den prominentesten jüdischen Vertretern des Konzepts eines gemeinsamen jüdisch-palästinensischen Staates.

Eine jüdische Geschichte erzählt von einem stummen Kind, das trotz intensiver ärztlicher Bemühungen niemals ein Wort sprach. Eines Tages, im fortgeschrittenen Alter von zehn Jahren, ließ es bei Tisch plötzlich seinen Löffel fallen und rief: „Die Suppe ist zu salzig!“ Die Eltern fragten ihr Kind erstaunt, warum es all die Jahre geschwiegen hatte, und es antwortete: „Bis jetzt war immer alles in Ordnung.“

Mit dieser Anekdote erklärt Israel Shamir sein plötzliches Auftauchen in den politischen Medien Westeuropas. Der russisch-israelische Intellektuelle, Autor, Übersetzer und Journalist war bei seinen russischen Lesern schon lange bekannt. In englischer Sprache begann er erst zu schreiben, als im Januar 2001 israelische Angriffe auf Palästinenser ihn dazu zwangen, sich politisch einzumischen. Seine Artikel erschienen weltweit auf Internet-Seiten, wurden in zahlreichen Zeitungen und Magazinen abgedruckt und in Buchform in mehrere Sprachen übersetzt.

Der Herausgeber

Fritz Edlinger, geboren 1948 in Wien, ist Generalsekretär der „Gesellschaft für Österreichisch-Arabische Beziehungen“ und Herausgeber der Zeitschrift „International“. Aufgrund seines mehr als zwanzigjährigen Engagements in politischen, wissenschaftlichen und wirtschaftlichen Projekten verfügt er über ausgezeichnete direkte Beziehungen zum arabischen Raum. Zahlreiche Publikationen zu Fragen der internationalen Beziehungen, der Entwicklungs- und der Nahost-Politik.

Inhaltsverzeichnis

Vorwort des Herausgebers

Seit knapp sechzig Jahren ist das kleine, am südöstlichen Ufer des Mittelmeeres gelegene Land heiß umkämpfter Zankapfel zweier Völker. Auch wenn die Wurzeln dieses blutigen Kampfes um die nationale Vorherrschaft in Palästina – um den historischen und auch von den britischen Kolonialherren gewählten Namen zu verwenden – viel weiter zurückreichen, so hat sich der Konflikt zwischen dem jüdischen und dem palästinensischen Volk vor allem seit der Gründung des Staates Israel dramatisch ausgeweitet. Beide Völker verweisen auf ihre historische Verwurzelung in diesem Land und leiten davon ihre politischen und rechtlichen Ansprüche auf nationale Selbstbestimmung und Unabhängigkeit ab. Ich persönlich halte Rechnungen, welches der beiden Völker in welcher historischen Periode gerade dominant war, für spitzfindig und kontraproduktiv. Sie führen uns in eine Jahrtausende lange Geschichte und sind kaum geeignet, die anstehenden Probleme zu lösen. Auch eine Auseinandersetzung über die ethnischen Grundlagen der beiden Völker ist nutzlos und für die Lösung des aktuellen Konfliktes kaum förderlich. Dieser wird noch dadurch verschärft, dass zuletzt auch die religiöse Komponente (jüdische Religion versus Islam) immer mehr in den Vordergrund getreten ist.

In der jüngeren Geschichte Palästinas ist unübersehbar, wie radikal die traditionelle Bevölkerungs- und Siedlungsstruktur seit dem Entstehen des jüdischen Nationalismus in Frage gestellt worden ist. Das offen deklarierte Ziel der Zionisten war die Schaffung eines jüdischen Staates auf einem möglichst großen Teil des gemeinsamen Landes. Dies führte in logischer Konsequenz zur Verdrängung der ansässigen nicht-jüdischen Bevölkerung, die zu Beginn der jüdisch-zionistischen Besiedelung Palästinas die überwiegende Mehrheit gestellt hatte. Das war zwar den meisten zionistischen Pionieren bewusst, vielen verantwortlichen Staatsmännern in Europa, welche die Siedlerpolitik unterstützten oder die Siedler zumindest gewähren ließen, jedoch kaum. Damit entstand bereits zu Beginn des 20. Jahrhunderts ein Problem, das heute zu einem der brennendsten und blutigsten Probleme der Welt angewachsen ist.

Selbst manche Zionisten waren davon überrascht, dass sie im Zuge der Besiedelung Palästinas kein menschenleeres, sondern ein durchaus kultiviertes und entwickeltes Land vorfanden. Die dominante arabische Kultur hatte beachtliche Leistungen erbracht, wovon zahlreiche historische Stätten und Baudenkmäler auch heute noch eindrucksvoll Zeugnis ablegen. Die aus Europa zuwandernden Zionisten ignorierten dies weitgehend; sie siedelten sich zunächst neben den Arabern an, verdrängten diese jedoch bald gezielt. Auf Seiten der angestammten Bevölkerung formierte sich Widerstand gegen die Einwanderung, vor allem aber gegen die Art der Durchsetzung der zionistischen Ansprüche. Versuche eines gemeinsamen Miteinanders gab es kaum, sie hätten dem Ziel der Schaffung eines jüdischen Staates auch widersprochen.

Im Zuge der zionistischen Landnahme wurden zahllose Dörfer und Städte, aber auch Friedhöfe, Moscheen und Kirchen zerstört. (Es soll nicht ganz vergessen werden, dass eine wichtige Minderheit der Palästinenser Christen sind!) Historische Quellen dokumentieren mehr als 400 derartige Orte innerhalb der Grenzen des heutigen Israel. Ohne Übertreibung kann man feststellen, dass ein Teil des jüdischen Staates auf den Ruinen einer alten, traditionsreichen Kultur errichtet worden ist. Diese Politik wird von israelischer Seite konsequent und mit allen legalen (und auch illegalen) Mitteln fortgesetzt. Mehr als 250.000 israelische Siedler auf besetztem und willkürlich enteignetem palästinensischen Land beweisen dies.

Das vorliegende Buch, von einem der umstrittensten und radikalsten israelischen Autoren verfasst, dokumentiert auf eindrucksvolle Weise den Überlebenskampf der palästinensischen Kultur und Lebensweise. Israel Shamir schreibt gegen die Ideologie des jüdischen Staates. Sein Buch ist ein Aufschrei gegen den Zionismus. Manche seiner Texte mögen schockieren, einige seiner Aussagen werden vehementen Widerspruch hervorrufen. Er repräsentiert das „andere“ Israel, das in Europa – und vor allem im deutschsprachigen Mitteleuropa – kaum zu Wort kommt. Er tritt der offiziellen Politik des Staates Israel entgegen, die sich nicht scheut, die während des Nazi-Holocausts am jüdischen Volk begangenen Verbrechen bewusst als Argument und Druckmittel zur Durchsetzung und Rechtfertigung der eigenen völkerrechtswidrigen Politik gegen das palästinensische Volk einzusetzen.

Israel Shamir tritt auch gegen die Zweistaatenlösung auf, die seit geraumer Zeit sowohl von israelischer als auch von arabischer Seite vertreten wird. Damit hängt er einem Traum nach, der lange Zeit unter den Palästinensern weit verbreitet war, nämlich der Schaffung eines gemeinsamen jüdisch-palästinensischen Staates; ein angesichts der aktuellen dramatischen Ereignisse in Palästina utopisch und unrealistisch klingendes Konzept. Jedoch hat auch die pragmatische „Realpolitik" der vergangenen Jahrzehnte weder den Israelis noch den Palästinensern Sicherheit und Frieden gebracht.

Dass vehemente Kritik an den ideologischen Grundlagen des Staates Israel nicht nur auf extreme Randgruppen der israelischen Gesellschaft beschränkt ist, zeigt unter anderem eine Stellungnahme von Avraham Burg, dem früheren Sprecher des israelischen Parlaments, der in einem kürzlich publizierten Essay das unmittelbare Ende des zionistischen Projektes kommen sieht und die „Vision einer gerechten Gesellschaft" einfordert. Zwischen den Ansichten des Sozialdemokraten Avraham Burg und jenen des Linken und radikalen Demokraten Israel Shamir liegen ideologische Welten. Gerade deswegen ist es bemerkenswert, welche tief greifende Verunsicherung in Israel selbst angesichts der seit Jahren betriebenen Besatzungs- und Vertreibungspolitik herrscht. Diese Politik wird von autoritären Generälen beherrscht, die sich ausschließlich dem Gesetz der Gewalt verpflichtet fühlen und auch von vielen Israelis als Gefahr für Demokratie und Menschenrechte betrachtet werden.

Die deutschsprachige Ausgabe von „Flowers of Galilee" möge viele Leserinnen und Leser finden. Zudem bleibt mir zu hoffen, dass die in manchen Texten enthaltenen Provokationen eine vehemente Debatte über den israelisch-palästinensischen Konflikt und über die Perspektiven eines demokratischen und friedlichen Zusammenlebens der beiden Völker auslösen werden.

Fritz Edlinger — Wien, im Jänner 2005

VORWORT

Dieses Buch ist eine Liebeserklärung an meine deutschsprachigen Leser aus dem Heiligen Land Palästina. Die Deutschen (und ich meine damit die deutschsprachige Gemeinde, in welchem Land auch immer diese Menschen leben mögen) sind in Palästina keine Fremden und ihre Beziehung zu diesem Land besteht nicht erst seit gestern. Ihre grimmigen Krieger dienten in den römischen Legionen, gingen in den Ruhestand, heirateten einheimische Frauen, wurden für immer in Neapolis (Nablus), Sebaste und Kolonia, einer Schwesterstadt von Köln, sesshaft und hinterließen ihren Nachkommen ihre azurblauen Augen. Ihre tapferen teutonischen Ritter erbauten die mächtige Festung Starkenberg, deren Ruinen an den stillen Wassern von Az-Ziv in Ober-Galiläa an sie erinnern. Ihr Kaiser Barbarossa wagte sich auf seinem Weg nach Jerusalem auf die offenen Ebenen und über Bergpässe. Unsere Legende besagt, dass er – trotz der Gerüchte um seinen Tod – die Heilige Stadt als Pilger erreichte und in ihrem Boden seine letzte Ruhestatt fand.

In moderneren Zeiten kamen ihre Großväter und Onkel nach Palästina und brachten uns die berühmte deutsche Liebe zur Arbeit. Sie bauten Mühlen und Werkstätten, behandelten die eingeborenen Palästinenser in ihren Krankenhäusern und waren nett zu ihren Nachbarn. Palästina hatte sie verzaubert – nicht nur wegen seiner Geschichte als Land des Ursprungs der Bibel und als Wiege der europäischen Spiritualität, sondern auch durch seine wunderbare Lebendigkeit, seine Olivenhaine, seine spröden Frühlinge, seine heiligen Gedenkstätten auf den Hügeln und seine Bewohner, die so sehr am kargen Boden dieses Landes und an den Bauten ihrer Vorväter hängen. Als Sohn eines österreichischen Juden kann ich sie nur zu gut verstehen. Auch ich kam als Eindringling nach Palästina, doch das Land verzauberte und adoptierte mich so, wie es die deutschen Siedler aufnahm.

Ihre Häuser stehen immer noch inmitten der grünen Gärten der malerischen deutschen Kolonie in Jerusalem; alte Steinhäuser mit roten Ziegeldächern, die Giebel sind mit eingemauerten Tafeln verziert, auf denen in Frakturschrift Psalmen zitiert werden. Efeu kriecht am Mauerwerk hinauf, der geheimnisvolle Friedhof der Templer verbirgt sich hinter einem schweren Tor. Die Templerkirchen verschönern noch immer die entzückende Landschaft von Galiläa, die Kirche Augusta Victoria mit dem über den Ölberg hinausragenden Glockenturm grüßt immer noch ihre Schwester Dormition auf dem Berg Zion.

Vieles ist nicht mehr so, wie es früher einmal war. Die Briten deportierten die Mehrheit der Deutschen ins ferne Australien; die restlichen wurden von Zionistenbanden der Palmach terrorisiert und flohen. Zionistische Juden, auch deutsche Juden, bezogen die ehemals deutsche Kolonie, verwandelten das Schneller-Krankenhaus und seine Kirche in eine Militärbasis, ließen sich in Waldheim nieder und verbarrikadierten die Kirchen in Galiläa. Die ortsansässigen Deutschen waren nicht die einzigen Opfer der zionistischen Übernahme – sie litten zusammen mit Hunderttausenden einheimischen Palästinensern, Christen und Moslems, zusammen mit Armeniern, Griechen …

Dennoch ist das Schicksal der Deutschen besonders ergreifend. Während die Palästinenser ihren Generationen übergreifenden Kampf um ihr Land, ihre Olivenbäume, ihre heiligen Stätten und vor allem um ihre Gleichstellung mit den zugewanderten Juden fortsetzten, schlugen sich die deutschen Anführer auf die Seite der Zionisten.

Während ich dies hier schreibe, machte die deutsche Regierung Israel ein Weihnachtsgeschenk: zwei atomwaffenfähige U-Boote der „Dolphin"-Klasse, gebaut von Howaldtswerke-Deutsche Werft in Kiel, zusätzlich zu den drei U-Booten, die bereits an Israel gegangen sind.* Diese U-Boote bedrohen jedes Land der Erde und sind nötig, um die bevorstehende Vertreibung der Palästinenser aus ihrem Land durchzusetzen. Am 28. April 2002 schrieb der israelische Militärhistoriker Van Creveld im *Sunday Telegraph*, dass „die in Deutschland gebauten ultramodernen U-Boote im Meer Schusspositionen beziehen würden. Zur Vertreibung der Palästinenser würde man so nur einige Kampftruppen benötigen".

Am 22. April 2004 schlug ich die *Jerusalem Post* auf und las: „Ich habe nicht nur ein Problem mit Deutschland. Ich habe ein Problem mit allem Deutschen, egal wo. Ich diskutiere nicht darüber und rege mich auch nicht auf. Ich habe ganz einfach Deutschland und sein Volk von meinem Globus gelöscht", schrieb Matti Golan, früherer Chefredakteur der führenden is-

---

* Siehe *Maariv*, 22. Dezember 2004.

raelischen Zeitung *Haaretz* und von *Globes*, der Zeitung für die jüdischen Wirtschaftseliten. Matti Golan ist kein Heißsporn, er ist keiner dieser religiösen Fanatiker, die sogar behaupten, Nichtjuden würden nicht von Adam abstammen. Matti Golan ist einer der geistig regen, nicht religiösen, einflussreichen jüdischen Mainstream-Intellektuellen. Wäre ich Deutscher, würde ich es mir reiflich überlegen, Matti Golans Land mit atomwaffenfähigen U-Booten auszustatten, sonst „löscht er noch Deutschland und sein Volk einfach von unserem Globus".

Meiner Ansicht nach ruft Matti Golan zu rassistischem Hass und zum Genozid auf. Die deutsche Führung könnte darüber diskutieren, doch sie würde eher „Antisemitismus" verurteilen. Der ehemalige deutsche Bundespräsident Johannes Rau sagte: „Jeder weiß, dass sich hinter der Kritik an der israelischen Regierung über die letzten Jahrzehnte Antisemitismus verbirgt." Eine Woche zuvor, am 23. April 2004, war die vier Jahre alte Asma in ihrem Zimmer in Gaza an israelischem Tränengas erstickt; ein Jahr zuvor war die Friedensaktivistin Rachel Corrie aus Seattle von einem israelischen Bulldozer zerquetscht worden.

So wurde dank des eigenartigen deutschen „Kampfes gegen den Antisemitismus" stillschweigend über die Morde an Asma und Rachel hinweggegangen. So ein Verhalten kann gefährlich sein. In der groß aufgelegten israelischen Zeitung *Maariv* vom 24. April 2004 berichtete Dan Margalit, ein Superstar des israelischen Journalismus, über den Mann, der vor der ernsthaften Gefahr des israelischen Nuklearpotenzials zu warnen versuchte: „Vanunu* posierte als neuer Jesus, der für seine Bekehrung zum Christentum im Gefängnis schmachten muss. Zugegeben, er wurde aus religiösen Gründen diskriminiert, doch in einer positiven Art und Weise. Vanunu durfte trotz seines Verrats am Leben bleiben, trotz seiner Spionage und seiner Taufe behandelte ihn Israel wie einen Juden. Jeder weiß, was der israelische Mossad mit ihm machen würde, wäre er ein deutscher Atomexperte, der für einen arabischen Staat arbeitet – die Namen Letzterer zieren die Grabsteine europäischer Friedhöfe."

---

* Der zum Christentum konvertierte Atomexperte Mordechai Vanunu war als Techniker im israelischen Atomkraftwerk Dimona beschäftigt. Er spielte 1986 einer britischen Zeitung Informationen über die Anlage zu, die dazu beitrugen, Israel als geheime Atommacht zu enttarnen. In einem Geheimprozess wurde Vanunu wegen „Verrats" zu 18 Jahren Gefängnis verurteilt. Er wurde im April 2004 unter strengen Auflagen freigelassen.

Margalits Botschaft ist deutlich: Für einen Zionisten ist das Blut eines Deutschen weniger wert als das Blut eines Juden. Und das haben die Deutschen sich selbst zuzuschreiben. Israel brüstete sich damit, dass seine Auftragskiller deutsche Techniker und Wissenschaftler ermordet hätten – doch Deutschland beschwerte sich nie darüber. Der mutige amerikanische Jude John Sack veröffentlichte ein Buch über die Gräueltaten, die gewisse Juden in den späten 1940er Jahren an unschuldigen ethnischen Deutschen begingen – doch Deutschland stellte trotz der schweren Anschuldigungen keine Nachforschungen an und verlangte nicht nach der Verurteilung der Verbrecher. Sacks Buch wurde nicht einmal in Deutschland veröffentlicht. In der englischen Zeitung *The Observer* gestanden einige Israelis öffentlich, dass sie deutsche Kriegsgefangene zu vergiften und deutsche Zivilisten zu ermorden versucht hatten. Ein kürzlich erschienenes Buch von Dina Porat weist nach, dass sie von den Gebrüdern Katzir (Ephraim Katzir war 1973-1978 israelischer Präsident und sein Bruder Aharon ein führender Wissenschaftler)* mit Gift versorgt wurden. Deutschland stellte keine Nachforschungen an und schickte stattdessen noch mehr Gelder und militärische Ausrüstung nach Israel.

Die Deutschen haben die wichtigste Lektion des Weltkrieges nicht verinnerlicht: Juden und Nichtjuden – seien es nun Deutsche, Polen oder Palästinenser – sollten alle gleich behandelt werden. Es besteht kein Grund, weiterhin für beschlagnahmten jüdischen Besitz zig Milliarden Dollar an Israel zu zahlen, während Israel für beschlagnahmten Besitz von Deutschen oder Palästinensern keinen Cent bezahlt hat.

Es gab keinen Grund, testamentarisch nicht geregelte Besitztümer, die deutschen Staatsbürgern jüdischen Ursprungs gehörten, auf ausländische jüdische Organisationen zu übertragen. Ich bin besonders besorgt über die Anti-Antisemitismus-Propaganda, die den erhöhten Stellenwert der Juden in den Köpfen noch verstärkt, als ob der Hass auf einen Türken oder einen Deutschen besser wäre als der auf einen Juden.

Der unaufhörliche „Kampf gegen den Antisemitismus“ ist in der Tat nicht die Verteidigung einer kleinen, verfolgten Nation. Wenn dem so wäre, dann würden Sie die belagerten Palästinenser verteidigen. Es ist auch kein Kampf gegen den Rassismus, denn Sie verteidigen das rassistische Sys-

---

* http://www.haaretz.com/hasen/spages/521657.html

tem der Apartheid in Palästina. Es ist kein Kampf gegen antijüdische Diskriminierung, denn diese gibt es nicht; von Moskau über Paris bis New York sitzen auch Menschen jüdischen Glaubens an den Schalthebeln der Macht. Der Kampf hat auch nichts mit dem historischen Antisemitismus oder der antijüdischen Rassentheorie zu tun, denn es gibt Semiten und jüdische Nachkommen auf beiden Seiten des Kampfes. Es handelt sich eher um einen umgekehrten Antisemitismus, da den Juden Gleichheit abgesprochen wird und sie über die Normalsterblichen erhoben werden.

Der Kampf vergiftet die Köpfe der jüdischen Nachkommen. Sie gewöhnen sich an die bevorzugte Behandlung; sie beziehen sich oft auf die „sechs Millionen“, um ihr Fehlverhalten oder ihre Gesetzesverstöße zu rechtfertigen; sie fühlen sich als die Erben des großen Vermögens deutscher Schuld. Ein solches unverdientes Gefühl der ererbten Opferrolle führt ihre Seelen ins Verderben. Der Kampf vergiftet die Köpfe der Deutschen, denn er ruft bei ihnen völlig unverdiente Schuldgefühle hervor – es gibt weder ererbte Schuld noch ererbten Opferstatus. Und das Schlimmste dabei ist, dass dieser Kampf Scharon dabei hilft, Palästina immer stärker in den Würgegriff zu nehmen, die Städte und Dörfer des Landes zu zerstören, seine Kirchen und Moscheen zu sprengen und seine Kinder zu töten. Wir brauchen ein Gegenmittel für dieses Gift, damit Juden und Nichtjuden wieder gleichberechtigt leben können – in Palästina und anderswo.

Israel Adam Shamir — Jaffa, im Januar 2005

Warum ich die Rückkehr der Palästinenser unterstütze

Palästina ist kein lebloses Objekt, sondern ein lebendiges Land, und die Palästinenser sind seine Seele. Palästina ist das, was die Palästinenser in Realzeit schaffen, genauso wie Frankreich das ist, was die Franzosen geschaffen haben und täglich neu erschaffen. Es ist ein großer Irrtum zu glauben, dass man Frankreich lieben, aber die Franzosen hassen kann. Was wäre Frankreich ohne seine französische Seele? Nur dumme Touristen aus reichen Ländern, die sich von Bettlern bedrängt fühlen, bleiben lieber in versnobten, geschlossenen Hotelkomplexen, wo sie sich des Landes erfreuen können, ohne seinen Einwohnern zu begegnen. Das ist so, als würde man eine wunderschöne Frau lieben, aber ihren Charakter hassen. Ein Land zu lieben, aber seine Einwohner fortzuwünschen – das ist eine Art von nekrophiler Romanze.

Der verstorbene russische Denker Lev Gumilev beschrieb ein Land als die Symbiose zwischen Einwohnern und Landschaft. Palästina und die Palästinenser sind untrennbar miteinander verbunden. Die Landwirte, ihre Oliven und Quellen und die Kuppeln ihrer altehrwürdigen Gedenkstätten auf den Hügeln – sie brauchen und ergänzen einander. Die Palästinenser sind keine obskuren, böswilligen Menschen. Sie haben den Stern von Ghassul geschaffen, die Bibel geschrieben, die Tempel von Jerusalem und auf dem Berg Grizim gebaut, die Paläste von Jericho und Samaria, die Geburtskirche, die Moscheen von Haram al-Sharif, die Häfen von Caesarea und Akko, die Schlösser von Monfort und Belvoir. Sie sind mit Jesus gewandelt, haben Napoleon geschlagen und tapfer in Karameh gekämpft. In ihren Adern fließt das Blut ägäischer Krieger, von König Davids Helden, das der ersten Apostel und der Gefolgsleute des Propheten, jenes arabischer Reiter, normannischer Kreuzritter sowie turkmenischer Kriegsherren und verbindet sich zu einer einzigartigen Mischung. Sein Funke ist nicht verglommen – die Gedichte von Mahmud Darwish, die Weisheit von Edward Said, das unnachahmbare Olivenöl, die inbrünstigen Gebete und der kühne Mut der Intifada beweisen dies.

Ohne Palästinenser stirbt Palästina. Seine Flüsse führen vergiftetes Wasser, die Quellen trocknen aus, die Hügel und Täler werden entstellt und die Felder von chinesischen Hilfsarbeitern bearbeitet, während Palästinas Söhne in Ghettos eingesperrt sind. Der Gedanke an einen getrennten jüdischen Staat ist zusammengebrochen. In den letzten Jahren haben die verrückten Politiker der israelischen Regierung über eine Million Arbeiter aus Rumänien, aus Russland und der Ukraine, aus Thailand und Afrika in dieses Land geholt. Einige von ihnen berufen sich auf ihre jüdischen Ursprünge: peruanische Stämme, Inder aus Assam und ein nicht enden wollender Strom von Flüchtlingen aus der früheren Sowjetunion kommen ins Land. Jetzt plant die zuständige jüdische Behörde, einen Lemda-Stamm aus Südafrika zuziehen zu lassen, um den jüdischen Charakter des Staates zu sichern. Widersprüchlicherweise sind diejenigen, die wirklich die jüdische Tradition darstellen, im jüdischen Staat isoliert wie zum Beispiel der verstorbene Yeshayahu Leibovich oder eingesperrt wie der marokkanisch-jüdische Rabbi Arye Der'i.

Die Utopie eines rein jüdischen Staates ist mit der Wirklichkeit zusammengeprallt. Wir müssen diesen Wahnsinn beenden. Lasst die Söhne und Töchter Palästinas zurückkommen und Suba und Kakun, Jaffa und Akko wieder aufbauen. Lasst uns die israelischen Grenzen abschaffen, anstatt sie zu weihen, und lasst uns alle zusammenleben – die Kinder Palästinas, die Kinder der ersten Siedler, der Marokkaner und der Russen.

Wir sollten in einem einheitlichen Staat leben, nicht nur auf Grund des krassen Fehlschlages von Oslo. Selbst der Gedanke an eine Teilung ist schon falsch. Wir können dem Beispiel Neuseelands folgen, wo europäische Siedler mit den eingeborenen Maoris zusammenleben, oder dem Beispiel von Nelson Mandelas Südafrika, dem Beispiel der Karibik, wo die Kinder spanischer Siedler, afrikanischer Sklaven und eingeborener Indianer zu einer wunderschönen neuen Rasse verschmolzen sind.

Zerreißen wir unsere Erklärungen falscher Unabhängigkeit und verfassen wir eine neue Erklärung gegenseitiger Abhängigkeit und Liebe!

Fixe Idee

I.

Flache einheimische Eichen und dornige Sträucher säumen die steilen Hänge von Wadi Keziv in West-Galiläa. Am Ufer des Flusses überschatten Oleanderbäume und Zypressen seichte Weiher, die sich um die Quellen herum bilden. Ich mag diesen abgelegenen Canyon. An heißen Sommertagen kann man sich in eine tiefe Höhle zurückziehen und in ihren kühlen, klaren Wasserstellen faulenzen, auf Wild warten und auf das Erscheinen einer Nymphe hoffen. An kühleren Tagen kann man einen steilen Pfad hinaufwandern, der aus den Tiefen der Schlucht führt. Die Schlucht heißt Qura'in, das arabische Wort für Horn, daher der arabische Name des Tals, Wadi Qura'in. Auf diesem Felsen ragt die Kreuzritterfestung von Monfort hoch in den Himmel und blickt in Richtung des fernen Mittelmeeres.

Dieser Ort birgt viele Erinnerungen. Zionisten aus dem 12. Jahrhundert, teutonische Ritter des Deutschen Ordens Sankt Mariens zu Jerusalem, bauten das Schloss zur Festung aus und nannten es Starkenberg. Der Name und die abgeschiedene Lage halfen jedoch nicht viel: Sie wurden besiegt von den Baibaren, arabischen Tugendbolden, die ihnen jedoch gestatteten, mit ihren Waffen und intaktem Ehrgefühl nach Akko weiterzuziehen.

Der steinige Pfad, der zur Quelle führt, war der Treffpunkt der bezaubernden Hauptfiguren in „Arabesques", einem wunderbaren Roman des palästinensischen Schriftstellers Anton Shammas. Shammas, geboren im nahe gelegenen Fassuta, ist wahrscheinlich der einzige Nichtjude auf der Welt, der seine Romane und Gedichte in israelischem Hebräisch verfasst.

Weiter westlich mündet bei den Ruinen von Az-Ziv – einem christlichen Dorf, das 1948 von Juden zerstört wurde – der Fluss Keziv ins Meer. In diesem Dorf bekam in den 1920er Jahren ein palästinensisches Mädchen Besuch von einer palästinensischen Frau aus dem selben Dorf, nämlich von der Jungfrau Maria. In anderen Worten – es ist ein typischer Ort in dem ungewöhnlichen Land Palästina.

Heutzutage ist man ganz allein in diesem Canyon. Er ist ebenso verlassen wie der Rest der ländlichen Gegenden. Palästina hat Probleme, die schlimmsten Probleme seit den schwarzen Nächten von 1948. Die Leute wagen sich nicht mehr hier herunter und überlassen den Canyon den schlanken, drahtigen Ebern. Flussabwärts sah ich einige dieser graziösen Tiere, die so anders sind als ihre gezähmten Verwandten. Erst außerhalb des Canyons, auf der Ebene von Akko, traf ich auf Menschen. Einige Thais oder Chinesen arbeiteten auf den Feldern eines örtlichen Kibbuz. Ein Kibbuznik in mittleren Jahren saß im Schatten und überwachte ihre Arbeit. Ich setzte mich auf eine Zigarette und ein kaltes Glas Wasser zu ihm.

Er war der Inbegriff des guten Israeli: groß, sonnengebräunt, mit einem freundlichen Lächeln, einem buschigen Schnauzbart und lebhafter Ausdrucksweise. Vor etwa fünfzig Jahren beschlagnahmte er – oder wohl eher sein Vorgänger, ein Kämpfer bei den jüdischen Sturmtruppen, den Palmach – das Gebiet von Az-Ziv und vertrieb die dortigen Bauern in den Libanon. Vor dreißig Jahren bestellte er die gestohlenen Felder mit seinen eigenen Händen. Heute beaufsichtigt er Thais, die das Land bearbeiten. Bald schon wird er seinen Sohn besuchen, der in New York als Webdesigner arbeitet. Während seiner Abwesenheit wird der Kibbuz einige Russen aus Maalot einstellen, um die asiatischen Arbeiter zu überwachen. Nur wenige Juden interessieren sich für Feldarbeit oder für die Überwachung der Thais, sagt er. Der Kibbuz hofft darauf, eine Genehmigung für den Bau von Häusern zu bekommen und den Grund anschließend zu verkaufen. Es handelt sich um wertvolles Land in der Nähe von Naharia und Akko und er ist überzeugt, dass man damit trotz der Krise einen hervorragenden Preis erzielen kann.

Wir schüttelten uns die Hand. Ich sagte ihm Lebewohl und auch den schwitzenden Thais, den grünen Feldern, den Bergen des Libanon im Norden, die die Flüchtlingslager verbergen, in denen die ursprünglichen Bewohner von Az-Ziv hausen, und den galiläischen Bergen im Osten, wo sich die russische Stadt Maalot befindet, in der ich heute aufgewacht bin.

II.

Maalot ist eine nagelneue Stadt, erbaut für die brandneuen Staatsbürger, die nach dem Zusammenbruch der Sowjetunion aus Charkow und Minsk, Riga und Buchara nach Israel gekommen sind. Hier leben nur wenige junge Leute, sondern zahlreiche so genannte Babuschkas, ältliche russische Frauen. Ich fragte auf Hebräisch nach dem Rathaus, doch ich hätte ebenso gut Chinesisch sprechen können. In Maalot spricht man Russisch, man liest russische Zeitungen, man sieht russisches Fernsehen, man isst russische Schweinswürstchen und trinkt dazu russisches Bier. Warum suchen diese ganz normalen Russen die Erleuchtung von Zion?

Sowohl in Russland als auch in den USA gibt es wahrscheinlich mindestens 20 Millionen Menschen, die dazu berechtigt sind, israelische Staatsbürger zu werden. Man muss nicht einmal Jude sein. Es genügt, wenn Ihre Tochter aus einer früheren Ehe mit dem adoptierten Enkel eines Juden verheiratet war – und schon können Sie mit Ihrer neuen Familie nach Israel ziehen. Die Republiken der ehemaligen Sowjetunion befinden sich in einer Notlage. Die dortigen Arbeiter werden oft monatelang nicht bezahlt und aus diesem Grund schicken viele ihre älteren Familienangehörigen nach Israel, wo sie, wenn sie Glück haben, bei ihrer Ankunft einige Tausend Dollar, eine kleine Rente und eine Sozialwohnung bekommen.

Die meisten Einwanderer hatten nie Kontakt mit dem Judentum oder mit der jüdischen Kultur in Russland und interessieren sich auch nicht dafür. Auf ihrem israelischen Ausweis steht „ethnischer Ursprung und Religion ungewiss". Sie werden nicht als „wahre Juden" betrachtet und ihre Toten werden hinter der Friedhofsmauer begraben, auf einem Fleck, der für Personen „zweifelhaften Ursprungs" reserviert ist. Nach der furchtbaren Explosion in der Diskothek „Dolfi" wurde dies zum sichtbaren Problem: Die jüdisch-orthodoxen Totengräber weigerten sich, die toten russischen Mädchen auf einem jüdischen Friedhof zu begraben, im selben Zug, als die israelische Regierung die Palästinenser bombardierte, um „jüdisches Blut" zu rächen.

In der gesegneten Luft des Heiligen Landes suchen viele von ihnen nach frischer spiritueller und religiöser Inspiration. Das Judentum findet nur wenige Anhänger. Andere wiederum fühlen sich vom Christentum angezogen. Das ist riskant, denn nach israelischem Gesetz können sie für ihren Glauben an Jesus Christus deportiert werden. Sie versammeln sich heimlich und beten an diskreten Orten, aber an Festtagen strömen sie in die heiligen Stätten von Jerusalem, die Geburtskirche von Bethlehem, St. Georg von Lydda und St. Peter von Jaffa.

1991, als Russlands Zukunft extrem unsicher war, kamen viele junge Leute von dort nach Israel. Unterstützer Israels starteten eine Kampagne in den US-Medien: Sie warnten vor kommenden Pogromen und warben gleichzeitig für ein wundervolles, leichtes Leben für Einwanderer in den USA. Ganze Ausgaben von *Newsweek* und *Time* waren der Neo-Nazi-Gruppierung Pamjat und dem steil ansteigenden Antisemitismus gewidmet. Zu jener Zeit war ich in Moskau Reporter für den *Haaretz* und führte Interviews mit den Anführern von Pamjat. Ich fand heraus, dass diese finstere Organisation ungefähr so viele Anhänger hat wie die Gesellschaft für die Existenz einer scheibenförmigen Erde. Dennoch kamen ein netter russisch-jüdischer Filmemacher und seine Frau in unser Landhaus, um sich im Fall eines Übergriffs unseren Schutz zu sichern. Ich versuchte sie zu beruhigen, aber ich konnte nicht allein gegen die Übermacht der Medien ankämpfen. Zehn Jahre später traf ich in Jerusalem eine russisch-jüdische Schriftstellerin, die mir sagte, dass sie die Gerüchte über die Pogrome verbreitet hätte.

„Ihr Israelis solltet ein Denkmal für mich errichten", sagte sie.

„Warum nicht?", erwiderte ich. „Aber gibt es dafür irgendeinen speziellen Grund?"

„Ich brachte euch eine Million Russen: Ich habe im Radiosender *Moscow Echo* ein Pogrom angekündigt."

Ich wollte sie nicht eines Besseren belehren: Ihre Ankündigung hätte nichts bewirkt, wenn die amerikanischen Freunde Israels sie nicht noch hochgespielt hätten. Wie auch immer – die verängstigten und von den Medien verführten Russen strömten in die Visaabteilung der US-Botschaft und just in diesem Moment forderte Israel die USA auf, diesen Leuten kein Visum zu erteilen. Die Tore in die Neue Welt wurden verschlossen und diese Menschen waren somit gezwungen, nach Israel auszuwandern.

Sie hatten eine schwere Zeit in Israel, denn die dortige Elite unterwarf sie der einzigartigen israelischen Behandlung, die bereits den orientalischen Juden und den Palästinensern zuteil geworden war. Die iraelischen Medien beschrieben sie als einen Haufen Krimineller und Prostituierter. Sie wurden dazu aufgefordert, in Hebräisch – also in einer Sprache, die sie nicht verstanden – verfasste Verträge und Obligationen zu unterschreiben. Fachleute mussten Straßen kehren oder Orangen pflücken. Die Scheidungsrate der Russen schoss in die Höhe und ihre Kinder griffen zu Drogen. 1991 verhängte Israel einen Einstellungsstopp für Palästinenser aus den besetzten Gebieten; ihre Plätze in schlecht bezahlten, untergeordneten Jobs sollte die ehemalige Elite aus Russland einnehmen. Durch ihre hohe Anzahl konnten die Russen jedoch ihren eigenen Staat im Staat gründen, mit ihren eigenen Medien, Geschäften und gegenseitigem Beistand. Die Russen überlebten und begriffen das Spiel. Die Schlauen gingen nach Moskau zurück, die Abenteuerlustigen in die USA und die Friedliebenden nach Kanada. Von diesem Zeitpunkt an kamen fast nur alte Leute, allein erziehende Mütter oder Langzeitarbeitslose nach Israel.

Die Russen sind eine nette, hart arbeitende, aber konfuse Gemeinschaft. Sie können kaum verstehen, wo sie gelandet sind, und vergleichen ihre jetzige Situation ständig mit der in Baku oder Taschkent. Das sorgfältige Durchlesen der russischen Zeitungen zeigt, dass die Leute nicht mehr weiterwissen. Ein Journalist verlangt die Kastration der Palästinenser, um die demographische Krise zu lösen, ein anderer schiebt die gesamte Schuld auf die religiösen Juden und beschreibt sie als „blutsaugerische Parasiten". Ein Dritter beschuldigt die orientalischen Juden, seinen Erwartungen nicht gerecht werden zu können. Man bringt den Russen eine Kurzversion des modernen jüdischen Glaubens und sein einziges Gebot bei: „Du sollst Araber hassen."

Nun aber möchte Premierminister Ariel Scharon eine weitere Million „russische Juden" importieren. Das ist möglich: Wenn die amerikanisch-jüdischen Freunde Israels größeren Druck auf die Ukraine ausüben, könnten Millionen von Ukrainern plötzlich ihre „jüdischen Wurzeln" wieder entdecken.

Es gibt Dutzende von Gemeinden wie Maalot; sie sind anscheinend durch Klonen entstanden. Wie sonst wären sie einander so ähnlich, nein – sogar identisch miteinander? Maalot befindet sich an einem wunderschönen Ort, zu Fuß nicht weit entfernt vom Wadi Keziv, doch die Stadtbewohner haben noch nie davon gehört. Sogar ihre Kinder, die schon seit zehn Jahren in Maalot leben, begeben sich nie ins Umland. Sie hängen lieber in einem Pub im Stadtzentrum von Maalot herum und träumen von viel besseren Pubs in Haifa.

III.

Doch das war gestern. Ich fuhr per Anhalter nach Nahariya und von dort nahm ich einen Zug nach Hause in Richtung Jaffa. Mit im Zug saßen einige Afrikaner, ihrem scheuen Verhalten nach zu urteilen wahrscheinlich illegale Einwanderer. Einige rumänische Bauarbeiter tranken Bier und rülpsten laut. Sie kamen aus ihrem verarmten Land in Osteuropa, um hier Häuser für ältere russische Immigranten zu bauen. In Israel, genauso wie in Kalifornien, wollen Juden keine Bauarbeiterjobs annehmen.

Ein israelisch-jüdischer Anwalt mit schwarzer Kippa blätterte in seiner halb geöffneten Aktentasche irgendwelche Papiere durch. Eine Gruppe Marokkaner diskutierte über die Schließung der Stahlfabrik in Akko und ihre geringen Chancen, anderswo Arbeit zu finden.

„Die Krise verschlimmert sich", sagte einer von ihnen. „Es ist genauso schlimm wie 1966."

Ein blonder, bewaffneter Israeli sprach Ukrainisch mit seiner korpulenten Freundin, die ihn bewundernd ansah, als er ausführlich seinen Kampf gegen zahlreiche arabische Terroristen beschrieb.

Ich erinnerte mich zurück an die Zeit, als ich in seinem Alter war: ein junger Fallschirmspringer, stolz auf meine roten Stiefel und meine Uzi-Maschinenpistole. Ich war nicht weit von hier in einem Trainingscamp untergebracht, in der abgelegenen Schlucht von Marj Sannur, auf allen Seiten von Bergen umgeben. Es war Frühlingsbeginn und das palästinensische Hochland so schön, wie es eine mediterrane Gegend nur sein kann. Manchmal finde ich dieselben lieblichen landschaftlichen Züge in der Hügellandschaft um Beaux de Provence oder in den Olivenhainen wieder, die von Delphi zum Meer reichen, genauso wie man eine geliebte Person in einer Menge von Fremden wieder erkennt. Jeden Morgen hängt schneeweißer, dichter Nebel über dem Sannur-Tal und macht so jeden Tag zu weißen Weihnachten. Wenn der Nebel sich lichtet, glitzert das grüne Gras unter den blühenden Mandelbäumen auf den Hügeln. Der kühle Februarwind treibt hellrosa Blütenblätter vor sich her. Sie wirbeln durch die Luft wie Schneeflocken und bedecken den steinigen Boden.

Durch den Maschendrahtzaun des Militärcamps sah ich einen Bauern bei der Pflege seiner Olivenbäume. Er war etwa so alt wie mein Vater, ein breitschultriger, starker, sonnengebräunter Mann mit einer weißen Kopfbedeckung. Ich legte mein Gewehr ab und grüßte ihn. Er erwiderte meinen Gruß und legte sein Werkzeug nieder. Wir setzten uns, jeder auf seiner Seite des Zauns. Ich packte meine Zigaretten aus und er nahm mit seinen schwieligen Fingern behutsam eine aus dem Päckchen. Wir sprachen von Olivenbäumen und Thymian, die den Hauptbestandteil der lokalen Landwirtschaft ausmachen, vom heiligen Grab von Sheikh Ali oben auf dem Hügel, von einer Wasserquelle im Tal. An meinem freien Tag zog ich Zivilkleidung an und ging in sein Dorf. Er lud mich auf eine Tasse starken arabischen Kaffee mit Kardamomsamen ein. Nachbarn kamen, um mich, den Fremden, zu begrüßen. Wir machten typisch orientalische Konversation, fragten einander, ob wir mit unserem Leben zufrieden seien, nach Kindern und der Arbeit. Anscheinend waren sie ganz zufrieden mit ihrem harten, aber friedlichen Landleben. Die Israelis waren für sie nur eine neue Art von Ausländern, die nach den Jordaniern, den Briten, den Türken, den Kreuzrittern und den Römern kamen. Sie hegten keinerlei Hass und legten dem Fremden gegenüber nur ganz gewöhnliche Neugier an den Tag. Die Frau meines Gastgebers servierte uns grünliches Olivenöl, kräftigen Thymian und frisch gebackenes Landbrot, eine typisch palästinensische Mahlzeit.

Wir gingen zum nahe gelegenen Brunnen. Klares, kühles Wasser floss aus einer Öffnung in einer Jahrhunderte alten Mauer, die mit einer arabischen Inschrift verziert war. Hinter dieser Öffnung befand sich ein 90 Meter langer Tunnel, von den Vorfahren meines Gastgebers in den Fels gehauen. Palästinensische Quellen müssen ständig gewartet werden. Sie können schnell verschlammen, wenn ihr Ablauf nicht regelmäßig gereinigt wird. Die Reinigung war die Aufgabe seines Sohnes Elias, aber der sei momentan in einem israelischen Gefängnis, sagte er mir beiläufig. Elias hatte eine kommunistische Zeitung mit nach Hause gebracht, jemand informierte die Behörden darüber und die stellten ihn vor die Wahl, entweder ins Exil oder ins Gefängnis zu gehen. Palästinenser dürfen ohne gerichtliches Verfahren festgehalten werden; man nennt das „administrative Haft“. Formell ist die Haftzeit auf sechs Monate begrenzt, doch sie kann so oft verlängert werden, wie das Militär es für richtig hält. Elias zog das Gefängnis in seiner Heimat dem Exil im Ausland vor.

Neid ist ein übles Gefühl, dennoch beneidete ich diesen Elias aus Sannur. Ich neidete ihm seinen Platz in dieser friedlichen Landschaft und seine Hingabe zu diesem Land. Warum war nicht ich in diesem Haus zur Welt gekommen, in der Nähe der kühlen Quelle, neben dem Weingarten, auf diesem von Ziegen zertrampelten Pfad? Warum bin ich in einem Stadtghetto „nur für Juden“ gefangen? Ich darf in einem kleinen Dorf in Griechenland oder in der Provence leben, aber nicht in Palästina. Und nicht etwa wegen der mangelnden palästinensischen Gastfreundschaft; es würde die Palästinenser nicht stören, wenn ich mir hier ein Stück Grund kaufte oder ein Haus in diesem Dorf mietete. Aber der jüdische Staat gestattet es weder mir noch irgendeinem anderen Juden, in einem palästinensischen Dorf zu leben. Ein Jude darf nur in einer abgegrenzten Siedlung „für Juden“ leben, in die Palästinenser bloß als niedere Arbeiter eingelassen werden. Außerhalb dieser Siedlungen muss ein Jude bewaffnet sein. Ein ausländischer Tourist kann sich in den palästinensischen Gebieten frei bewegen, aber ein israelischer Jude wird vom jüdischen Staat eingesperrt, wenn er sich in diese Gebiete begibt – außer er beteiligt sich an einem bewaffneten Übergriff.

Die Geschichte beißt sich selbst in den Schwanz: Indem wir die Palästinenser aussperren, sperren wir uns selbst ein. Die ursprüngliche Idee der jüdischen Emanzipation war, aus dem Ghetto herauszukommen, und jetzt haben wir uns selbst wieder dorthin zurückmanövriert. Wir verdienen dies wirklich nicht. Wir Israelis sind weniger „jüdisch“, als man glauben würde. Nicht wenige Leute haben verlangt, dass man uns auf unseren Ausweisen, die wir ständig bei uns tragen müssen, als „Israelis“ oder „Hebräer“ bezeichnen sollte. Aber der Hohe Gerichtshof hat dies untersagt – wir müssen als ethnische Zugehörigkeit den Stempel „Jude“ in unseren Ausweisen tragen.

Unser Schicksal wurde uns aufgezwungen – genauso wie Mel Brooks’ jungem Frankenstein. In dieser Horrorfilm-Parodie erbt Dr. Frederick Frankenstein (Gene Wilder), ein amerikanischer Professor und Nachkomme des Dr. Frankenstein, das Schloss seiner Vorfahren in Transsylvanien – ein Land, in dem Werwölfe prächtig gedeihen. Er ist ein rationaler moderner Amerikaner, aber die Einheimischen erwarten, dass er die unschöne Tradition seines berüchtigten Vorfahren fortsetzt. Er versucht gegen sein Schicksal anzukämpfen, besteht darauf, dass sein Name weiterhin amerikanisch „Fronk-en-steen“ ausgesprochen werden soll, doch die treuen Diener der Familie bestharren stur auf „Frank-en-schtain“.

Unabsichtlich hat der brillante jüdische Filmemacher die Geschichte des jüdischen Staates nacherzählt. Die Begründer wollten ein neues Leben beginnen und zu „Israelis" werden, nur ein weiterer Stamm in Palästina. Sie gaben ihre jüdischen Namen, die jüdische Sprache, die Synagogen und den Talmud auf, begannen die Felder zu bestellen und Waffen zu benutzen. Danach kamen Menschen, die ohnehin niemals einen Bezug zu einer Synagoge gehabt hatten. Aber das jüdische Schicksal holte sie ein und brachte sie zurück ins Ghetto.

Und dann fingen wir an, uns dem jüdischen Schicksal gemäß zu benehmen. Wir behandeln Nichtjuden wie Tiere, ermorden ihre Anführer, töten ihre Kinder haufenweise, versagen ihnen Bewegungs- und Religionsfreiheit, verweigern ihnen Arbeitsplätze und beschlagnahmen ihr Land. Wir schießen auf Kirchen und belagern Moscheen. Wir waschen gestohlenes Geld für Betrüger aus Peru oder Frankreich, liefern Folterwerkzeuge an lateinamerikanische Diktatoren und bieten Mafia-Chefs aus Miami Zuflucht. Wir erleichtern amerikanische, deutsche, schweizerische und polnische Staatssäckel. Wir haben die höchsten Zinssätze, viermal so hoch wie die der USA, und von allen Industrieländern die größte Kluft zwischen Arm und Reich. Kurz gesagt – wir erfüllen alle Erwartungen eines Antisemiten. Wir haben sogar einen professionellen Goi-Killer zum Premierminister gewählt.

Der Zug fuhr durch Nathania und ich dachte an die Hunderttausenden, vielleicht sogar Millionen Amerikaner, Juden und christlichen Zionisten, die Lobbying betreiben, beten und zahlen … nein, nicht für den jüdischen Staat, der, wie sie meinen, auf den Ruinen Palästinas erbaut ist. Das wäre schon schlimm genug. Aber die Wirklichkeit ist noch viel schlimmer. Ich dachte an die Millionen Palästinenser, die in Flüchtlingslagern und Gefängnissen ihr Dasein fristen, enteignet, verstoßen; sie sind nicht, wie sie denken, die Opfer der jüdischen Gier nach Land, sondern Opfer von etwas Schlimmerem: einem Phantom.

IV.

Der jüdische Staat ist ein virtueller Staat, der schnell jegliche verbleibende Verbindung zur Wirklichkeit verliert. Dieser Phantomstaat tötet Menschen und sammelt Gelder in Amerika. Seine Felder werden von ausländischen Gastarbeitern bearbeitet, die von zugewanderten Russen und Äthiopiern überwacht werden. Die israelischen Professoren, die an amerikanischen Universitäten Vorlesungen halten, und mutige israelische Generäle, die darauf hoffen, dass von den amerikanischen Waffenherstellern ein lohnenswerter Teil an sie abfällt, verdrängen diese Tatsachen. Die Arbeitslosenrate steigt täglich, lebensnotwendige Dienstleistungssektoren streiken, die Tourismusindustrie ist schon seit langem eingebrochen. Die Hotels sind geschlossen und andere Zweige der nationalen Wirtschaft stehen kurz vor dem Zusammenbruch. Israelis kaufen Wohnungen in Florida und Prag, während Immobilienmakler in Israel verzweifelt nach Käufern suchen. Scharons Besessenheit, die Palästinenser zu bestrafen, fällt nun auf ihn selbst zurück. Palästinenser und Israelis sind miteinander verbunden und ihre Trennung bedeutet das „Aus“ für die Wirtschaft beider Parteien.

Vom fernen Amerika aus erscheint Israel als Atomwaffenstaat, der große Verbündete der USA, ein jüdischer Staat, der Stolz der amerikanischen Juden. Ein Besucher Israels fährt wieder nach Hause, erfüllt von einem starken Gefühl unserer Identität und unseres Wohlstands. Nur wir, die wir ständig hier wohnen, wissen, dass es bloß ein Taschenspielertrick ist. Israel fällt zusammen wie ein Kartenhaus. Seine berufstätigen Bürger wandern aus schierer Verzweiflung aus, während die Generäle die Zerstörung des Landes vorantreiben. Die palästinensischen Ureinwohner erliegen einem grausamen Schicksal: Ein Phantom bringt sie um, dieser geistlose Körper, der in seiner Zombie-Trance durch die Korridore des Kongressgebäudes und durch die Wüsten des Mittleren Ostens streicht.

Um diese Illusion aufrechtzuerhalten, unterdrücken amerikanische Juden ihre Angestellten und Mitbürger, sie kürzen die Renten, das Kindergeld, das Gesundheits- und Bildungsbudget, stellen Hilfsmittellieferungen für Afrika und Lateinamerika ein, schließen einen Pakt mit allseits bekannten Rassisten wie zum Beispiel Pat Robertson und Jerry Falwell, verlangen die Zerstörung des Irak, segnen den Angriff auf afghanische Flüchtlinge ab, sorgen dafür, dass Afroamerikaner in ihren Ghettos bleiben, untergraben die amerikanische Gesellschaft, machen sich selbst und Amerika Feinde. All dies wäre schon schlimm genug, wenn es für eine Sache stünde, die einen Sinn machte. Aber in diesem Fall ist es sogar noch schlimmer, weil alle diese Aktionen völlig nutzlos sind.

Das zionistische Experiment ist praktisch kollabiert. Es kann noch viele Jahre so weiterlaufen, künstlich beatmet, hirntot und vor sich hinvegetierend. Menschen können dadurch umkommen, es kann vielleicht sogar den nächsten Weltkrieg auslösen. Aber es kann niemals zum Leben erweckt werden.

Der jüdische Staat Israel ist eine fixe Idee, die Projektion einer Idee der amerikanischen Juden. Die Sorgen und Probleme, die in Israel herrschen, sind die Probleme amerikanischer Juden. Israelische „Juden" brauchen keine Segregation, keinen Krieg und keine Unterdrückung der Einheimischen. Wir essen keine Bagels mit Räucherlachs, sprechen kein Jiddisch, lesen keine Bücher von Saul Bellow oder Sholem Aleichem und vermeiden Synagogen. Wir essen lieber arabische Speisen und bevorzugen griechische Musik. In meiner Nachbarschaft kommen auf einen koscheren Fleischer sieben solche, die Schweinefleisch verkaufen. Vierzig Prozent der Hochzeiten in Tel Aviv werden nicht in jüdischer Tradition geschlossen; junge Israelis heiraten lieber auf Zypern, nur um den Kontakt mit den Rabbinern zu vermeiden. Tel Aviv ist im Mittleren Osten die Schwulenhauptstadt schlechthin – und das, obwohl dem jüdischen Gesetz nach Homosexuelle ausgemerzt werden müssen. Manchmal wünsche ich mir, unsere großzügigen Unterstützer, die amerikanischen Juden, würden uns einen strengen, nüchternen Blick zuwerfen und angewidert fortgehen. Es ist alles nur ein Missverständnis. Wir sind nicht so, wie sie denken. Wir brauchen ihren Schutz gegen die Heiden so, wie ein Fisch ein Paar wasserfeste Stiefel braucht.

V.

Ich erreiche mein Zuhause in Jaffa, der Mittelmeerstadt, einer heruntergekommenen Stadt mit zerbröckelnden rosaroten Häusern, erbaut von arabischen Adeligen und Geschäftsleuten. Meine Nachbarn sind nicht zu Hause – der Imam ist in seine kleine Moschee gegangen, die marokkanische Familie nebenan repariert gerade alte Autos in ihrer Werkstatt und der armenische Reiseführer begleitet seine Gäste nach Jerusalem. Ein weiterer Nachbar, ein russischer Maler, kommt vorbei, um sich etwas Zucker von mir zu leihen. Wir leben alle zusammen, eine der wenigen ungeteilten Gemeinschaften auf diesem schmalen Streifen Land zwischen der Straße und dem Meer, ein Überbleibsel des alten Jaffa.

J. D. Salingers Esme würde dieses Chaos lieben. Jüdische Bulldozer haben jedes zweite Haus eingerissen und damit der Stadt ihr zerklüftetes Aussehen verliehen. Den Bauschutt haben sie in Erwartung großer Immobilienprojekte einfach an der Küste abgeladen. Sie hatten hier ein weiteres Maalot geplant, aber die Spannungen der Intifada machten ihre Pläne, Jaffa zu „judaisieren", zunichte. Nun liegt die Stadt immer noch halb in Schutt und Asche und sieht ungepflegt aus, denn die Bewohner dürfen ihre Häuser nicht reparieren.

Dennoch ist dies ein guter Ort und er erinnert einen an Lawrence Durrells „Alexandria-Tetralogie". Drogendealer kreuzen mit ihren großen Cadillacs auf den ungepflasterten Straßen, Kinder in langen arabischen Gewändern spielen an einer Ecke, der Klang der Glocken der katholischen St.-Antons-Kirche vermischt sich mit dem der orthodoxen St.-Georgs-Kirche und mit dem Ruf des Muezzins der nahe gelegenen Ajami-Moschee, Fischer liefern ihren Fang an die Restaurants an der Küste, die sich auf die Abendgäste aus Tel Aviv vorbereiten, palästinensische Frauen knacken Samen und unterhalten sich vor ihren Häusern, der Duft frischer Falafel zieht von den Marktständen herüber, zehn streunende Katzen verschlingen eine große Ratte, der französische Botschafter kommt nach Hause, eine Film-Crew dreht eine Beirut-Szene.

Man nannte Jaffa einst die Braut des Ostens; es lag im Wettstreit mit seinen Nachbarn Beirut und Alexandria. Diese 100.000 Einwohner starke, von duftenden Orangenhainen umgebene Stadt besaß das erste Kino im Morgenland. Europäische Firmen hatten hier ihren Hauptsitz. Amerikaner und Deutsche bauten ihre Häuser mit roten Dächern außerhalb der Stadt und im Jahr 1909 ließen osteuropäische zionistische Juden weiter im Norden Tel Aviv entstehen.

An einem dunklen Tag im November 1947 entschied die UNO unter heftigem Druck der USA, unser gemeinsames Land zu teilen. Es war nicht nötig und niemand hatte danach verlangt. Die religiösen Juden waren dagegen, aufgeklärte deutsche Juden wie Buber und Magnus ebenfalls. Die

Palästinenser waren dagegen. Wir hätten als Brüder zusammenleben und eines Tages eine neue Nation gründen können, in der jüdische Leidenschaft und palästinensische Liebe zu diesem Land vereint sind. Doch amerikanisch-jüdische Organisationen unterstützten Ben Gurion und Golda Meir, beide Fürsprecher einer Trennung. Wie erwartet ging das nicht gut.

Drei Fünftel Palästinas gingen in jüdische Hand über und zwei Fünftel sollten palästinensisch bleiben. Sogar im neuen jüdischen Staat waren die einheimischen Palästinenser in der Mehrheit. Jaffa sollte palästinensisch bleiben. Es war ein harter Deal für die Palästinenser, aber die neuen israelischen Anführer dachten, dass er noch nicht hart genug wäre. Sie belagerten und bombardierten Jaffa so lange, bis seine Bevölkerung von 100.000 auf 5.000 Personen dezimiert war. Die anderen flüchteten in die Lager nach Gaza und in den Libanon, wo sie heute noch leben.

Die Häuser und Paläste Jaffas wurden arabischen Flüchtlingen aus zerstörten Dörfern im Hinterland und Bulgaren zugeteilt, einem netten Balkanvolk, importiert, um das Vakuum zu füllen. Ein kleiner Teil der Stadt wurde zur mondänen Altstadt Jaffas gemacht, ein sauberes und exklusives Ausstellungsstück, bevorzugter Wohnsitz von Kitschmalern und Antiquitätenhändlern. Unser Jaffa ist eine ständige Erinnerung an ein einheitliches, unzerstückeltes Palästina, das verlorene Paradies. Einige Künstler zogen in die zerschossenen Häuser, lebten zusammen mit den einheimischen Palästinensern und teilten ihre Hoffnungen und Sorgen.

Vor der Intifada kamen manchmal Flüchtlinge aus einem Lager in Gaza, um ihr verlorenes Heim zu besuchen. Es war eine schreckliche Situation, sowohl für die jetzigen als auch für die ursprünglichen Eigentümer, da Letztere nicht zurückkehren durften. Meine Nachbarin, eine nette bulgarische Dame, wollte in einer noblen Geste ihr Haus an die verstoßene palästinensische Familie zurückgeben, aber die Regierung erlaubte es nicht. Die Leute sagen, es sei schwer, ein Darlehen zurückzuzahlen: Man nimmt das Geld von jemand anderem, gibt aber sein eigenes wieder zurück. Man borgt sich etwas für eine Weile aus und gibt es dann aber ein für alle Mal zurück. Noch schwieriger ist es, gestohlenes Gut zurückzugeben. Dennoch – früher oder später muss es geschehen. Als Palästina 1967 wieder vereint wurde, gab es eine gute Gelegenheit, das Problem zu lösen.

Viele gute Menschen sehen den Sechs-Tage-Krieg als den „Ursprung aller Probleme“ an. Ohne ihn, so meinen sie, hätten Juden und Palästinenser weiterhin getrennt leben können. Aber eine Trennung bringt die Flüchtlinge nicht in ihre Häuser in Jaffa zurück und ich stelle mir ihre Rückkehr wundervoll vor. Außerdem denke ich, dass es besser für uns ist, zusammenzuleben – wir ergänzen einander und kommen auf der zwischenmenschlichen Ebene sehr gut miteinander zurecht. Darum bin ich nicht gegen die Eroberung von 1967 per se (ganz im Gegensatz zum Besatzungszustand unter einem Militärregime). Wir könnten die Flüchtlinge zurückholen und die alten Streitpunkte regeln. Die Kinder Palästinas könnten mit den neu Zugewanderten gleichberechtigt zusammenleben. Wir wären kein ausschließlich jüdischer Staat, aber wir wären glückliche und zufriedene Menschen.

Einmal standen wir vor der Illusion einer Wahl: ein jüdischer Staat oder ein demokratischer Staat. Wir wählten keinen davon, denn wir entrechteten die Einheimischen und verschmähten die Demokratie. Unser Judentum ist im besten Fall eine virtuelle Idee. Würden amerikanische Juden Israelis nicht auf einer breiten Basis bestechen, würden wir einfach die Diaspora vergessen und als einer seiner vielen Stämme mit dem restlichen Mittleren Osten verschmelzen. Wenn sie uns weiter finanzieren, können wir ihnen ja ein bisschen Judentum zeigen.

Wir sind Meister der Illusion und solange es Abnehmer gibt, liefern wir das Gewünschte. 1946 kam unter der Schirmherrschaft der UNO eine Gruppe von engagierten Männern aus der ganzen Welt nach Palästina. Sie wurden geschickt, um die Teilung des Landes vorzubereiten. Sie besuchten unter anderem den südlichsten Kibbuz, Revivim, in der Wüste Negev. Dort stießen sie auf ein wunderschönes Blumenbeet mit Rosen, Anemonen und Veilchen, das den Eingangsbereich des Kibbuz verschönerte. In ihrem Bericht drückten die Mitglieder der Delegation ihr Erstaunen darüber aus und erklärten: „Die Juden bringen die Wüste zum Blühen, teilt ihnen die Negev zu."

Als sie wieder weg waren, gingen die jüngeren Kibbuzmitglieder vor die Tür und zogen die verwelkenden Blumen aus dem Sand. Sie hatten sie am selben Morgen auf dem Markt von Jaffa gekauft und für den UNO-Besuch in den Sand „gepflanzt". Den Trick hatten sie von den städtischen Angestellten in Tel Aviv gelernt, die in den Sand neben dem Rathaus Bäume gepflanzt hatten, um auf Winston Churchill einen positiven Eindruck zu machen. Auf Grund dieser kleinen Show wurde die Negev mit 200.000

palästinensischen Einwohnern dem jüdischen Staat zugesprochen. Die meisten Einheimischen wurden in die Flüchtlingslager nach Gaza oder Jordanien, jenseits der frisch gezogenen Grenze, vertrieben. Das war grausam und unsinnig. Sogar heute noch, fünfzig Jahre später, hat die Negev südlich von Beer Sheba weniger Einwohner als 1948.

VI.

Um die palästinensische Bevölkerung zu ersetzen, überredete der Mossad die jüdischen Gemeinden Nordafrikas, ihre Heimat zu verlassen und sich in Israel niederzulassen. Die nordafrikanischen Juden sind nette, aber gebrochene Menschen. Als die Franzosen mit ihrem Rückzug aus Nordafrika begannen, machten sie sich um ihre Zukunft Sorgen. Nur solche mit einer starken Persönlichkeit trafen die richtige Entscheidung und blieben in ihrem Heimatland – in Marokko, Tunesien, Algerien oder Libyen. Sie bereuten es nicht. Heute sind sie Minister und königliche Berater. Andere, verführt durch den großen Charme der französischen Zivilisation, verwarfen das Phantom des jüdischen Staates und zogen nach Frankreich. Sie schenkten der Welt Jacques Derrida und Albert Memmi.

Diejenigen, die nach Israel zogen, stellen heute 75% seiner Gefängnisinsassen dar. Ihr Einkommen beträgt nur einen Bruchteil des Einkommens europäischer Juden. Ihre Wissenschaftler und Schriftsteller haben nur geringe Chancen auf einen Lehrstuhl an einer israelischen Universität. Ihr Selbstbewusstsein ist unglaublich niedrig. Es ist keine Schande, Marokkaner zu sein, sagen die Israelis und fügen schnell hinzu, dass es aber auch keine große Ehre ist.

Die Nordafrikaner kamen also an, wurden mit DDT-Entlausungsmittel eingesprüht und in Flüchtlingslagern untergebracht, aus denen schnell Städte wie Netivot, Dimona oder Yerucham wurden. Sie leben immer noch dort in den kahlen Wüstenaußenposten voller Arbeitslosigkeit und Not, erhalten Sozialhilfe und hegen eine starke Abneigung gegen die Aschkenasim, die in den Cafés von Tel Aviv sitzen. Einige orientalische Juden kamen zu dem Schluss, dass der Holocaust eine gerechte Strafe für die verhassten „AschkeNazis“ war. Israel ist wahrscheinlich der einzige Ort auf der Welt, wo man Sätze zu hören bekommt wie: „Schade, dass Sie nicht in Auschwitz verbrannt sind.“ Sogar der große orientalische Rabbi

Obadiah Joseph sprach vor nicht langer Zeit vom Holocaust in Verbindung mit den von den europäischen Juden begangenen Sünden.

Das Haus eines meiner russischen Freunde in Jerusalem wurde eine ganze Weile von dem aufgesprühten, etwas verwirrenden Slogan „Aschke-Nazis nach Auschwitz“ geschmückt. Mein Freund beschwerte sich bei der Polizei, erhielt aber keine Antwort. Die meisten Polizisten der untersten Chargen sind orientalische Juden und haben keine Zeit für die Beschwerden von Russen. Sie waren einst in der selben Position wie die Russen, aber sie wurden noch stärker „herunterentwickelt“.

Sobald sich ein orientalischer Jude nach oben arbeitet, wird er vom System wieder zurückgestuft. Populäre orientalische Politiker, die die Dominanz der Aschkenasim-Elite bedrohen könnten, finden sich im Gefängnis wieder. Arye Der'i, ein Minister marokkanischer Herkunft, der seine Partei im 120 Sitze starken Parlament von null auf 17 Sitze brachte, sitzt immer noch im Gefängnis, nachdem eine zehn Jahre andauernde Polizeiüberwachung einige zweifelhafte Anklagepunkte gegen ihn erbrachte. Sein Vorgänger Aharon Abu Hatzera, Sohn eines marokkanisch-jüdischen Rabbis und Ministers, wurde wegen finanzieller Unregelmäßigkeiten, die in unserem Land an der Tagesordnung sind, ins Gefängnis gesperrt. Der mächtige Verleger Ofer Nimrodi, irakisch-jüdischer Herkunft, brachte vor seiner Verhandlung über ein Jahr im Gefängnis zu, wurde dann aber schnell wieder freigelassen, nachdem die Anklagepunkte gegen ihn nicht standhielten. Yitzhak Mordechai, ein Verteidigungsminister kurdischer Herkunft, der nach dem Premierministerposten strebte, wurde als sexueller Belästiger hingestellt. Der marokkanische Professor und Minister Shlomo Ben Ami wurde zum Sündenbock für Scharons schändlichen Vorstoß auf den Tempelberg gemacht.

Während die orientalischen Juden unglücklich sind, geht es den Kibbuzniks auch nicht besser. Ari Shavit vom *Haaretz* brachte eine wunderschöne Reportage über Negba, den berühmten und gut etablierten Kibbuz in der Wüste Negev. Es ist lange her, seit ein Kind im Kibbuz geboren wurde. Die Kibbuzim Negba und Ruhama sind Altersheime geworden und die Jugend ist schon vor langer Zeit nach Los Angeles gezogen.

Und so hatten die Taschenspielertricks von Revivim, die Eroberung der Negev, die Vertreibung der Palästinenser und die Zerstörung der marokkanisch-jüdischen Gemeinde getrennt Erfolg und scheiterten letzten Endes doch. Das war zu erwarten – üble und unmoralische Taten können keine Früchte tragen. Zionistische Anführer träumten davon, Palästina so jüdisch zu machen, wie England englisch ist. Sie scheiterten. Palästina ist so jüdisch, wie Jamaika englisch ist.

Wir Kinder von Juden haben die Qual der Wahl. Ein Italiener ist Italiener; italienisch sind seine Sprache, seine Kultur, sein Glaube, seine Tradition, seine Kunst und seine Landschaft. Er ist untrennbar mit Dante und Giotto, mit toskanischen Dörfern und der Madonna, mit Pasta und Venedig verbunden. Jude zu sein ist eine Frage der Wahl. Ein italienischer Jude kann Italiener werden. Ein amerikanischer Jude kann einfach nur Amerikaner sein. Nur wenige Leute jüdischer Abstammung praktizieren ihre alte Religion; noch weniger sprechen Hebräisch oder andere jüdische Sprachen. Die meisten von ihnen arbeiten auch nicht mehr in typisch jüdischen Berufssparten.

Jedes Individuum hat die Wahl. Ein reicher, mächtiger Amerikaner jüdischer Abstammung hat vielleicht dieselben Gefühle für sein Judentum wie für irgendein anderes Hobby. Vielleicht sammelt er Briefmarken oder spielt Golf, aber er würde wahrscheinlich keinen Philatelistenstaat auf den Ruinen von Monaco erbauen (dieses Fürstentum hat besonders schöne Briefmarken) oder seinen Golfclub mit den neuesten F-16-Kampfflugzeugen ausstatten. Wenn amerikanische Juden uns nur für zehn Jahre vergessen könnten, würden wir unsere Probleme selbst regeln und in Palästina wieder ein natürliches Gleichgewicht finden. Wenn sie zu viel Geld haben und irgendwo Einfluss nehmen wollen, dann sollen sie es doch darauf verwenden, die Lebensumstände ihrer afroamerikanischen Nachbarn zu verbessern.

Vor dem Aufschwung des Zionismus taten sie dies. Ein Geschäftsmann aus Chicago, Julius Rosenwald, der Besitzer von Sears, Roebuck and Co., unterstützte in den 1920er Jahren mit 2 Millionen Dollar jährlich Schulprojekte für Afroamerikaner. (Ein zionistischer Abgesandter beschwerte sich: „Es ist schwer für uns zu akzeptieren, dass einer der Unseren sein Geld an zurückgebliebene Nigger verschwendet.") Diese Tradition könnte wieder aufleben. Man sagt ja schließlich, dass Wohltätigkeit zu Hause beginnt, und ihr Zuhause ist Amerika.

Das Land Palästina wird vor unseren Augen zerstört. Seine wunderschönen alten Dörfer werden in Trümmer gelegt, Kirchen menschenleer gefegt, Olivenbäume entwurzelt. Seit der Invasion der Assyrer vor 2.700 Jahren hat es keine derartigen Verwüstungen gegeben. Angesichts dieser großen Zerstörungen sind wir untröstlich. Sicherlich werden die Verantwortlichen, ob israelische Killer oder deren amerikanische Verbündete, dafür bis in alle Ewigkeit verdammt.

Dennoch – eine feine Ironie wird als Fußnote in den Geschichtsbüchern stehen: Die jüdischen Anführer haben diese Verbrechen umsonst begangen und es ist ihnen nicht gelungen, ihr Ziel zu erreichen. Falls auch der Letzte der Palästinenser auf dem Hügel Golgotha gekreuzigt werden sollte, würde das dem virtuellen jüdischen Staat Israel immer noch kein Leben einhauchen.

Der grüne Regen von Yassouf

Oliven zu pflücken ist wie Perlen zu zählen, da sie sich so zart, sanft und sinnlich anfühlen. Orientalische Männer tragen Holz- oder Steinperlen am Handgelenk, so genannte *mesbaha*, um sie an ihr Gebet zu erinnern oder um angespannte Nerven zu beruhigen, aber Oliven sind dafür noch geeigneter: sie sind lebendig. Oliven sind zart, aber nicht zerbrechlich, genauso wie die Bauernmädchen, und Oliven zu pflücken gibt einem ein beruhigendes Gefühl, als ob nichts auf der Welt schief gehen könnte. Oliven lösen sich ohne Furcht oder Bedauern vom Zweig, fallen sanft in die Hand und rollen in die Sicherheit der für ihren Fall auf dem Boden ausgebreiteten Decken.

Es ist Erntezeit und jeder Baum auf dem Hügel wird abgeerntet. Ganze Familien sind unter den Bäumen und auf Leitern zu finden. Es ist ein wunderschönes Bild, wie geschaffen für den Pinsel von Pieter Bruegel dem Älteren. Wir pflücken Oliven zusammen mit der Familie von Hafez, wir sind zu fünft oder sechst. Wir stehen unter den dicken Ästen des weit ausladenden knorrigen alten Baumes und berühren diesen lebendigen Rosenkranz unserer Mutter, des lieblichen Landes Palästina. Hafez' fast achtjährige Tochter Rowan hat Haar von goldener Farbe, wie reifer Minnesota-Weizen, sie hat himmelblaue Augen, für einen Fremden überraschende, aber in dieser Gegend nicht unübliche Gesichtszüge und lachende Lippen. Sie klettert bis an die Baumspitze und die Oliven, die sie pflückt, fallen wie grüner Regen in unsere Hände, auf unsere Schultern und Köpfe. Bevor wir zum nächsten Baum weitergehen, heben wir die Ecken der Decke an und ein dichter Strom Oliven füllt die Tasche. Ein hellgraues Fohlen grast nicht weit entfernt, um Kräfte für den Rückweg zu sammeln. Es soll die Taschen ins Dorf oberhalb des Tals tragen.

Wir pflücken Oliven in Yassouf, einem wundervoll unbedeutenden Dorf im Hochland. Die geräumigen hohen Häuser aus sanftem, hellem Stein zeugen von altem Reichtum, der von unablässiger Arbeit herrührt. Breite Treppen führen auf die flachen Dächer, auf denen die Bewohner an warmen Sommerabenden sitzen und die Brise vom fernen Mittelmeer genießen. Hier wachsen viele Granatapfelbäume. Schon in einer tausend Jahre alten Beschreibung Palästinas durch einen Zeitgenossen von Wilhelm dem

Eroberer steht das Dorf Yassouf für seinen Reichtum an Granatapfelbäumen und für die Weisheit des Scheichs Al-Yassoufi, der sich selbst im fernen Damaskus einen Namen gemacht hatte.

Das muss das Paradies sein – oder zumindest fast. Wir kamen gestern in diesem Dorf an, das auf einer Hügelkette zwischen zwei Tälern liegt. Auf einem Hügel oberhalb des Dorfes befindet sich eine so genannte *bema*, eine Kultstätte, ein bedeutender Platz, an dem die Vorfahren von Hafez und Rowan Zeugen der wunderbaren Vereinigung himmlischer und weltlicher Kräfte wurden. Die Dorfbewohner kommen oft hierher und suchen nach spirituellem Trost, genauso wie es ihre Vorväter taten, die Bewohner des kleinen Fürstentums Israel; wir sind im Heiligen Land und für seine Bewohner geht das tägliche religiöse Wunder Hand in Hand mit der Arbeit ums tägliche Brot. Die biblischen Könige versuchten diese lokalen *bema*-Plätze zu verbieten und den Glauben in den leicht zu besteuernden und leicht zu kontrollierenden Tempeln zu zentralisieren. Die Durchschnittsmenschen bevorzugten für ihre täglichen Gebete jedoch Kultstätten vor Ort. Die Bauern behielten ihren einheimischen und universellen Glauben, ähnlich wie die Shinto-Buddhisten in Japan. Sie sind religiös, aber keine Fanatiker. Sie tragen keine islamische Kleidung und die Frauen verhüllen ihre hübschen Gesichter nicht. Diese zwei Aspekte, der einheimische und der universelle, haben Jahrtausende überstanden und sind miteinander verschmolzen. Der Tempel wurde zur bezaubernden Umayyad-Moschee von Al-Aqsa und im Hochland von Yassouf beten die Menschen zu ihrem Gott.

Diese Olivenbäume sind ehrwürdig und alt. Sie haben in ihrem langen Leben so manchen Eidesschwur gehört und waren Zeugen so manchen Geheimnisses: ein wunderbarer seichter Brunnen, der niemals austrocknet, nicht einmal im heißesten Monat Juli, aber im regnerischen Winter ruht; eine heilige Grabstätte, die seit ihrer Errichtung wahrscheinlich oft den Namen gewechselt hat, momentan aber nach Scheich Abu Zarad benannt ist. Man findet hier über 4.000 Jahre alte Ruinen des Dorfes Yassouf, das seit damals nie verlassen war. Zu biblischen Zeiten gehörte es Joseph, dem stärksten aller Stämme Israels. Als Jerusalem an die Juden fiel, behielten diese Gebiete und diese Menschen ihre israelitische Identität und nahmen nach und nach Christus an. Der gewölbte Schrein auf dem Hügel ruft immer noch zum Gebet. Während der Mandelblüte im Februar wird der Hügel weiß. Nun erstrahlt er in frischem Grün und bietet einen herrlichen Blick auf die sanft geschwungenen Hügel von Samaria.

Doch für den schönsten Blick vom Hügel waren wir zu spät dran, da im Herbst die Sonne früh untergeht. Stattdessen gingen wir in der Dämmerung zur Dorfquelle hinunter, dem pulsierenden Herzen der Ortschaft. Ruhig strömte das Wasser aus der Öffnung im Stein, floss in den bedeckten Tunnel und kam am anderen Ende wieder zu Vorschein, um die Gärten zum Leben zu erwecken. Wir saßen unter den Feigenbäumen. Sie spannten ihre breiten Blätter über auf wie japanische Noh-Tänzer, die in einer stetigen graziösen Bewegung ihre Fächer heben. Im Mondlicht schwirrten zwischen den Blättern riesige Schmetterlinge umher – Fledermäuse, die in den nahe gelegenen Höhlen hausen und in der Dunkelheit herauskommen, um Wasser zu trinken und sich an den Früchten gütlich zu tun.

Normalerweise ist eine Unterhaltung an der Quelle so spritzig und frei wie deren Wasser. Es gibt keinen geeigneteren Ort, um sich niederzulassen und mit den Dorfbewohnern über die Ernte, die guten alten Zeiten, die Kinder und den letzten Essay von Edward Said, der gerade in der Lokalzeitung abgedruckt worden war, zu plaudern. Die Bauern sind keine Tölpel. Einige von ihnen sind weit herumgereist, von Basra bis San Francisco; andere haben eine nahe gelegene kleine Abteilung der Universität besucht. Ihre politische Bildung wurde in israelischen Gefängnissen vollendet, in unserem Land eine fast unvermeidliche Etappe in der Erziehung eines jungen Mannes. Dank dieser Gefängnisaufenthalte oder dank ihrer Arbeit in der israelischen Bauindustrie sprechen die Bauern fließend Hebräisch und freuen sich darüber, es bei einer Unterhaltung mit einem freundlichen Israeli praktizieren zu können.

Doch heute waren unsere Gastgeber bedrückt und ihre Sorgen spiegelten sich in ihren traurigen Augen wider. Sogar beim Abendessen, als wir mit Reis, Nüssen und Joghurt festlich bewirtet wurden, waren sie eher in sich gekehrt. Wir kannten den Grund dafür: Eine neue Bedrohung lag über der kahlen Bergkuppe und breitete ihr Netz über das Dorf aus. Die Armee hatte das Land von Yassouf für militärische Zwecke beschlagnahmt und es den Siedlern zugesprochen. Diese stellten einen Betonfertigbau hin, umzäunt von Stacheldraht, mit Wachtürmen durchsetzt, und eigneten sich den Namen der nahe gelegenen Quelle an. Die Siedlung wollte ihre Entwicklung jedoch nicht auf das Land beschränken, das sie den Leuten von

Yassouf bereits vor einem Jahrzehnt gestohlen hatte, sondern griff auf die gesamte Gegend über und formte Metastasen auf den umliegenden Hügeln, verschlang Olivenhaine und Weingärten.

Die Bauern wagten es nicht, auf ihre eigenen Felder zu gehen, denn die Siedler waren barsche Männer mit Gewehren und hatten den Finger schnell am Abzug. Sie schossen auf die Dorfbewohner, entführten und folterten sie häufig und brannten ihre Felder nieder. Die Siedler mussten es nur schaffen, die Bauern fünf Jahre lang von ihren Feldern fern zu halten, denn danach würde – nach dem ottomanischen Gesetz, das sie in alten Büchern gefunden hatten – das brachliegende Land an den Staat zurückfallen. An den jüdischen Staat. Der Staat würde dann das Land den jüdischen Siedlern zuteilen. In der Zwischenzeit versuchten Letztere die Bauern auszuhungern.

Das Dorf war durch Gräben und zwei Meter hohe Erdhügel von der Außenwelt abgeschnitten. Sogar kleine, ungeteerte Straßen hatte die Armee abgeriegelt. Yassouf war zu einer Insel geworden. Der britische Botschafter in Tel Aviv sagte neulich, dass Israel Palästina in ein riesiges Straflager verwandelt habe. Er hatte Unrecht – Israel verwandelte Palästina nicht in ein Lager, sondern in einen neuen Gulag. Der Nobelpreisträger und Autor von „Der Archipel Gulag", Alexander Solschenizyn, behauptete, dass der ursprüngliche russische Gulag von Juden entworfen und verwaltet wurde; seine Behauptung wurde von jüdischen Organisationen in Frage gestellt und dementiert. Doch es gibt keinen Zweifel daran, wer den palästinensischen Gulag entworfen hat. Autos können Yassouf weder anfahren noch verlassen. Besucher müssen ihre Fahrzeuge außerhalb parken und zu Fuß bis zum Dorf gehen. Die nächstgelegene Stadt, Nablus, einst Neapolis genannt, ist nur 13 Kilometer entfernt, doch braucht man für die Strecke mit dem Auto vier Stunden und muss dabei viele erniedrigende Kontrollpunkte passieren. Wir brauchten ewig, um bis nach Yassouf vorzudringen, da wir an unzähligen Kontrollpunkten und Straßensperren angehalten wurden und unser Auto einen Kilometer vor dem Ort stehen lassen mussten, da die Straße mittels eines unüberwindbaren Belagerungsdamms blockiert war.

Auf dem Weg sahen wir überall Zerstörung. Olivenbäume zu beiden Seiten der Straße waren verbrannt oder entwurzelt, als sei diese ehrwürdige Baumgattung der fürchterlichste Feind der Juden. Und bis zu einem gewissen Grad trifft das auch zu: Oliven sind die Hauptversorgung und die Hauptfürbitter der Palästinenser. Deren Hauptmahlzeit besteht aus frisch gebackenem Fladenbrot und Olivenöl gewürzt mit Thymian, danach gibt es erfrischende Weintrauben. Einst salbte man die Könige und Priester Palästinas mit diesem Öl. Die heiligen Sakramente der Kirche, ein kostbares Geschenk Palästinas an die Menschheit, dienen zur Weihe der Oliven. Bei der Taufe werden die Palästinenser vor dem Untertauchen zuerst mit Öl eingerieben. Ihre Haut bleibt durch das Olivenöl samtig und seidig. Olivenöl spielt bei Hochzeitsriten und auch bei den Sterbesakramenten eine große Rolle; das Öl stellt das untrennbare Band zwischen den Menschen und ihrem Land dar. Der berühmte Erforscher der Qumran-Rollen, John Allegro, ruinierte seinen Ruf, indem er ein ketzerisches Buch schrieb, das Jesus Christus mit halluzinogenen Pilzen verglich. Falls und wenn ich mich dazu entschließe, ihm zu folgen, werde ich den Olivenbaum und sein Öl „extra vergine" mit unserer Jungfrau Maria, der obersten Mediatrix (Vermittlerin) Palästinas, vergleichen.

Solange es dort Oliven gibt, sind die Bauern in Palästina unbesiegbar; darum haben ihre Gegner ihren Zorn gegen die Bäume gerichtet. Sie schneiden sie um, wann immer sie können. In den letzten Jahren wurden 18.000 wunderschöne Olivenbäume, sowohl alte Riesen als auch junge Setzlinge, entwurzelt. Die Siedler hinderten die Bauern an der Ernte, lauerten ihnen auf dem Heimweg auf und raubten sie aus. Wir, die internationalen und israelischen Freunde Palästinas, standen – wie die sieben Samurai in dem alten Kurosawa-Film – den Bauern zur Seite, um ihnen bei der Olivenernte zu helfen und sie vor den Räubern zu beschützen.

Von dem vielen Guten, das man auf unserer Erde tun kann, ist es meiner Meinung nach am besten und am angenehmsten, den Palästinensern zu helfen. Der Kibbuz kann damit nicht mithalten. Junge Kibbuzniks sind meistens langweilig und zurückhaltend und die alten sind … einfach alt. Im Kibbuz haben sie entweder Kontakte mit anderen Fremden oder sie haben gar keine. Palästinenser sind so freundlich, so offen und so kommunikativ. Die internationalen Besucher sonnen sich geradezu in ihrer Freundlichkeit, sie leben in bezaubernden Dörfern, sehen den warmen blauen Himmel über der unvergleichlichen Landschaft der palästinensischen Hügel und genießen die sagenhafte Gastfreundschaft der Bauern. Und wenn ab und zu einige Siedler auf sie schießen, ist das nur ein kleiner Preis für den ganzen Spaß, ein zusätzliches Vergnügen von Seiten der IDF (Israel Defense Forces, israelisches Militär).

Die Menschen, die Palästinensern helfen, unterscheiden sich stark von den freiwilligen Kibbuzniks. Ihre Zusammensetzung ist vielfältiger, vom 19-jährigen Studenten aus Uppsala bis zur Hausfrau aus Brighton, vom Reverend aus Georgia bis zum Lehrer aus Boston, von einem französischen Bauern bis zu einem italienischen Parlamentsabgeordneten. Das Mitgefühl, ein natürliches Gefühl für Gerechtigkeit und – ja, auch ihr Mut verbinden sie. Sie arbeiten im Schatten von israelischen Panzern und dienen als lebendige Schutzschilde für Olivenbäume und Menschen. Die Ernte in den Bergen von Samaria ist eine Freude, doch nichts für zarte Seelen. Wir sollten die harte Tour bald kennen lernen.

Wir pflückten Oliven und füllten die Taschen mit dem grünen Gold, als plötzlich ein Jeep die steinige, holprige Straße entlangfuhr und mit kreischenden Reifen unweit von uns zum Stehen kam. Eine Staubwolke stieg auf. Dahinter folgte ein größeres Fahrzeug, ein Truppentransporter voller Soldaten. Ein einzelner Mann sprang aus dem Jeep und zielte mit seinem automatischen M-16-Gewehr auf das Kind im Baum.

„Haut ab, ihr verdammten Araber!“, brüllte er mit Brooklyner Akzent. Er hob einen Stein auf und schleuderte ihn in die nächststehende Arbeitergruppe. Ein Bauer, der sich nicht wegdrehen konnte, wurde davon getroffen und an der Hand verletzt.

„Komm nur einen Schritt näher und ich schieße!“, schrie der Mann, als Laurie mit ihm zu reden versuchte. Er war groß, ungekämmt, wild und steigerte sich selbst absichtlich in eine größere Hysterie hinein. Er schrie die Bauern an: „Wagt es bloß nicht, die Oliven anzufassen!“

Um die Straßenbiegung kamen drei Männer gerannt. So etwas haben Sie noch nie gesehen. An ihre glatt rasierten Stirnen waren mittels dünner schwarzer Bänder schwarze Schachteln geschnallt. Um ihre bloßen Arme waren ebenfalls schwarze Bänder gewickelt. Die Juden legen die Phylakterien, die Gebetsriemen, wie man diese Aufmachung nennt, für ihr Morgengebet an, doch an diesen jungen Männern sahen sie aus wie die Amulette eines kriegerischen Stammes. Sie trugen dunkle Hosen und dunkle T-Shirts, schwarz-weiß gestreifte Schals wehten hinter ihnen her. Sie zielten mit ihren Gewehren auf uns. Sie sahen aus, als ob sie von irgendeinem Dämon besessen wären, diese jungen Männer im jüdisch-rituellen Aufzug mit ihren Ideen aus dem Buch Josua. Ich war nicht überrascht, als einer von ihnen ein langes Krummschwert zog. Die Szene erinnerte mich an den Film „Die Zeitmaschine“ (nach dem Buch von H. G. Wells) mit dem plötzlichen Erscheinen der grausamen Morlocks und ihrem Angriff auf die friedlichen Eloi.

Sie stießen die Frauen herum und verfluchten die Männer. Ihre Augen brannten vor Hass. Die Palästinenser, verschüchterte Bauern, zogen sich zurück. Als unbewaffneter Samurai versuchte ich mit den Angreifern vernünftig zu reden.

„Lasst doch die Bauern ihre Oliven ernten“, wollte ich sie beschwichtigen, „es sind ihre Bäume, es ist ihr Leben. Seid ihnen gute Nachbarn!“

„Hau ab, du Araberfreund!“, zischte mir einer von ihnen zu. „Du unterstützt unsere Feinde. Es ist unser Land, das Land der Juden, die Gojim haben hier nichts zu suchen.“

Unter friedvolleren Umständen würde ich über eine solche Bemerkung lachen. Diese verstörten jungen Männer aus New York wollen die wahren und rechtmäßigen Nachkommen des Volkes Israel aus dem Land ihrer Vorfahren hinauswerfen. Sie kümmern sich nicht um solche Banalitäten wie einen 2.000 Jahre alten Anspruch auf dieses Land, in dem heute eine fünfjährige Abwesenheit jeglichen Besitzanspruch auslöscht. Sie kümmern sich auch nicht darum, dass ihre „jüdischen“ Vorfahren wahrscheinlich aus der eurasischen Steppe ausgewandert sind und Palästina niemals gesehen haben. Sie kümmern sich auch nicht darum, dass selbst die Juden von einst niemals im Land Israel (zwischen Bethel, Karmel und Jesreel) gelebt oder es gar besucht haben. Bald schon werden rumänische Gastarbeiter aus Bukarest die Bewohner von Florenz hinauswerfen und behaupten, sie hätten direkte Vorfahren aus dem alten Rom. Doch ihre Gewehre gaben nicht gerade Anlass zum Witzeln.

„Warum verbrennen Sie Olivenbäume, sind die denn auch Ihre Feinde?“

„Ja, die Olivenbäume unserer Feinde sind unsere Feinde. Und ihr seid ebenfalls unsere Feinde“, kreischte er. „Antisemiten!“

Dieses Wort wirkt bei den Amerikanern Wunder. Wann auch immer ein Amerikaner „Antisemit“ genannt wird, erwartet man von ihm, dass er sich zu Boden wirft und dem jüdischen Volk ewige Liebe und Gehorsam schwört. Ich weiß das, denn ich erhalte täglich Briefe von Menschen, die man wegen ihrer Unterstützung Palästinas als „Antisemiten“ bezeichnet hat und die damit nicht fertig werden. Ich leiste ihnen psychologische Erste Hilfe. Nachdem man mich bereits für meine antisowjetische Haltung bestraft hat und mich für meine antiamerikanische Meinung verdammt, gehe ich als antigesetzlicher Liebhaber der Anti-ke recht locker damit um, als Anti-semit abgestempelt zu werden. Heutzutage bedeutet eher die Tatsache, nicht als Antisemit bezeichnet zu werden, dass man falsch liegt, von Scharon und Soros in den Schwitzkasten genommen.

Wie „Araberfreund" oder „Negerfreund" ist „Antisemit" eine Bezeichnung, die denjenigen bloßstellt, der sie gebraucht. Das Wort wurde gegen T. S. Eliot und Dostojewski, Genet und Hamsun, den heiligen Johannes und Yeats, Marx und Woody Allen eingesetzt und dies ist eigentlich eine Gesellschaft, in der man sich gerne befinden möchte. Dennoch zögerten unsere Amerikaner ein wenig, unsere guten Israelis begannen ihre Position zu erklären, doch es war Jennifer, das gute englische Mädchen aus Manchester, die die Überlegenheit der Briten mit einem brüsken „Fuck you!" bewies und damit die Lage rettete.

Der Lauf der M-16 schwenkte um und wurde auf Jennifer gerichtet. Die Soldaten sahen interessiert zu. Ich wandte mich an sie: „Halten Sie sie auf! Sie zielen wieder mit ihren Gewehren auf uns!"

„Sie haben Sie noch nicht erschossen", antwortete der Sergeant.
Die Soldaten wollten nicht eingreifen, solange die Morlocks taten, was sie wollten, doch in dem Moment, als wir sie ansprachen, suchte uns die beeindruckende Gewalt der Armee des jüdischen Staates heim. Die Morlocks wussten das ebenfalls: Sie zerbrachen Daves Kamera, stießen Angie, beleidigten die Mädchen und warfen mit Steinen.

„Werdet ihr sie nicht aufhalten?" forderte ich die Soldaten heraus.
„Tut mir Leid, Kumpel. Nur die Polizei kann sie aufhalten", antwortete der Offizier. „Aber wir können *euch* verhaften, wenn ihr darauf besteht."

Die Armee kümmert sich um die Palästinenser und die Polizei um die Siedler – dieser einfache Trick ist eine der besseren Erfindungen des jüdischen Genies. Wahrscheinlich wurde er von den europäischen Siedlern in China übernommen, wo es für Europäer und Chinesen unterschiedliche Gesetze und unterschiedliche Polizeigewalten gab. Darum können die Morlocks tun und lassen, was sie wollen.

Die Palästinenser waren sichtlich erregt. Sie waren zwar keine Kämpfer, doch als Bauern waren sie mit ihren Frauen und Kinder zur Olivenernte und nicht zum Sterben hierher gekommen. Zumindest noch nicht. Die Siedler bringen die Dorfbewohner aus Spaß an der Freude um, mit oder ohne Provokation. Erst in der letzten Woche hatten sie einige Männer getötet, die es gewagt hatten, ihre eigenen Oliven zu ernten. Falls die Dorfbewohner sich zu verteidigen wagten oder auch nur eine Hand gegen einen Juden erhoben, würden sie alle hingemetzelt und ihr Dorf dem Erdboden gleich gemacht werden. Doch die Oliven mussten geerntet werden und so dauerte die Pattsituation weiter an.

„Alle Probleme werden von diesen verdammten Siedlern verursacht!", rief Uri, ein guter Israeli, der mir die Siedlerrowdys zur Rechten vom Leib hielt. „Ohne sie würden wir in Frieden leben. Wir könnten Yassouf mit Pässen besuchen wie Touristen, denn die Bewohner Yassoufs sind die wahren Siedler."

Es war in der Tat leicht, fast schon obligatorisch, diese boshaften jungen Männer zu hassen, die Ernten zerstörten und Dörfer aushungerten. Speziell diese Siedlung ist als ein Bollwerk der Kahanisten* – oder der jüdisch-nazistischen Bewegung, wie sie der verstorbene Professor Leibovich nannte – bekannt. Sie feierten die Ermordung von Premierminister Rabin, sie verehrten Baruch Goldstein, den Massenmörder aus Brooklyn, sie veröffentlichten das verbotene Buch von Rabbi Alba, in dem er offen verkündete, dass Juden die Pflicht hätten, die Nichtjuden auszulöschen. Sie waren so übel, dass es nicht schwer fiel, Uris Meinung zu teilen und sie zu hassen.

Doch als ich in die leeren Gesichter der Soldaten blickte, kam mir eine Kindheitserinnerung wieder in den Sinn. Die Strolche gehen nicht herum und rauben Fremde eigenhändig aus. Sie schicken immer ein kleines Kind – in unserem Fall die Siedler – vor, um die fremden Bauern um ihre Geldbörse zu erleichtern. Wenn die Bauern dann das Kind wegstoßen, fallen sie über sie her wie eine Last Ziegel und beschuldigen sie der Kindesmisshandlung. Es hatte keinen Sinn, das kleine Kind zu hassen, denn es wurde von den erwachsenen Schurken vorgeschickt.

Diese jungen Spinner wurden ebenfalls von den größeren Strolchen vorgeschickt. Darum zuckten die Soldaten nicht einmal mit der Wimper, als

* Die Kach-Partei von Rabbi Meir Kahane ist ein Inbegriff für Rassenhass und einen von Rachegedanken geprägten gewalttätigen Widerstand gegen jegliche politische Opposition. Kahanes Machtbasis befindet sich in den Siedlungen in den besetzten Gebieten.

die Siedler die Bauern angriffen. Sie waren nur das Fußvolk. Die Schläger hungern die Bauern aus, die Armee beschützt die Schläger und die Regierung billigt dies. Die Waffen der Armee unterdrücken die Palästinenser, die US-Armee unterdrückt den Irak, den einzigen Staat in der Region, der einen Kräfteausgleich bringen könnte, und die US-Diplomaten machten im Sicherheitsausschuss ihr Vetorecht geltend. Und hinter all dem kann man die größten Verbrecher von allen erkennen, die sich nicht um die Oliven, die Bauern oder die Soldaten scheren. An einem Ende der Kommandokette steht ein verrückter Siedler aus Brooklyn mit seinem M-16-Gewehr, am anderen Ende stehen Bronfman, Zuckerman, Sulzberger, Wolfowitz, Foxman und Friedman.

Und irgendwo dazwischen stehen wir, die Israelis und die amerikanischen Juden, die pflichtbewusst wählen, Steuern zahlen und das System unterstützen, denn ohne unsere Unterstützung müsste Wolfowitz Bagdad im Alleingang erobern und Bronfman müsste die Olivenbäume alleine verbrennen.

Dennoch – jeder Mensch und jedes Tier hat seinen Plagegeist und wir mussten uns um unseren eigenen kümmern. Die Bauern von Yassouf und ihre internationalen Helfer, also wir, behaupteten sich und bewegten sich nicht von der Stelle. Die Polizei kam und beriet sich mit den Siedlern. Nach einiger Zeit kam ein großer, gepflegter Verbindungsoffizier lächelnd auf uns zu.

„Sie können Ihre Oliven pflücken“, meinte er, „doch arbeiten Sie bitte weiter unten im Tal, wo die Siedler Sie nicht sehen können und nicht durch Ihren Anblick provoziert werden.“

Dies war ein kleiner Sieg, ein Kompromiss, aber das war nicht wichtig. Wichtig war, dass wir Oliven ernten würden. Wir gingen weiter ins Tal hinunter, dessen Hänge durch unzählige Terrassen verstärkt worden waren, und setzten unsere Ernte fort. Hier unten waren die Oliven kleiner und auch weniger zahlreich. Drei Jahre lang durften die Bauern ihre Felder nicht bearbeiten und Olivenbäume brauchen viel Pflege. Normalerweise pflügen die Bauern um die Bäume herum und benutzen dazu einen altmodischen Pflug, der von einem Esel gezogen wird; die Terrassen sind zu schmal für einen Traktor. Ohne dieses Pflügen läuft der Winterregen ab, ohne die Wurzeln der Bäume zu erreichen. Die Terrassen brauchen ebenfalls viel Pflege. Doch im Moment können die Bauern diese Arbeit nicht erledigen, da sie es vorsichtig vermeiden, ihre Hacken und Spaten – die in den Augen ihrer bis an die Zähne bewaffneten Peiniger gefährliche Waffen darstellen könnten – auf die Felder zu tragen.

Wieder strömten die grünen und schwarzen Oliven durch unsere Hände auf die auf dem Boden liegenden Laken.

„Gott hat sie unterschiedlich erschaffen. Auf dem selben Baum wachsen grüne und schwarze Oliven", sagte Hussein zu uns, „doch sie ergeben das gleiche Öl."

Das ist ein Zeichen Gottes für die Menschheit: Wir sind alle unterschiedlich und das ist eine gute Sache, denn die Welt wird dadurch schöner und bunter – wenn wir dabei nicht die Menschlichkeit vergessen, die uns allen gemein ist.

Wir breiteten unser Mittagessen unter einem großen Olivenbaum aus. Umm Tarik, die einzige Frau in farbenfroher Landestracht, brachte großes rundes Brot frisch aus dem Ofen. Es wurde großzügig mit Olivenöl beträufelt, genauso wie die Ziegenkäsebällchen. Hassan reichte eine so genannte *zir* herum, eine palästinensische Amphore mit frischem, kühlem Quellwasser. Die *zir* war außen kühl und nass und mit winzigen Tautropfen bedeckt. Sie ist aus porösem Lehm gefertigt und schwitzt reichlich, während sie das Getränk in ihrem Inneren kühlt. Mit der Zeit verstopfen sich die Poren und dann kann man die *zir* nutzen, um darin Wein oder Öl aufzubewahren.

„Ich vermisse Ramat Gan" (ein Vorort von Tel Aviv), sagte Hassan. „Vor all dem Ärger ging ich dorthin zur Arbeit und strich Häuser an. Es war eine gute Arbeit. Mein jemenitischer Arbeitgeber war ein anständiger Mann, er behandelte mich wie ein Mitglied seiner Familie. Manchmal blieb ich dort über Nacht und ging in Tel Aviv abends am Meer spazieren. Jetzt habe ich schon seit zwei Jahren das Dorf nicht verlassen."

Jedem war die Zeit, als sie in den großen Städten im Westen Palästinas arbeiteten und Bargeld mit nach Hause brachten, noch in guter Erinnerung. Dies war ein Arrangement, das beiden Seiten entsprach, den neu Hinzugezogenen und den Bauern, zwar grundlegend ungleich, aber doch tragbar. Auf der ganzen Welt arbeiten Farmer und Bauern für einige Zeit in den Städten, wenn ihr Land nicht nach Ernte oder Bepflanzung ruft. Den Einheimischen ist das „jüdische" Tel Aviv oder Ramat Gan genauso fremd wie das „arabische" Nablus oder Jerusalem, da sie das Land als eine Einheit sehen. Palästina ist ein kleines Land und Yassouf liegt genau in der Mitte, 50 Kilometer vom Meer und 50 Kilometer von der jordanischen Grenze entfernt. Die industriellen Städte an der Küste entstanden lange vor der Gründung des Staates Israel; sie wurden mit der Arbeitskraft der Bauern aus Yassouf erbaut und gehören von Rechts wegen ihnen. Nicht ausschließlich ihnen, doch auch ihnen. Das Arrangement wurde aufgehoben, als die Juden mit ihrem Landklau begannen.

„Seht ihr die Siedlung?“, fragte uns Hussein. „Mein Vater säte seinen Weizen auf dieser Seite des Hügels. Zuerst nahmen sie uns das Land weg und später sperrten sie uns in unserem Dorf ein. Jetzt haben wir nur noch wenig Land und keine Arbeit.“

„Die Geschichte des Heiligen Landes wiederholt die Geschichte des Versprechens Gottes“, sagte der Reverend. „Christus sagte, jeder sei auserwählt. Die Juden antworteten: ‘Tut uns Leid, aber nur wir sind auserwählt.’ Jetzt sagen die Palästinenser: ‘Lasst uns in diesem Land zusammenleben.’ Und die Juden antworten: ‘Tut uns Leid, aber es gehört nur uns allein.’“

„Es sollte einen unabhängigen palästinensischen Staat geben“, sagte Uri, „mit eigener Flagge und einer echten Grenze. Barak betrog alle, als er anbot, eure Länder in kleine Einheiten aufzuteilen. Wir sollten zu den Grenzen von 1967 zurückkehren und somit die Dinge richtig stellen.“

„Wisst ihr, wie der Talmud zum Thema Aufteilung steht?“, fragte ich. „Zwei Männer fanden einen Schal und beide sagten: ‘Es ist meiner.’ Sie kamen vor den Richter und dieser fragte sie: ‘Wie soll ich den Schal aufteilen?’ Der Erste sagte: ‘Teile jedem von uns genau die Hälfte zu.’ Der Zweite sagte: ‘Nein, er gehört ganz allein mir.’ Der Richter sagte: ‘Es gibt ja anscheinend keinen Streit um die eine Hälfte des Schals, da beide damit einverstanden sind, dass sie dem zweiten Mann zufallen soll. Ich teile also die andere Hälfte zu gleichen Teilen auf, sodass der erste Mann, der nach Gerechtigkeit suchte, ein Viertel bekommt, während der zweite Mann, der Egoist, drei Viertel bekommt.’ Das ist also der jüdische Lösungsansatz. Vielleicht sollten die Palästinenser das ebenfalls lernen.“

Kamal warf noch einige Zweige auf das kleine Feuer, um Kaffee zuzubereiten. Er war ein älterer Mann und im ganzen Dorf respektiert, ein wichtiger Mann in der lokalen Politik und auch darüber hinaus. 1967 trennte er sich als Zwanzigjähriger von seiner neugeborenen Tochter, da er von den Juden für sein Engagement in der Widerstandsbewegung zu vierzig

Jahren Gefängnis verurteilt wurde. Er konnte aus dem ewigen Schatten des Gefängnisses von Ramleh erst wieder hervorkommen, als seine Tochter bereits 21 Jahre alt war.

„Wir haben ebenfalls eine Geschichte, die von Teilung handelt", sagte Kamal. „Es ist die Geschichte einer Frau, die ein Kind fand und es großzog. Dann kam eine weitere Frau hinzu, die biologische Mutter des Kindes, und wollte ihr Kind zurück. Sie kamen vor den Richter Scheich Abu Zarad und der Scheich sagte: 'Ich werde das Kind in zwei Teile schneiden und jeder von euch eine Hälfte geben.' Die eine Frau sagte: 'In Ordnung, lass uns das Kind aufteilen.' Die andere sagte: 'Das steht außer Frage, ich lasse mein Kind nicht aufteilen.' Und somit sprach der Scheich das Kind der zweiten Frau zu, da sie die wahre Mutter war."

Meine Wangen brannten vor Scham. Kamal erzählte mir mit seiner Geschichte nichts Neues, doch mit meiner Witzelei hatte ich die wahre Weisheit von Salomons Urteilsspruch vergessen und er, der wahrhafte Nachkomme der Helden aus der Bibel, hatte mich daran erinnert. Die Palästinenser waren, genauso wie die wahre Mutter, mit der Teilung nicht einverstanden. Die Geschichte bewies, dass sie Recht hatten: Man kann Palästina nicht aufteilen. Die Bauern brauchen die industrialisierten Städte, um dort in der Zwischensaison zu arbeiten und ihr Olivenöl zu verkaufen; sie brauchen die Mittelmeerküste, die nicht weit von ihrem Dorf entfernt ist. Sie brauchen das gesamte Land als Einheit, so wie ein Mensch zwei Hände und zwei Augen braucht.

Die Siedler waren keine Monster, sondern völlig fehlgeleitete Männer. Wie ich hatten sie zu viel im babylonischen Talmud gelesen und zu wenig in der palästinensischen Bibel. Sie fühlten die enorme Anziehungskraft des Landes und dies zog sie in die Hügel von Samaria. Sie suchten nach Einheit mit dem verzauberten Land Palästina und liebten es wie verrückte Nekrophile. Sie waren bereit zu töten, nur um das Land zu bekommen. Sie verstanden das einheimische Brauchtum nicht und verdienten ihren Lebensunterhalt mit dem Sammeln von Spenden in Amerika.

Statt Hassgefühlen hatte ich für die Siedler nur noch Mitleid übrig. Sie hatten die einzigartige Gelegenheit, mit ihren Nachbarn und mit dem Land Frieden zu schließen, und vermasselten sie. Indem die Siedler das Land zerstörten, bereiteten sie sich ihr eigenes neues Exil. Die wahre Mutter wird das Kind bekommen und daher ist der palästinensische Sieg unvermeidlich, da das salomonische Urteil nur eine Parabel für das göttliche Urteil ist.

„Doch wo sind die guten Juden?“, fragt der Leser sich. „Zum Ausgleich, für die politische Korrektheit, für unser Wohlbefinden zeigt uns bitte ein paar gute Juden! Es gibt nicht nur die Siedler, sondern auch Bewegungen wie ‘Peace Now’ und andere, die den Palästinensern wohlgesonnen sind.“

Das ist richtig – es gibt einen Unterschied zwischen den brutalen Siedlern und ihren Anhängern auf der einen Seite und den liberalen Israelis, traditionellen Anhängern der Arbeiterpartei, auf der anderen Seite.

Die jüdischen Chauvinisten wollen ein Palästina ohne Palästinenser. Sie wollen Chinesen für die Feldarbeit ins Land holen und Russen, die die Chinesen überwachen sollen. Sie sind ein abstoßender Haufen.

Die liberalen Israelis können sich eine Art gemeinsamer Zukunft vorstellen, in der die Palästinenser ihre bewachten Ghettos verlassen und zur Arbeit nach Tel Aviv kommen dürfen. Sie hätten eine Arbeitserlaubnis, würden ständig von der Polizei bedrängt, müssten ohne Sozialversicherung für weniger als den Mindestlohn arbeiten und würden von ihren Arbeitgebern ausgenutzt. Der Gedanke an brüderliche Gleichheit – nicht im göttlichen Sinn, sondern einfach nur im Sinn von normalem Fair Play – gegenüber den ursprünglichen Bewohnern des Landes ist ihnen so fremd wie den Siedlern auch. Sie würden den Palästinensern zwar eine Flagge und eine Hymne geben, ihnen dafür aber ihr Land und ihre Lebensweise wegnehmen.

Beiden Arten von Israelis ist die Zurückweisung Palästinas gemeinsam. Sie sprechen von „einem neuen Beton- und Asphaltkleid für das alte Land Israel“. Die Liberalen träumen von einem High-Tech-Abklatsch Amerikas und brauchen dafür die Hügel von Samaria nicht. Die Chauvinisten wollen auch die kleinste Erinnerung an Palästina ausmerzen und das Königreich des Hasses und der Vergeltung wieder erschaffen.

Wenige, sehr wenige von uns verstehen, dass wir die seltene Gelegenheit hatten, von den Palästinensern zu lernen. Mit unserer osteuropäischen Arroganz kamen wir hierher, um sie zu belehren, doch wir sollten selbst etwas lernen und uns ändern. Es reicht nicht aus, ihnen helfen zu wollen: Wir, die Eroberer, müssen uns der höheren Zivilisation der Eroberten anpassen. Dies geschah bereits vor unserer Zeit so: Die siegreichen Wikinger passten sich der englischen, französischen, russischen und sizilianischen Lebensweise an; die triumphreichen Griechen aus Alexanders Tagen wurden zu Ägyptern und Syrern, die kaiserlichen Mandschuren wurden zu Chinesen. Es muss auch unseretwillen geschehen, sonst werden wir nicht nur ein Ghetto für sie schaffen, sondern auch unser eigenes.

Man nehme eine Ameise und sie wird einen Ameisenhügel bauen. Man nehme einen Juden und er wird ein Ghetto bauen. Man nehme einen Palästinenser … nun, mein Freund Mussa lud seinen alten Vater aus seinem Dorf in Samaria ein, mit ihm in seinem neuen Heim in Vermont zu leben, und sein alter Vater begann Terrassen anzulegen und Olivenbäume zu pflanzen.

Die Palästinenser können es sich gar nicht vorstellen, ohne das Land und ihre einzigartige Lebensweise zu sein. Vor Jahrtausenden, nach dem Ende der großen mykenischen Trockenzeit, bildeten ihre Vorfahren eine Einheit mit den Oliven, dem Wein, dem Esel, den kleinen Bergquellen und den Gedenkstätten auf den Hügelkuppen. Diese einzigartige Struktur der Landschaft, der Menschen und des Göttlichen war die großartige Errungenschaft Palästinas, welche die Palästinenser über Jahrhunderte hinweg bis in die heutige Zeit retteten und bewahrten. Wenn sie besiegt werden, wird die Menschheit ihren Angelpunkt verlieren und an den Felsen der Geschichte zerschellen. Es war wirklich ein Privileg, dass sie unseren kleinen Hilfsbeitrag akzeptierten.

Abends gingen wir zurück ins Dorf, in das geräumige Haus von Hussein. Es würde auch gut nach Cannes oder Sonoma passen. Wir saßen auf dem großen Balkon in geflochtenen Sesseln, die von den Bewohnern des Dorfes Beidan gefertigt worden waren. Husseins freundliche, aber ehrwürdige Katzen sprangen uns auf den Schoß, während seine Töchter uns süßen Minztee servierten. Leute kamen vorbei, um mit den Fremden zu plaudern, wie sie es in diesen abgelegenen Dörfern gewohnt waren. Kleine Kerosinlampen standen auf den Tischen und auf dem Geländer – die israelischen Oberherren weigerten sich, das Dorf an das Stromnetz anzuschließen. Sogar das hatte sein Gutes, denn wir sahen, wie der volle Oktobermond langsam am sich verdunkelnden Himmel aufging und die terrassierten Hügel beschien, die Dächer, auf der Hügelkuppe das stumpfe Metall eines Merkava-Panzers, dessen Geschützmündung auf das Dorf gerichtet war, und die stillen, knorrigen alten Olivenbäume von Yassouf.

Ode an Farris oder Die Rückkehr des Ritters

(Ich schrieb diesen Essay im Sommer 2001, um dem palästinensischen Kampf ein anderes Image zu verschaffen: Bewunderung anstelle von Mitleid.)

Niemand darf den Gaza-Streifen betreten oder verlassen. Er ist von Stacheldraht umgeben, die Tore sind verschlossen und man kann das größte Hochsicherheitsgefängnis der Welt, die Heimat von mehr als einer Million Palästinensern, nicht einmal dann besuchen, wenn man im Besitz der nötigen Dokumente ist. Die israelische Armee, einst eine mythische Kampftruppe, ist zu einer bloßen Gefängniswache geworden. Ihre Taktik wurde in den 1930er Jahren folgendermaßen formuliert: „Ihr müsst nicht eine Million töten; tötet die Besten und der Rest wird sich ergeben." Diese Methode wurde zuerst von den Briten mit Hilfe ihrer jüdischen Alliierten beim Palästinenseraufstand des Jahres 1936 angewendet. Seither wurden Tausende der besten Söhne und Töchter des Landes, die potenzielle palästinensische Elite, ausgelöscht. Die israelische Armee setzt wie gewöhnlich den selben Marschplan in die Tat um und macht die „widerspenstigen Eingeborenen" gefügig, indem sie routinemäßig potenzielle Rebellen erschießt.

Ihr Job ist leicht. Die stärkste und größte Armee im Mittleren Osten, eine nukleare Großmacht, verfügt über alle Waffen dieser Welt, während die eingesperrten Palästinenser sich nur mit Steinen und leichtem Geschütz verteidigen können. Neulich fingen die Israelis eine Schiffsladung Waffen auf dem Weg nach Gaza ab. Die israelische Armee prahlte mit diesem Erfolg, drückte aber auch „Besorgnis" aus. Sie hatte Grund zur Besorgnis. Seit 1973 hat sie sich kaum Gedanken über Gegenschläge machen müssen. Die jüdischen Soldaten haben sich an leichte Arbeit gewöhnt.

Gaza ist eine Science-Fiction-Wirklichkeit wie aus einem zweitklassigen Gefängnisplanetenfilm. Der Stacheldrahtzaun umgibt ein Geheimnis: den ungebrochenen Willen des Volkes dahinter. Gaza ist wie der Schauplatz eines zweitklassigen Films, doch die Männer und Frauen auf diesem Schauplatz sind erste Garnitur.

Diese geheime Nachricht kam aus Palästina, verkörpert von einem dreizehnjährigen Jungen namens Farris Ode. Er war der jugendliche palästinensische David, der sich in den Außenbezirken von Gaza dem jüdischen Goliath entgegenstellte. Dieser Moment wurde von dem AP-Fotografen Laurent Rebours im Bild für immer festgehalten. Farris der Furchtlose zeigte die Grazie des heiligen Georg, des geliebten Heiligen von Palästina, und warf mit seinen Steinen nach dem gepanzerten Monstrum. Er trat dem Feind mit der Nonchalance eines Dorfjungen gegenüber, der einen wilden Hund verscheucht. Das Bild wurde am 29. Oktober 2000 gemacht. Einige Tage später, am 8. November, erschoss ein jüdischer Scharfschütze den Jungen kaltblütig.

Farris hinterlässt das Bild eines Helden, ein Poster, das man neben das von Che Guevara hängen sollte. Sein Name sollte im selben Atemzug genannt werden wie der von Gavroche, dem mutigen Rebellenkind auf den Barrikaden von Paris in Victor Hugos Roman „Les Misérables", ein Symbol für den unbesiegten, freien menschlichen Geist. Farris kam aus einer anderen Zeit – aus einer Zeit, als Heldentum noch kein schmutziges Wort war, als Männer bereit waren, für die noble Sache zu kämpfen und zu sterben. Sein Vorname bedeutet „Ritter" und sein Nachname „Die Rückkehr von". Sein Abbild ruft wahrlich die Idee der Rückkehr der tapferen Ritter von einst ins Gedächtnis zurück. Diese Geisteshaltung liegt fern des billigen kommerziellen Hedonismus, der heutigen Hauptideologie, mit der uns die amerikanische Popkultur überschwemmt. Die Hinterlassenschaft von Farris ist ein Zeichen für das Versagen des israelischen Marschplans. Dieser junge Rebell wurde unter israelischer Militärbesatzung geboren und starb, sich den Soldaten widersetzend.

Die Hoffnungsbotschaft wurde von den Freunden Palästinas nicht sofort als solche verstanden, da wir uns zu sehr an die Idee des palästinensischen Leids und Märtyrertums gewöhnt haben. In unseren Schriften ahmen wir unbewusst den ein wenig effeminierten Ansatz nach und präsentieren „unsere Seite" als die unglücklichen Opfer, die Mitgefühl und Mitleid verdient haben. Das Letzte, was wir den Palästinensern gegenüber fühlen sollten, ist Mitleid. Bewunderung, Liebe, Solidarität, Heldenverehrung, sogar Neid, aber nicht Mitleid. Wer sie bemitleidet, kann genauso die 300 Krieger des Königs Leonidas bemitleiden, die bei der Verteidigung von Thermopylae starben, oder die russischen Soldaten, die Guderians Panzer mit ihren Körpern aufhielten, oder sogar Gary Cooper in „High Noon". Helden sollte man nicht bemitleiden – sie sind ein erhebendes Beispiel für uns.

Zuerst konnten wir das Bild von Farris nicht korrekt platzieren. Die immer wiederkehrende Leidensgeschichte rief nach einem Bild wie dem des zusammengekrümmten Muhammad Dorra, der vor unseren Augen starb, eine Kinderfigur wie das kleine nackte vietnamesische Mädchen, das aus der Napalmflammenhölle rannte.

Das Bild der Rückkehr des Ritters, Farris Ode, gehört in eine andere Symbolkategorie: die der Helden. Sein Platz ist neben den Marines von Iwo Jima oder in einer Kirche neben seinem Landsmann, dem heiligen Georg. Schließlich starb der Kriegerheilige als Märtyrer und wurde auf palästinensischem Boden begraben, nicht weit entfernt von Farris, in der Krypta der alten byzantinischen Kirche in Lydda.

Die Gegner der Palästinenser verstanden diese Wahrheit besser als ihre Unterstützer. Die US-Presse bemühte sich redlich, die Erinnerung an Farris auszulöschen, da sie gewiss nicht wünschte, dass solch heroische Geschichten umgehen. Auf MSNBC.com lief ein dummer Wettbewerb um das wichtigste Bild des Jahres. Man hatte die Wahl zwischen Muhammad Dorra, dem Märtyrer, und einem Bild von Hunden. (Sie lassen einem immer die Wahl und man trifft immer die falsche, egal welche Möglichkeit man wählt.) Der israelische Konsul in Los Angeles unterstützte die Hunde und viele Israelis stimmten ebenfalls für sie, während die Partisanen Palästinas für Dorra stimmten. Das wirklich wichtige Bild, die Farris-Ikone, wurde der Öffentlichkeit gar nicht zur Abstimmung angeboten.

Doch damit noch nicht genug. Die *Washington Post* schickte ihren Korrespondenten Lee Hockstader nach Palästina, um der Erinnerung an das gefallene Kind den Nimbus zu nehmen. Dieser vom AIPAC (The American Israel Public Affairs Committee) organisierte Unfug befand sich bei Hockstader in besten Händen. Seine Berichte sollten in Journalistenschulen studiert werden, im Unterricht über Desinformation. Als israelische Panzer das wehrlose Bethlehem angriffen schrieb Hockstader in der *Washington Post* vom 3. April 2001: „In der biblischen Stadt Bethlehem bekämpften einander israelische Soldaten und Palästinenser mit Panzern, Raketen, Hubschraubern, Maschinengewehren und Steinen." Ich denke, dass in Hockstaders Zusammenfassung des Zweiten Weltkrieges Amerikaner und Japaner einander mit Atombomben bekriegt hätten.

Hockstader rechtfertigte pflichtgemäß israelische Übergriffe auf die Zivilbevölkerung mit Zeilen wie diesen: „Sprecher der israelischen Armee sagten, dass die Übergriffe begrenzt seien und vor allem zu Verteidigungszwecken durchgeführt würden. Doch die israelische Regierung hat eine weiter gefasste Ansicht und merkt an, dass die Übergriffe den Militärkommandanten vor Ort eine größere Flexibilität im Umgang mit dem trügerischen Feind gäben." Er hat eine „weiter gefasste Ansicht" der israelischen Aktionen, doch die Palästinenser in seinen Artikeln sind einfach nur verrückte Terroristen. „Die Palästinenser haben damit gedroht, einen Preis für das zu fordern, was sie als aggressive Kriegsführung betrachten. Ein Repräsentant der unter dem Namen Hamas bekannten islamischen Widerstandsbewegung rief zu weiteren Selbstmordattentaten und zu Mörserfeuer gegen Israel auf."

François Smith, der Hockstaders Artikel ebenfalls verfolgt, schrieb im Internet: „Ich fühle mich dadurch beleidigt, dass dieser Kerl denkt, ich sei blöd genug, ihm zu glauben. Passen Sie auf Lee Hockstader auf. Ich glaube, er verfolgt eigene Ziele."

Nun, er verfolgt sicher das Ziel, die jüdische Vorherrschaft zu bestärken und die Palästinenser durch den Schmutz zu ziehen. Die Geschichte über Farris wieder auszugraben passte also perfekt in seine Pläne. Hockstader ging nach Gaza und berichtete, dass Farris ein böser Junge gewesen sei, der seiner Mami und seinem Papi nicht gehorchte, der die Schule schwänzte, ein jugendlicher Draufgänger gewesen sei, der sogar getötet werden wollte, und ein barmherziger jüdischer Heckenschütze habe somit seinen Wunsch erfüllt. Hockstader ließ nichts aus: Das Kind wurde erschossen, als es einen Stein aufhob, und genau deswegen musste es getötet werden; sein posthumer Ruhm war nur dem „Tumult um seinen Tod" zuzuschreiben und überhaupt habe seine Mutter „vom irakischen Präsidenten Saddam Hussein einen Scheck über 10.000 US-Dollar erhalten".

Hockstader war auf Nummer Sicher gegangen. Hätte er es gewagt, zu dem Schluss zu kommen, dass die Eltern des Siedlerkindes in Hebron dessen Tod herbeiwünschten, oder hätte er auch nur erwähnt, dass diese Eltern aus der Hand des Schlächters von Sabra und Schatila einen Scheck erhielten, oder hätte er die israelische Reaktion als „Tumult" bezeichnet – ja, dann hätte Hockstader Israel sicher nicht mehr lebendig verlassen und Katherine Graham, die Besitzerin der *Washington Post*, müsste bis zu ihrem letzten Stündlein für seine Taten büßen.

Die Juden haben es geschafft, ihre Gegner in die Knie zu zwingen. Und das nicht nur durch die magische Wirkung der Worte. Lord Moyne, der britische Militärgouverneur von Ägypten, Dutzende von britischen Soldaten und Offizieren sowie Hunderte von palästinensischen Anführern wurden in den 1940er Jahren von Juden im Zuge ihres Strebens nach der Vorherrschaft im Heiligen Land ermordet – bis die eingeschüchterten Briten am 15. Mai 1948 die Bucht von Haifa verließen. Auch heutzutage erhalten zwei Friedensaktivisten aus San Francisco, der katholische Priester Labib Kobti und der jüdische Rabbi Michael Lerner, Todesdrohungen von jüdischen Terrorgruppen – und nehmen diese sehr ernst.

Die Palästinenser sind ziemlich friedvolle Bauern und Städter. Sie wissen, wie man Oliven- und Weingärten pflegt und wie man ein *zir* herstellt – ein Gefäß, das Wasser kühlt, sogar im heißesten *hamsin*. Ihre wunderschönen Steinmetzarbeiten verzieren jede Ecke Palästinas. Sie schreiben Gedichte und verehren ihre alten Heiligengedenkstätten. Sie sind keine Krieger und gewiss keine Mörder. Mit Erstaunen und Unglauben sehen sie in den Spiegel, den ihnen die jüdisch dominierte Presse vorhält und aus dem ihnen blutige Terroristenfratzen entgegenstarren. Nichtsdestotrotz können uns diese Bauern Heldentum lehren, jedes Mal, wenn ein Feind ihnen ihr Land wegnehmen will. Palästinenser haben ihre Tapferkeit schon vor vielen Jahrhunderten bewiesen, in den legendären Tagen der Richter, als ihre Vorfahren die Eindringlinge aus Übersee bekämpften.

In den 1930er Jahren schrieb Wladimir Zeev Jabotinsky, ein eifriger russisch-jüdischer Nationalist und Begründer der politischen Partei Scharons, in seiner russischen Muttersprache den historischen Roman „Samson“, der auf der biblischen Geschichte eines Selbstmordbombers aufbaut, der 3.000 Männer und Frauen tötete und mit den Feinden starb (Das Buch der Richter, 18:27). Vor einigen Jahren wurde dieser Roman in Israel in einer modernen hebräischen Übersetzung veröffentlicht und ein Rezensent der Zeitung *Davar* bemerkte eine interessante Abweichung.

Jabotinskys Auffassung nach waren die Briten die modernen Philister, während die Israeliten Juden wurden. Doch für einen modernen Israeli liest sich der Roman wie eine Verherrlichung des palästinensischen Kampfes gegen die israelische Herrschaft. Die hoch entwickelten Philister mit ihrer überlegenen militärischen Technologie, Invasoren aus Übersee, hedonistische Bewohner der Küstenregion und kriegerische Eindringlinge im Hochland, erinnerten den Rezensenten an die modernen israelischen Juden. Auf der anderen Seite stand das Volk Samsons, die ursprünglichen Bewohner des Hochlands, die sich ihrer tiefen Verwurzelung sicher waren und zuversichtlich dem unvermeidbaren Sieg ihrer Verbindung zu diesem Land über die Militärmacht des Eindringlings entgegensahen. Dies erinnerte den Rezensenten an die modernen palästinensischen Hochlandbewohner.

Dies macht Sinn, da die Palästinenser die wahren Nachkommen des biblischen Israel sind, der einheimischen Bevölkerung, die Christus annahm und für immer im Heiligen Land blieb, während diejenigen, die Christus zurückwiesen, dazu verdammt wurden, auf ewig umherzuwandern, bis sie ihren Fehler einsähen. Die Israelis wissen das. In den Gen-Laboratorien von Tel Aviv führen die Forscher der „jüdischen DNA" jedes noch so schwache Ergebnis vor, das die Blutsverwandtschaft zwischen Juden und Palästinensern beweist. Sie wissen, dass unser jüdischer Anspruch auf den stolzen Namen Israel zweifelhaft ist. Wie Richard III. eigneten wir uns den Titel und die Krone an und wie Richard III. fühlen wir uns unserer Macht nicht sicher, solange der legitime Herrscher noch am Leben ist. Das ist die psychologische Erklärung der unerklärbar grausamen Behandlung, die den eingeborenen Palästinensern zuteil wird.

Die Israelis wollen Palästinenser sein. Wir übernahmen ihre Küche und servieren ihre *falafel* und *hummus* als unsere eigenen ethnischen Gerichte. Wir übernahmen den Namen des örtlichen Kaktusgewächses *sabra*, das auf den Ruinen ihrer zerstörten Dörfer wächst, als Vornamen für unsere im Land geborenen Söhne und Töchter. Unsere moderne hebräische Sprache wurde durch Hunderte palästinensische Wörter wiederbelebt. Wir müssen die Palästinenser nur um Vergebung bitten, sie als lang verlorene Brüder umarmen und von ihnen lernen. Das ist der einzige Sonnenstrahl, der aus der momentanen Dunkelheit führen könnte.

Moderne israelische Archäologiestudien haben es gezeigt: Vor 3.000 Jahren erreichten die Stämme aus dem Hochland einen *modus vivendi* mit den Küstenleuten vom Meer und gemeinsam wurden diese Söhne von Samson und Delila die Ahnen der Bibelverfasser, der Apostel Christi und der modernen Palästinenser. Die fortgeschrittene Technologie der Philister und die Liebe der Hochlandbewohner zu unserem trockenen Land erwirkten gemeinsam das spirituelle Wunder des alten Palästina. Es ist nicht unmöglich und es ist höchst wünschenswert, dass sich die Geschichte wiederholt und dass sich das glorreiche Bild des jungen Farris, der den Panzer bekämpft, im Geist und in den Schulbüchern unserer palästinensischen Kinder mit den Bildern des Königs David und des heiligen Georg vermischt.

Unsere Schmerzensmutter

(Dieser Beitrag wurde nach der israelischen Invasion Bethlehems im März 2002 geschrieben.)

In der Verkündigungskirche in Nazareth gibt es eine eindrucksvolle Bildersammlung, eine Hommage von Künstlern an die heilige Maria: In einem blaugoldenen Blumenbeet hält eine anmutige Jungfrau in farbenfrohem Kimono ihr in zeremonielle kaiserliche japanische Kleider gewandetes Kind; eine naive, vom französischen Cluny inspirierte gotische Mariendarstellung; eine von Gläubigen aus Formosa in Edelholz geschnitzte chinesische Himmelskönigin; eine reich mit Intarsien verzierte kubanische Statue der Virgen del Cobre; eine polnische schwarze Madonna; das sanfte Gesicht der byzantinischen Mutter Gottes; und eine moderne Madonna aus Stahl aus den Vereinigten Staaten – sie alle blicken von den Wänden der Kirche auf uns herab und führen uns in einer großen Menschenfamilie zusammen. Es gibt kaum ein universelleres und ergreifenderes Bild als das der Jungfrau mit ihrem Kind.

Wo immer man auch hingeht, von Santiago de Compostela im fernen Westen Spaniens bis zu den goldenen Türmen Russlands, vom kalten Uppsala in Schweden bis zur Hagia Sophia in Konstantinopel – man wird auf dieses anbetungswürdige Gesicht treffen. Die besten Künstler haben ihre mitfühlende Gestalt, die Liebe zu ihrem Kind und ihr Leid dargestellt. Botticelli malte sie mit einem Granatapfel und in Gesellschaft der Könige des Ostens; Michelangelo und Raffael, Cimabue und Tizian, van der Weyden und Fra Filippo Lippo wurden von ihr inspiriert. Die einzigartige Mischung aus jungem Mädchen und Mutter, aus Verletzlichkeit und Schutz, aus Bewunderung und Liebe bildete die spirituelle und inspirierende Grundlage unserer Zivilisation.

Sie erschien einem mexikanischen Bauern und ihr blumenbedecktes Bild beendete den Krieg, vereinte die Eingeborenen und die Spanier in einer Nation. Sie gab ihren Rosenkranz dem heiligen Dominik und portugiesischen Kindern in Fatima einen Brief. Maxime Rodinson schreibt, dass der Prophet Muhammad ihre Ikone, die man im Schrein in Mekka fand, aufbewahrte und verehrte. Sie erschien dem wohlhabenden jüdischen Bankier

Alphonse Ratisbonne; er folgte ihrem Befehl und erbaute den Konvent der Schwestern von Zion in En Karim. Ein palästinensischer Moslem in einem Flüchtlingslager im Libanon bewahrte das Bild auf, das er von der geborenen Galiläerin besaß, erzählt Elias Khoury in seinem Roman „Bab Al-Shams“ (von Moshe Hakham ins Hebräische übersetzt und von Anton Shammas veröffentlicht). Syrische Astronauten baten vor ihrem Flug im sowjetischen Space Shuttle am Schrein von Seidnaya um ihren Schutz.*

In mittelalterlichen Legenden wurden die Juden oft als die Feinde der Jungfrau dargestellt. Der Talmud schreibt über sie auf äußerst blasphemische und feindselige Weise. Ein gewisser Säulenrest auf Jerusalems Via Dolorosa markiert den Ort eines legendären Angriffs von Seiten der Juden auf sie, während man im Jahr 592 in Antiochia auf Juden traf, die ihr Bild raubten. Dies sind Geschichten aus alten Tagen. Kommen wir nun zu aktuelleren Tatsachen. Vor kurzem beschoss ein Jude die Jungfrau. Ein israelischer Soldat feuerte von seinem Furcht erregenden Panzer der Marke Merkava 3 – mit US-Technologie auf Kosten der US-Steuerzahler gebaut – aus einer Entfernung von 45 Metern eine Granate auf die Madonnenstatue ganz oben auf der Kirche der Heiligen Familie in der Geburtsstadt ab.

Die Jungfrau verlor dabei eine Hand, ihr hübsches Gesicht wurde entstellt. Dieser scheinbar unnötige Vandalismus kann kein Unfall gewesen sein. Kein Terrorist verbarg sich hinter der sanften Figur auf der Kirche. Aus 45 Metern Entfernung kann man keinen Fehler machen. Es könnte ein Befehl, es könnte eine spontane Gefühlsäußerung eines jüdischen Fanatikers gewesen sein. Unsere Welt rast mit voller Geschwindigkeit zurück ins Mittelalter, und da Israel die traditionelle jüdische feindselige Haltung gegenüber dem Christentum wieder aufleben lässt, gehört das natürlich auch dazu.

Worum auch immer es sich gehandelt haben mag – dieser Schrapnellschuss diente zur Überprüfung des herrschenden Systems der Gehirnwäsche: Würde dieses Sakrileg weithin bekannt werden? Und würde es die Herzen der Christenheit aufwühlen? Es blieb ohne Folgen, denn die Christenheit wehrte sich ebenso wenig gegen die Belagerung der Geburtskirche, wie sich die Moslems gegen das fundamentalistische jüdische Sakrileg in Haram al-Sharif wehrten. Das doppelt negative Ergebnis der Über-

---

* William Dalrymple: From the Holy Mountain. New York 1998.

prüfung bestätigte wahrscheinlich die kühnsten Hoffnungen der Initiatoren des Sakrilegs. Die weltweiten Massenmedien, von New York bis Moskau, von Paris bis London, befinden sich im festen Griff der Philosemiten; nicht einmal ein unautorisiertes Quietschen entkommt ihnen. Die Invasion Ramallahs und Bethlehems wurde von der Schlagzeile „Scharon strebt nach Frieden" abgedeckt. Die UNO-Resolution machte *sotto voce* die Aggressoren und ihre Opfer gleich. Die westlichen Medien ließen den Vorhang des Schweigens über die Schreie aus dem Heiligen Land fallen.

Sicher – Reuters berichtete von dem Vorfall und das Foto wurde von einem AP-Fotografen gemacht. Es war für die Weltmedien zugänglich. Dennoch wurde es von keiner wichtigen Zeitung und keinem Magazin abgedruckt. Stattdessen veröffentlichten die Medien Geschichten über christlichen Antisemitismus.

Das westliche Bewusstsein sieht nur ein getrübtes Bild der Geschehnisse im Mittleren Osten. Juden begehen terroristische Taten an Palästinensern, doch die Bezeichnung „Palästinenser" ist heute zum Synonym für Terrorismus geworden. Palästinenser stehen vor einem Holocaust, jüdische Soldaten drucken ihnen Nummern auf Stirn und Unterarme, trennen Frauen von ihren Männern und schicken sie in Konzentrationslager, doch jüdische Holocaust-Gedenkstätten sprießen wie Pilze aus dem Boden. Israel und die USA missachten die internationalen Gesetze, doch ihre Gegner werden als „Schurkenstaaten" dargestellt.* Während palästinensische Städte von israelischen Panzern erobert werden, veröffentlicht das *Wall Street Journal* den Artikel „Israel under Siege" (Israel wird belagert) des „illegalen"** Bürgermeisters von Jerusalem, Ehud Olmert. Kirchen werden zerbombt, Evangelien verbrannt und Christen von den Juden in Palästina verfolgt, doch es ist der christliche Antisemitismus, der den Nachrichtenleuten und Kirchenmännern Sorgen bereitet.

Die Beschuldigung des Antisemitismus ist heute die Ehrenbeleidigung schlechthin. Oder war es schon immer so? Im „Kaufmann von Venedig" beschwert sich Shylock über den Hass der Nichtjuden, obwohl er selbst es ist, den Hass erfüllt; die anderen missbilligen nur seine Tätigkeit als Kre-

---

* Siehe Francis Boyle in *CounterPunch*, 14. März 2002.

** Der Autor verwendet den Ausdruck „illegal", um auf die Tatsache zu verweisen, dass die von Israel vollzogene „Vereinigung" Jerusalems völkerrechtlich nicht anerkannt ist.

dithai. Anstatt den Zinssatz zu senken, schneidet er lieber Antonio ins Fleisch und versteckt sich hinter der Behauptung, diskriminiert worden zu sein. Teilte Shakespeares Portia unsere moderne Haltung, würde sie lieber Shylock ein Pfund von ihrem Fleisch geben, als ihn aufzuhalten und dafür des Antisemitismus beschuldigt zu werden.

Wahrscheinlich versuchten die Wächter des öffentlichen Bewusstseins aus dem selben Grund, das Sakrileg in Bethlehem aus den Medien fern zu halten oder es herunterzuspielen. Dieses Schweigen des Westens sollte uns weit über den mittelöstlichen Kontext hinaus ängstigen, da es möglicherweise bedeutet, dass unsere Zivilisation tot ist.

Eine Zivilisation kann nicht überleben, wenn ihr sakrales Herz zu schlagen aufhört. Wenn der Glaube seine Relevanz verliert, stirbt die Zivilisation, schrieb Arnold Toynbee als Erklärung für den Zusammenbruch des alten Ägypten. Es gibt kein Leben ohne das sakrale Element, betonte der Religionsphilosoph Mircea Eliade. Ob wir nun von Geschichtsphilosophie sprechen, von mystischen Lesungen oder von pragmatischen soziologischen Studien, ob wir nun Durkheim oder Heidegger folgen – wir kommen zu dem selben Schluss: Die Gleichgültigkeit gegenüber dem Schicksal der Jungfrau von Bethlehem ist ein böses Omen für die westliche christliche Zivilisation. Dies zeigt, dass Europäer und Amerikaner ihr sakrales Herz verloren haben und dass unsere desakralisierte Zivilisation dem Untergang geweiht ist, außer wir treten rechtzeitig vom Rand des Abgrunds zurück.

Die Oliven von Aboud

(Dieser Beitrag wurde im Juni 2001 geschrieben, als die israelischen Streitkräfte mit der Massenzerstörung von Olivenbäumen in den palästinensischen Gebieten begannen.)

Als der von der CIA ausgehandelte Waffenstillstand in Kraft trat, erhielt ich einen verängstigten Anruf aus dem Dorf Aboud auf der westlichen Seite der Hügel von Samaria. Die Armee überfiel das Dorf, zwei Männer wurden erschossen. Heute machte ich mich dorthin auf, um das Dorf zu besuchen und den Waffenstillstand zu erleben.

Ahoud ist auf allen Seiten von neuen jüdischen Siedlungen umgeben. Eine nagelneue jüdische Straße führt in das Gebiet. Ein Sträßchen zweigt in Richtung Aboud ab. Fünf Kilometer vor dem Dorf ist es mittels enormer Erdhaufen blockiert. Wir versuchten unser Glück auf der anderen Seite – mit dem selben Ergebnis. Wir fanden schließlich einen kleinen Pfad, den die Bauern am selben Morgen geschaffen hatten, und fuhren in das Dorf.

Aboud ist eines der hübschesten palästinensischen Dörfer und erinnert stark an die Toskana. Die charmanten alten Steinhäuser stehen auf sanften Hügeln. Wilder Wein wächst an ihren Balkonen hinauf, stark belaubte Feigenbäume überschatten die Straßen. Man kann den Wohlstand dieses gut etablierten Dorfes an der großzügigen Bauweise der Häuser und an den makellos sauberen Straßen sehen. Alte Männer sitzen an einem kleinen, schattigen, von Mauern umgebenen Platz auf Steinbänken so wie die Ratsherren von Ithaka, die der junge Telemach zusammenrief. Das ist das biblische „Tor der Stadt" oder der so genannte *diwan*. Kinder bringen Kaffee oder frisches Obst. Die Leute hier sind nicht wie die Flüchtlinge in Gaza und Deheisheh. Dieser Ort scheint von der Gegenwart verschont. Man kann das Heilige Land so sehen, wie es sein sollte und sein könnte.

Die lokale Überlieferung besagt, dass das 3.000 Jahre alte Dorf Aboud das Christentum von Jesus selbst empfangen hat. Die Dofkirche dient als Beweis dafür, denn sie ist eine der ältesten Kirchen der Welt, erbaut in den Tagen Konstantins im 4. Jahrhundert oder vielleicht sogar noch früher. Die Kirche ist von zierlicher Bauweise, sorgfältig restauriert und sehr gepflegt. Die byzantinischen Kapitelle ihrer Säulen tragen Kreuze und Palmblätter zur Schau. Man hat erst kürzlich eine aramäische Inschrift entdeckt, die in der südlichen Kirchenwand eingemauert war.

Aboud hat mehr als eine Kirche. Es gibt eine katholische, eine griechisch-orthodoxe und eine amerikanische Kirche Gottes. Es gibt auch eine neue Moschee, da Christen und Moslems im Heiligen Land in großer Harmonie zusammenleben. Am 17. Dezember ehren Moslems und Christen gemeinsam die Dorfpatronin, die heilige Barbara. Sie war ein Mädchen aus dem Ort, das sich in einen jungen Christen verliebte und getauft wurde. Sie starb als Märtyrerin im Zuge der Christenverfolgungen in der turbulenten Zeit des römischen Kaisers Diokletian. Die Ruinen der ältesten byzantinischen Kirche St. Barbara stehen immer noch auf einem Hügel, eineinhalb Kilometer vom Dorf entfernt. Am Fuß des Hügels befindet sich die Grabstätte der heiligen Barbara. Dort zünden die Bauern Kerzen an und bitten um die Erfüllung ihrer Wünsche.

Dies ist ein äußerst geeigneter Ort, um die Verrücktheit der vorherrschenden jüdischen Auffassung zu begreifen, der zufolge Palästina als „Land ohne Einwohner“ gilt; ein Land, in dem nur einige Nachzügler in Form von arabischen Nomadenstämmen hausen. Archäologen haben bewiesen, dass dieses Dorf seit alters her niemals zerstört oder verlassen war. Wir können dies mit unseren eigenen Augen sehen. Uralte Olivenbäume wachsen auf den Hügeln, bestätigen die tiefen Wurzeln von Aboud und versorgen es mit Olivenöl, das Hauptnahrungsmittel und Existenzgrundlage des Dorfes ist.

Kurz vor dem Ort waren zwei gigantische amerikanische Caterpillar-Bulldozer am Werk, die langsam die Olivenbäume ausrissen. Die Bulldozer waren riesig und auf beiden Seiten mit Stahlplatten gepanzert. Sie erschienen uneinnehmbar, wie bewegliche Festungen. Sie überragten die Landschaft wie die mechanischen Monster des bösen Imperiums, die im „Krieg der Sterne“ das Volk der Ewocks attackieren.

Die Bauern standen auf den Erdhügeln, die die Einfahrt ins Dorf blockierten, und sahen zu, wie die Maschinen ihre Existenzgrundlage zerstörten. Sie konnten nicht auf sie zugehen, denn sie durften ihr Dorf, ihr Gefängnis, nicht verlassen. Auf dem Hügel oberhalb der Einfahrt waren einige Soldaten mit Maschinengewehren platziert, um die Leute am Verlassen des Dorfes zu hindern. Letzte Nacht, am Abend des Sabbat, eröffneten sie das Feuer auf Dorfbewohner, die den Ort verlassen wollten, und verwundeten dabei zwei Männer. Der Rest rannte wieder zurück, um sich in Sicherheit zu bringen. Die Soldaten drangen mit ihren Jeeps in das Dorf ein und wurden von Kindern mit Steinen beworfen. Die Soldaten und jüdische Siedler zerschossen Fenster und Dächer und fuhren wieder davon, wahrscheinlich davon überzeugt, ihre Sabbatpflicht somit erfüllt zu haben. Ich überquerte die Belagerungslinie und näherte mich einem israelischen Offizier in einem großen amerikanischen Hummer-Jeep, der die Verwüstung überschaute.

„Warum tun Sie das?", fragte ich. „Wissen Sie denn nicht, dass wir Waffenstillstand haben?"

„Sagen Sie das Ariel" (Scharon), antwortete er. „Wir befolgen nur Befehle."

Doch er und die anderen Soldaten taten ihre Pflicht nicht gerade widerwillig. Diese uralten Bäume bedeuteten ihnen nichts, wie auch das Dorf, die 2.000 Jahre alte Kirche und die Dorfbewohner ihnen nichts bedeuteten. Es war nur etwas, das einverleibt und zerstört werden musste.

Palästina war niemals das verwüstete Land, wie die ersten Zionisten bei ihrer Ankunft behaupteten. Aber es wird dazu werden, falls wir diese Maschinen nicht aufhalten.

Zu Besuch bei Joseph

(Dieser Essay enstand in Nablus im Februar 2001 nach der Schlacht um das Grab von Joseph.)

I.

Es ist heutzutage nicht leicht, Joseph zu besuchen. Seine Stadt Nablus ist von Straßensperren mit nervösen israelischen Soldaten umzingelt. Gräben oder Erdhaufen blockieren die kleinsten Ein- und Ausgänge. An einem normalen Morgen strömen die Pendler aus den benachbarten Dörfern in die Stadt, um zu arbeiten oder einzukaufen. Sie tun das auf eigenes Risiko und die Bewohner der Stadt riskieren ihr Leben, sobald sie ihre Häuser verlassen, denn die Soldaten schießen ohne Vorwarnung. Man kann dennoch zu Fuß in die alte Hauptstadt von Samaria gelangen.

Die Stadt liegt wie ein Säckchen Myrrhe zwischen den gleich großen Brüsten der Berge Ebal und Gerizim. Nablus ist das alte Neapolis, gegründet von Titus Flavius in der Blütezeit des Römischen Imperiums. Die römischen Traditionen sind in diesem palästinensischen San Francisco mit der verschwenderischen Pracht seiner türkischen Bäder noch nicht ausgestorben. Die Stadt ist auch berühmt für ihre duftende Olivenseife, die würzige *kubbeh*-Suppe und die Kühnheit ihrer Einwohner. Sie stellten eine starke Guerillatruppe gegen Napoleon, lehnten sich gegen die ägyptischen Eroberer auf und hielten die jüdischen Siedler auf Abstand. Während des letzten Aufstands kam Nablus als Jabal an-Nar, der Feuerberg, zu Ruhm. Die Israelis wagten sich kaum in die engen Straßen. Heute ist diese aufsässige alte Stadt das Heim der furchtlosen Tanzim-Kämpfer.

Ich kam hierher, um eine der bezauberndsten Stätten des Heiligen Landes zu besuchen, das Grabmal von Joseph, dem Helden aus den Geschichten der Bibel und des Koran. Ein einheimischer Junge „brachte es zu etwas" in Ägypten, wurde zurückgebracht und hier in der Heimat seiner Vorfahren begraben. Die Einheimischen verehren dieses Grabmal ebenso wie die unzähligen Gedenkstätten und Grabmäler auf den Hügelketten und Wegkreuzungen Palästinas. Die Gedenkstätten sind tief in der palästinensischen Seele verwurzelt; sie sind älter als alle modernen Glaubensrichtungen, sie haben alle religiösen Reformen überlebt und sind immer noch in der Lage, eine Verbindung zwischen Mensch und Gott herzustellen.

Man darf die Namen dieser Stätten nicht ganz wörtlich nehmen, da sie sich im Lauf der Zeit geändert haben. Es gibt ein Dutzend Gräber für Scheich Ali und auch Josua Bin-Nun hat einige. Andere Gräber tragen mehrere Namen, etwa die Höhle auf dem Ölberg, von den Christen das Grab der heiligen Pelagia, von den Moslems Rabia al-Adawiya und von den Juden Hulda genannt. Obwohl sich einige orthodoxe Moslems, Christen und jüdische Kleriker der Verehrung der Gedenkstätten widersetzen, kommen die Durchschnittsmenschen immer noch hierher, um nach Vereinigung mit dem Göttlichen zu suchen; Männer bitten um Gefälligkeiten, Ruhm und eine gute Ernte, Frauen beten um Kindersegen oder Liebe. Das Grabmal Josephs macht da keine Ausnahme. Es ist ein einfaches Gebäude mit einer Kuppel, erst kürzlich renoviert, in der Nähe des alten Hügels von Shechem. An jedem beliebigen Tag kann man palästinensische Bauersfrauen in reich bestickten schwarzen Kleidern beobachten, die dem Grabmal des züchtigen Liebhabers, dessen lange Wimpern die Festung von Suleikas Herz durchbrachen, ihre Ehrerbietung erweisen.

Vor einiger Zeit ging Josephs Grabmal durch alle Medien. Die Bewohner von Nablus bekämpften die gut bewaffneten israelischen Soldaten über den Überresten ihres Vorfahren Joseph, wie einst die Achäer mit den Trojanern um den Körper des Patroklos kämpften. Etwa vierzig Palästinenser starben, die Israelis verloren einen Söldner und zählten einige Verwundete. Bilder der schrecklichen Schusswechsel wurden in der ganzen Welt ausgestrahlt, Bilder von Ambulanzen unterwegs ins Kranken- oder Leichenhaus und Bilder von schwerem Maschinengewehrfeuer, das Stein und Fleisch zerfetzte. Die mit den Stimmen der Experten unterlegte virtuelle Fernsehrealität stellte die Situation als den ultimativen Beweis des Hasses der Araber auf jüdische heilige Stätten dar.

Die Story vom geplünderten Grabmal ging lange Zeit durch die Nachrichten. Ein wichtiger muslimischer Gottesmann aus Russland war empört genug, um einen offenen Brief an die Palästinenser zu verfassen, in dem er das Sakrileg verdammte. Die großen internationalen Zeitungen schrieben barsche Leitartikel zu diesem Thema. Ein Marsmensch hätte angenommen, das Hauptziel der Palästinenser sei die Entweihung jüdischer heiliger Bauwerke. Für alle diejenigen, die es die ersten 108 Male nicht kapiert hatten, wiederholte die *New York Times* die Geschichte dann noch einmal.

Das war genau einmal zu viel für mich. Diese jüdisch-amerikanische Zeitung mit ihrer großen Auflage weckt immer die argwöhnische Seite meines Gehirns. Ich erinnere mich noch an ihre Berichte über die drohenden Pogrome in Moskau im Jahr 1990, die eigenartigerweise niemals stattfanden, dafür aber eine Million russische Juden zur Flucht nach Israel trieben. Ich erinnere mich noch gut an die Berichte über die 90.000 Opfer des Massakers von Timişoara in Rumänien, die, wie sich herausstellte, um das Tausendfache übertrieben waren. (Die Berichte führten zur Hinrichtung von Präsident Ceauşescu und seiner Frau.) Ich erinnere mich daran, wie die *New York Times* gegen die kubanische Militärunterstützung in Namibia wetterte, die dem südafrikanischen Apartheid-Regime das Rückgrat brach. So, wie ich persönlich die Palästinenser kennen gelernt hatte, die sich seit unzähligen Generationen an dieser Stätte zum Gebet einfinden, konnte ich einfach nicht glauben, dass sie dieses Grabmal zerstören würden.

II.

Was ich am Ort von Josephs letzter Ruhestatt vorfand, war wie eine Wiederholung des alten jüdischen Witzes: „Stimmt es, dass Cohen in der staatlichen Lotterie eine Million gewonnen hat? Ja, es stimmt, aber es waren nur 10 Dollar bei einem Pokerspiel und er hat sie verloren." Anstatt wie erwartet Ruinen vorzufinden, sah ich das Grabmal in unberührtem Glanz erstrahlen. Ich konnte keinerlei Spuren eines Kampfes erkennen. Die Stadtverwaltung von Nablus hatte die besten Maurer engagiert und italienische Experten kommen lassen, um das Grabmal in seinen Originalzustand zurückzuversetzen. Sie entfernten den Stacheldraht, die Maschinengewehrgestelle, die Panzerwagen, den schäbigen Aufenthaltsraum der Soldaten und die Wachposten. Die gesamte von den Israelis errichtete Militärbasis war verschwunden. An ihre Stelle war die wieder auferstandene heilige Grabstätte getreten. Es war eine Freude, Joseph wieder aufzusuchen, da mein voriger Besuch, einen Monat vor dem Aufstand, ziemlich beunruhigend gewesen war.

Damals besuchte ich Nablus zusammen mit zwei Touristen, einem Christen und einem Juden. Wir besichtigten die samaritische Synagoge, tranken Wasser aus dem Jakobsbrunnen in der Kirche, schauten in der Grünen Moschee vorbei und entschieden uns, Joseph unseren Respekt zu erweisen. Ein alter palästinensischer Polizist, der in jungen Jahren in der britischen Armee gedient hatte, warnte uns – wir könnten uns zwar dem Grab nähern, man würde uns aber nicht hineinlassen. Er hatte Recht. Junge russische Burschen in israelischer Armeeuniform, mit Helmen und Gewehren ausgestattet, sahen zu uns heraus und sagten uns, dass wir, um in das Grabmal eingelassen zu werden, erst ins Armeehauptquartier außerhalb der Stadt gehen müssten, uns einer Sicherheitsüberprüfung und einer Befragung unterwerfen und dann im gepanzerten Bus zurückkommen müssten. Wir suchten zugänglichere Sehenswürdigkeiten auf.

Über Generationen hinweg wurde das Grab Josephs von den Menschen aus Nablus verehrt und gepflegt, doch 1975 eigneten es sich die Israelis an. Die ungeliebten Osloer Abkommen überließen es ihnen als bewaffnete Enklave im Herzen der palästinensischen Stadt. Es wurde zur Jeschiwa einer kabbalistischen Sekte unter der Führung von Rabbi Yitzhak Ginzburg. Sein Name hat einen gewissen Bekanntheitsgrad, denn Ginzburg sagte in einem Interview mit der Zeitschrift *Jewish Week*, ein Jude dürfe die Leber eines Nichtjuden herausschneiden, um sein eigenes Leben zu retten, da das Leben eines Juden unvergleichlich mehr wert sei als das eines Nichtjuden. Er wurde vom Interviewer gebeten, seine Worte zu entschärfen, doch er blieb unnachgiebig. Viele israelische Zeitungen druckten dieses Interview ab, denn Ginzburg war ziemlich bekannt.

Ein Jahr zuvor hatten Ginzburgs Schüler einen Abstecher in ein benachbartes palästinensisches Dorf gemacht und ein Sektenmitglied hatte ein dreizehnjähriges arabisches Mädchen ermordet. Der Mann wurde verhaftet und kam vor Gericht. Ginzburg wurde als Zeuge der Verteidigung aufgerufen und erklärte unter Eid, dass ein Jude nicht für den Mord an einem Nichtjuden verurteilt werden sollte, da das Gebot „Du sollst nicht töten“ sich nur auf Juden beziehe. Einen Nichtjuden zu töten sei im schlimmsten Fall ein Fehlverhalten, sagte er, da „man das Blut von Juden und Nichtjuden nicht miteinander vergleichen könne“. So unangenehm das auch ist – er hat nur die Standardauslegung der Halachah, des jüdischen Gesetzes, laut ausgesprochen.

In seinem Buch „Cultural History of the Jews“ zitiert Howard Adelman* Ginzburg und einige seiner Kollegen. Einer seiner Mitkabbalisten, Rabbi Israel Ariel, schrieb 1982, zur Zeit des Massakers von Sabra und Schatila „Beirut ist Teil des Landes Israel … Unsere Anführer hätten den Libanon und Beirut ohne zu zögern betreten und alle Bewohner töten sollen. Nicht einmal die Erinnerung an sie hätte bestehen bleiben sollen.“

Adelman kommt zu dem Schluss, dass „viele Juden, vor allem religiöse Juden heutzutage in Israel sowie deren Unterstützer im Ausland, immer noch Anhänger der traditionellen jüdischen Vorstellung sind, die andere Juden gerne ignorieren oder wegerklären wollen“.

Sicherlich sind sich viele, die sich selbst als „Juden“ bezeichnen, der etwas dubiosen religiösen Traditionen und Moralvorstellungen unserer Vorfahren nicht bewusst. Diese Traditionen sind nicht tot; obwohl sie viele Jahre lang Winterschlaf gehalten haben, sie sind wieder zum Leben erwacht. Israel Shahak, Professor an der Hebräischen Universität und mittlerweilen verstorben, verfasste ein kurzes, zwingendes Traktat zum Thema 3.000 Jahre jüdische Tradition und arbeitete die knallharten Fakten heraus, die wir modernen Juden nicht kennen.

Ginzburg und seine Sekte waren bei den amerikanischen Juden beliebter als in Israel selbst, doch wir alle tragen die Verantwortung. Die israelische Regierung subventionierte Ginzburg und zwang die Palästinenser dazu, diese Enklave des Hasses im Herzen von Nablus zu akzeptieren. Amerikanische Juden unterstützten Ginzburg und israelische Juden setzten sich für den Schutz seiner kannibalischen Sekte ein. Bei dieser kleinen Generalprobe für die kommende Auseinandersetzung um die heiligen Stätten in Jerusalem bezahlten zwanzig junge Palästinenser für ihr Recht, an diesem Grabmal ihr Gebet zu verrichten, mit ihrem Leben und ich bin mir

---

* Siehe die Webseite des Department for Jewish Zionist Education. Das vollständige Zitat lautet: „Viele Juden, besonders religiöse Juden heutzutage in Israel und ihre Unterstützer im Ausland, zählen immer noch auf traditionelle jüdische Werte, die andere Juden gerne ignorieren oder wegerklären würden. Zum Beispiel erklärte Rabbi Yitzhak Ginzburg am Grab von Joseph in Nablus/Shechem, nachdem einige seiner Studenten wegen Verdachts des Mordes an einem arabischen Mädchen in Untersuchungshaft genommen wurden: ‘Jüdisches Blut hat nicht den selben Wert wie das Blut eines Goi.’ Rabbi Ido Elba meint dazu: ‘Laut der Thora befinden wir uns in einer Situation von *pikuah nefesh* (Lebensrettung) in Kriegszeiten und in solch einer Situation ist es gestattet, einen Nichtjuden töten.’“ Es sind normalerweise Jeschiwa-Studenten, die auf CNN „Tod den Arabern“ skandieren.

sicher, dass Josephs Sohn Jakob auf der Seite der Palästinenser mitkämpfte, um sein Grab von den Kannibalen zu befreien.

III.

Jetzt, genauso wie vor 1975, können Einheimische, Touristen, Moslems, Samariter, Juden, Christen und Freidenker diesen Ort besuchen (falls sie sich am israelischen Kontrollpunkt vorbeischleichen können und den israelischen Scharfschützen entkommen). Besucher können eine Blume auf dem Grabstein eines der größten Bibelhelden ablegen, des Propheten aus dem Koran, des Liebenden aus Ferdowsis Gedicht und aus Saadi-Versen, des Wahrheitssuchenden der Sufi-Offenbarung von Jami. Joseph ist zu dem Volk zurückgekehrt, das ihn schon immer verehrt hat. Sie können ihn alle besuchen, doch lassen Sie bitte Ihre Panzer zu Hause.

Die Palästinenser haben die Militärbasis bekämpft und nicht den heiligen Ort. Die heiligen Stätten in Jerusalem, Bethlehem und Hebron sind in palästinensischen Händen sicher – wie schon seit unzähligen Generationen. Ohne die lokale Verehrung hätte niemand überlebt. Man sollte das im Hinterkopf behalten, wenn das Problem in Jerusalem aufkommt.

Diese letzte Story um die Ereignisse am Grab von Joseph ist nur ein Beweis mehr dafür, dass die US-Massenmedien eine unzuverlässige Quelle sind. Diese große Nation, diese formidable Supermacht erhält ihr Wissen und navigiert durch das Meer der Weltpolitik mit Hilfe eines Mickymaus-Teleskops. Wenn die Medienbosse uns beim Thema Palästina in die Irre geführt haben, warum sollten sie dann bei einem anderen Thema ehrlich sein? Vielleicht kann das Leid der Palästinenser die Europäer und Amerikaner auf die Klippen aufmerksam machen, auf die ihr eigenes Schiff zusteuert.

Die Mondstadt

Ein Bogen ist eine Hommage an den Mond, da er aus zwei einander spiegelbildlich ergänzenden Mondsicheln besteht. Der Vollmond formt das perfekt abgerundete Tonnengewölbe, das die Römer bevorzugten; der spitz zulaufende muslimische Bogen wird von den zunehmenden Mondsicheln des siebten Tages geformt. In Nablus findet man Bögen für jeden Tag des Mondmonats, sogar umgedrehte Bögen, die aus abnehmenden Monden geformt sind. Ein gewissenhafter Architekturstudent könnte in dieser alten palästinensischen Stadt eine umfassende Geschichte des Bogens verfassen.

In der Kasbah geht ein Bogengang in den nächsten über, bis sie in den dämmrigen Schatten verschwinden. In der Nähe der Salahie-Moschee haben die unterirdischen Gänge die Form einer Windrose aus den Seekarten. Mein Blick fällt in die schwarze Pupille einer Öffnung und trifft auf Bögen, die wie der Verschlussmechanismus eines Fotoapparats geformt sind. Nablus ist ein Maulwurfshügel, Generationen von gewieften Zwergen könnten sich hier vergraben in den langen, gewundenen Tunnels unter den soliden Steinhäusern der Altstadt, die die Basare, Moscheen und Kirchen miteinander verbinden.

Hussein führte uns geschickt durch das Labyrinth der Tunnels. An anderen Orten würden solche Tunnels ein Gefühl der Klaustrophobie hervorrufen, hier in Nablus jedoch beschützen sie die Menschen und geben ihnen ein Gefühl der Geborgenheit. Sie verbargen uns vor wachsamen Augen und den Nachtsichtgeräten der Heckenschützen, die sich auf dem „Berg des Fluchs“ versteckt hielten. Wir mussten einen Platz überqueren, einen geräumigen, italienisch anmutenden Platz mit einem netten Kinderspielareal. Wir schlichen uns an den Mauern des flachen Kolonialgebäudes entlang, fürchteten uns nicht vor engen, geschlossenen Tunnels. Wir hatten Angst vor freien Plätzen.

Geschosse pfiffen durch die Luft und trafen irgendwo auf eine Mauer. Ein Maschinengewehr feuerte zurück. Bald wurde die Gebirgsluft vom Kugelhagel und von Leuchtgeschossen zerfetzt. Die Stadt wurde seit April 2002 belagert und die Juden schossen sporadisch auf ihre Bewohner. Die Mauern, die den Platz umgaben, waren mit bunten Porträts der Getöteten geschmückt: ein fünfjähriger Junge oder ein junges Mädchen neben einem kräftigen Kämpfer mit Schnauzbart. Die goldene Kuppel des Felsendoms, der palästinensische Inbegriff perfekter Harmonie, glänzte hinter ihren Köpfen und krönte die Märtyrer mit Ruhm. In Nablus war man niemals allein, die Augen der Heckenschützen und der Märtyrer folgten einem überall hin.

Das eigenartige Gefühl, gejagt zu werden, kam in mir auf. Ich erinnerte mich an das erste Mal, als auf mich geschossen wurde, in der graugelben Einöde der Hügel über der Straße von Suez nach Kairo. Die ägyptische Artillerie eröffnete ihr Feuer auf uns, eine Kompanie junger Fallschirmspringer, die gerade in der Wüste gelandet waren. Die einschlagenden Projektile wirbelten Wolken von Sand und Staub auf, die Erde bebte von den Einschlägen ganz in unserer Nähe, genauso wie bei den letzten Winterkriegsspielen, als die Artillerie sich verrechnet hatte und uns mit ihren Salven fast getroffen hätte.

„Was macht nur die dumme Artillerie?“, dachte ich. „Wir sind doch hier, ihr schießt auf uns! Wenn ihr so weitermacht, trefft ihr uns noch!“

Und dann begriff ich erst, dass dies kein Fehler war. Wir waren nicht bei den Wintermanövern, sondern befanden uns wirklich im Krieg und die Artillerie zielte auf uns, um uns zu töten.

Wir schlichen in ein modernes Gebäude und gingen im breiten Treppenhaus hinauf in den zweiten Stock ins Internet-Café. Es war voller Leute – viele junge Menschen, Jungen und Mädchen, trotzten den Heckenschützen und kamen an diesen Treffpunkt, um der Realität zu entfliehen. Einige von ihnen waren Kämpfer, die das Abebben der Schießerei nutzten, ihre AK-Gewehre auf dem Bildschirm ablegten und online mit ihren Brieffreunden chatteten, die sich in Kalifornien, Bahrein, Stockholm oder Damaskus befanden.

Eine italienische Espressomaschine blinkte grün und rot und ließ Dampf ab. Der Krieg in der modernen Stadt hat ein eigenartiges Flair: Die Computer sind mit dem Internet verbunden, Faxmaschinen spucken Blätter mit sauber abgedruckten Nachrichten aus, die Bäckerei ist in Beschusspausen geöffnet, ein Cousin aus Kentucky kommt zu Besuch und junge Kämpfer bereiten sich auf die morgige Prüfung an der örtlichen Universität vor.

Es war schwer zu fassen, dass auf der anderen Seite des Tales Jungen derselben Altersklasse aus kleinen Küstenstädten hierher geschickt wurden, um Nablus dem Erdboden gleich zu machen. Aber dies war die Realität. Eine laute Explosion brachte das Gebäude ins Wanken, die Bildschirme blinkten und erloschen.

„Es war eine selbst gebastelte Mine", sagte ein junger Kämpfer.

„Nein", meinte sein Freund, „es war ein 81-mm-Mörser."

Sie rannten das Stiegenhaus hinunter und ins Freie. Wir folgten ihnen in die sternklare Nacht hinaus. Die Israelis senden ihre Aufklärertruppen oft in diesen Stunden in die Stadt. Sie gehen in die Häuser, treiben einige Männer zusammen und bringen sie in ihre Folterkeller. Um ihnen Informationen zu entlocken, sagen sie, doch es gibt noch einen anderen Grund: Ein gefolterter Mann ist, genauso wie ein vergewaltigtes Mädchen, eine unterworfene Kreatur. Über 100.000 Palästinenser und unzählige Libanesen wurden von den Israelis gefoltert, wahrscheinlich ein weltweiter Rekord. Die Kämpfer gehen auf die Straße, um die Folterer aufzuhalten oder sie zumindest dafür zur Rechenschaft zu ziehen.

Das Kräfteverhältnis ist ziemlich unproportionell: die dritt- oder zweitstärkste Armee der Welt, unterstützt von der amerikanischen Supermacht, gegen diese jungen Männer und Frauen. Wenn es die Israelis wirklich wollten, könnten sie jederzeit, bei Tag und bei Nacht, die Altstadt einnehmen. In den blutigen Kämpfen im April 2002 wurden in Nablus mehr als hundert Männer und Frauen dahingemetzelt. Eine ganze Familie von acht Personen wurde tot in ihrem Haus am Stadtrand aufgefunden, das die Panzer und gepanzerten Bulldozer über ihren Köpfen zum Einsturz gebracht hatten. Ein weiteres Haus wurde von F-16-Kampfflugzeugen bombardiert und die Stadtverwaltung schaffte es nur mit großer Mühe, die Leichen von zwei alten Frauen aus dem Schutt zu ziehen.

Doch die Stadt lebt noch. Sobald die Explosionen und das Schießen aufhören, kommen die Bürger wieder aus ihren Häusern, begeben sich in die unsichere Umgebung der Märkte und kümmern sich nicht um das Ausgehverbot. Verkäufer bauen ihre Gemüseauslagen auf, der Duft der Gewürze liegt in der Luft, alte Frauen aus benachbarten Dörfern schleichen sich in die Stadt und verkaufen ihr Olivenöl und ihre Oliven, denn wir befinden uns hier im Herzen des Olivenlandes. Die Moscheen sind voller Menschen, obwohl sie keine sichere Zuflucht bieten. Die Israelis haben keine Skrupel, auf Moscheen oder Kirchen zu schießen. Eine kleine katholische Kapelle wurde im April zerstört; die orthodoxe Kirche

St. Demetrius wurde wie durch ein Wunder von der Rakete verschont, die die Straße davor verwüstete. Die Mauer der grünen Al-Hadr-Moschee, der ältesten Moschee der Stadt, wurde im April von einem Panzer eingedrückt, sie ist jedoch bereits wieder repariert.

Die Geschwindigkeit, mit der die Reparaturen durchgeführt werden, ist erstaunlich. In dem Moment, in dem der israelische Panzer den Schutthaufen verlässt, kommt bereits die Stadtverwaltung ins Spiel. Die Helfer entfernen die Leichen und die Verwundeten und beginnen das zerstörte Haus wieder instand zu setzen. Dennoch zerstören die Israelis schneller, als die Bewohner von Nablus die Verwüstungen wieder beheben können. Die Ketten der israelischen Panzer ruinierten die Keramikböden der Basare und das neue Wasserversorgungssystem. Die Zeichen frischer Verwüstung vermischen sich mit den Ruinen des Erdbebens von 1927 und mit jenen eines Übergriffs in der zweiten Hälfte des 2. Jahrhunderts vor Christus, als die Juden die Vorgängerstadt von Nablus, das alte Shechem, dem Erdboden gleich machten. (Die 4.000 Jahre alten zyklopischen Stadtmauern stehen immer noch; etwas außerhalb, am Rand des Flüchtlingslagers Balata.) Doch die Stadt starb nicht. Die jüdische Herrschaft in Palästina war blutig und grausam, jedoch ziemlich kurzlebig. Die Juden eroberten das Land, zerstörten die Städte und vertrieben oder versklavten die einheimische Bevölkerung, die wie in Galiläa in „einheimische Juden zweiter Klasse" umgewandelt wurde. Hohe Steuern, Genozid und Apartheid waren schon damals gang und gäbe. Sechzig Jahre später landete Pompeius der Große an der Küste und befreite die Palästinenser vom jüdischen Joch. Nachdem die römische Armee die rebellischen Juden unterworfen hatte, heirateten die pensionierten römischen Soldaten hübsche einheimische Frauen und bauten die Stadt wieder auf – unter dem Namen Neapolis oder Nablus.

Die Stadt erinnert durch die Bewahrung ihres Baustils und das hitzige Temperament ihrer Bewohner immer noch an ihre italienische Namensgeberin. Die Häuser wachsen in den Himmel wie Bäume und man kann an ihnen den sanften Übergang zwischen den einzelnen Baustilen und Epochen ablesen. Die römischen Fundamente gehen sanft über in den byzantinischen ersten Stock, dann in eine abbasidische Struktur, wechseln in den Stil eines Kreuzritter-Stadthauses und enden in den neuesten Reparaturen nach dem letzten israelischen Bombenangriff im Mai 2002 – eine perfekte Mischung von Zeit und Raum.

So ein Beispiel ist das Haus von Hussein. Das Kellergewölbe entstand wahrscheinlich durch die Arbeit eines Maurers zu Zeiten des römischen Kaisers Titus Flavius, während das Dach erst kürzlich repariert wurde. Wir stehen auf diesem Dach und sehen vor uns den dunklen Schatten des „Bergs des Fluchs“ und die dort stationierte israelische Militärbasis. Ein gelblicher Schein von Flutlicht liegt über dem mit Stacheldraht umzäunten Gelände und Panzermotoren brüllen wie Drachen, die nur auf das Signal warten, herunterzufliegen und die Stadt zu verschlingen. Auf der Straße unter uns schwenkt eine Gruppe von Kämpfern ihre Maschinenpistolen. Auf der anderen Seite der Stadt ragt der „Berg des Segens“ in den Himmel, auf dem die Kirche der Heiligen Jungfrau und der samarische Tempel stehen. Das künstliche Licht schwächt das Licht der Sterne und wir ducken uns, als heftiges Maschinengewehrfeuer die Stadt durchkämmt.

Die Stadt der Verehrten

Ihre Namen haben etwas von mittelalterlichen Moralspielen, doch anstatt Hoffnung, Reue und Gnade heißen die drei Schwestern Amal, Taura und Tahrir oder Hoffnung, Revolution und Befreiung. Sie sind wie ganz normale College-Mädchen gekleidet und würden nicht einmal an der Universität von Yale oder von Tel Aviv auffallen. Ihre Bücher und CDs sind die gleichen, die ich heute auf dem Regal meines Sohnes sah. Doch ihr Lächeln, ihr wunderbar glückliches Lächeln, und ihre gute Laune sind unter den gegebenen Umständen ziemlich ungewöhnlich.

Vor fünfzig Jahren wurden ihre Eltern zusammen mit 750.000 Palästinensern aus der Heimat ihrer Vorfahren im Süden vertrieben. Die Schwestern wurden in eine Flüchtlingsfamilie in Halil hineingeboren – in kurzem Abstand zueinander, um die Gefängnisstrafe des Vaters wieder aufzuholen. Er weilte nur kurze Zeit bei ihnen, da sein Herz stehen blieb, als ein Siedler eine Granate in sein Wohnzimmer warf. Die jüngste Schwester Amal besucht die High School, während Tahrir bereits im zweiten Jahr an der Universität Architektur studiert, also die feine Kunst, Gedanken in Stein zu verwandeln und Häuser zu bauen. Ihrem eigenen Heim, einem bescheidenen Haus mit drei Schlafzimmern und großen Fenstern, das sich inmitten der Weinhänge des Tales befindet, steht ein schlimmes Schicksal bevor.

Die schicksalhaften Botschafter standen draußen und starrten auf die Ruinen eines Nachbarhauses, auf dessen in der Mitte eingebrochenes Flachdach und auf die grauhaarige Frau mit hellblauen Augen, die die Überreste dessen durchsuchte, was gestern noch ihr Heim gewesen war.

„Yalla, ufi kvar!“, schrie ein großes jüdisches Mädchen, Barbra-oder-so, die alte Frau an. Hau ab!

Der ebenfalls anwesende Armeeoffizier half gleich nach. Er wiederholte den Befehl auf Arabisch und während die Frau aus dem Krater kletterte, teilte er Barbra-oder-so mit, was die alte Frau ihm erzählt hatte.

„Ihr neues Bein“, sagte er. „Es hat 5.000 Schekel gekostet, mehr als 1.000 Dollar, sie hat es vor einem Monat gekauft. Sie hat es nur für gute Gelegenheiten benutzt und als wir gestern ihr Haus zerstörten, trug sie ihre alte Prothese.“

„Nein, sie verlor ihr Bein als Kind im Jahr 1948, als die Altstadt von Jerusalem zerbombt wurde“, beantwortete der Offizier die fast unhörbare Frage eines großen, imposanten Mannes, der einen eleganten grauen Anzug und eine kleine, seinen Kopf bedeckende Kippa trug. Währenddessen schleppten zwei Bulldozer die Überreste des Hauses der alten Frau ab, rissen dabei die Reste des Weingartens mit und stampften seine lilaroten Blätter in den Schlamm.

Zu dieser Jahreszeit sind die Hügel in Halil lilarot gefärbt. Es ist ein Weinland, im Norden durch Bethlehem vom Land der Oliven getrennt. Es ist das Land breiter Terrassen, rötlich trockenen Bodens, zahlreicher Schafe, weniger Quellen, starken Glaubens und Weines. Obwohl die Einheimischen vor einigen Jahrhunderten ihre orthodoxe christliche Religion aufgaben und den Islam annahmen, pressen sie immer noch ihren Wein in den Jahrtausende alten steinernen Weinpressen. Im Herbst verkaufen die Frauen von Halil ihre schweren, gelben, süßen Trauben, die noch vom Staub der Erde bedeckt sind, am Damaskustor und tragen dabei ihre langen schwarzen Kleider mit exquisiter Stickerei. Als meine Frau meinen ersten Sohn gebar, schenkte ich ihr ein solches schwarzes und lilarotes Kleid, das über viele Wochen hinweg in einem Dorf nahe Halil handgefertigt worden war.

So sehr ich auch das Weinland und die Menschen von Halil mag, ist es doch kein Ort, den man freudig besucht. Wie in einer griechischen Tragödie steht der Stadt ein schweres Schicksal bevor. In der Geschichte von Perseus verschlang das Monster aus dem Meer die Jungfrauen Jaffas und genauso frisst das Schicksal Halils langsam die Stadt und ihre Bewohner auf. Jeden Tag wird ein Haus beschlagnahmt, ein Laden niedergebrannt, ein Mann getötet. Nun ist Halil wie ein halbverdautes Objekt, das Fischer in den Mägen von gefangenen Haien finden. Halil bewahrt immer noch einiges von der alten, stolzen Menschenstadt, doch es ist bereits halb verschlungen. Wer jemals ein wunderschönes junges Mädchen am Sterbebett besucht hat, kennt das Gefühl.

Unter normalen Umständen würde Halil sicherlich viel bestaunt, denn die Umgebung sieht immer noch aus wie zu biblischen Zeiten. Der Lebenswandel der Bewohner hat sich nicht sehr verändert. Es sind immer noch die selben Schäfer und Weinzüchter und die Namen ihrer Dörfer sind geschichtsträchtig. Der großartige palästinensische Bandit Daoud, später König David, kassierte Schutzgeld in Maan, der Prophet Amos wuchs in Tukua auf, Gad ist in Halhul begraben; Halil hieß Hebron, später St. Abraham, später Halil oder „der Geliebte", denn dies ist ein Beiname Abrahams, des großen kulturellen Helden des Mittleren Ostens. Dies ist das Originaljudäa von Königen und Propheten: judäisch, doch (trotz einer gewissen Wortähnlichkeit) nicht jüdisch und sogar ohne jegliche Verbindung zu den Juden von einst, die niemals in diese trockene Gegend so weit im Süden vordrangen. Der jüdische Historiker Josephus Flavius wusste nichts von diesen Orten; die jüdischen Bücher Talmud und Mischna erwähnen Hebron und Bethlehem kaum. Die Juden nannten dieses Land „Idumäa" und seine judäischen Bewohner „Idumäer". (In ähnlicher Weise nannten die Juden das Land Israel „Samaria" und seine Israeliten „Samariter", denn sie wollten das Erbe der Bibel privatisieren.) Die eingeborenen Judäer, das Volk von Halil, kümmerten sich nicht darum – sie bearbeiteten weiterhin die selben Felder und beteten vor den selben Schreinen wie ihre Vorfahren, die Helden aus der Bibel.

Am allermeisten verehrten sie ihre Ibrahimiye-Moschee, die an den von Gott geliebten Ibrahim (oder Abraham) erinnert, den spirituellen Wegbereiter der Menschheit. Dieses massive Gebäude aus rustikalen Steinen wurde in Zeiten vor der Geschichtsschreibung gebaut. Die Kreuzritter errichteten auf den alten Fundamenten eine wunderschöne Basilika und die wohlwollenden Herrscher in Kairo und Damaskus, Istanbul und Bagdad schmückten ihre Wände mit islamischen Versen. Die Moschee in Halil strahlt Heiligkeit und Grazie aus und ist Zeichen der Quelle der Spiritualität, die im Heiligen Land zu sprudeln begann. Ja, das ist die Einzigartigkeit des Heiligen Landes: Während der Allmächtige unseren Nachbarn Öl gab, gab er den Halilis immer volle Quellen an Spiritualität. Ölquellen können versiegen, doch je mehr göttlichen Geist man teilt, desto mehr bleibt davon übrig. Wahrscheinlich macht es der Feind deshalb allen so schwer, hier herzukommen.

Die Altstadt von Halil ist wie ein dichter Schwarm von mittelalterlichen Häusern, die sich um die Ibrahimiye-Moschee niedergelassen haben. Die Häuser stehen eng beisammen und es gibt nur wenige Durchgänge. Diese wurden mit Eisentoren und Stacheldraht verschlossen; bloß zwei von ihnen blieben für die Ein- und Ausgänge geöffnet. An einschüchternden Kontrollpunkten werden die Zugänge kontrolliert. Die Soldaten überprüften unsere Papiere, durchsuchten uns und ließen uns in die Stadt der Verehrten ein, die heute das schlimmste Gefängnis im Gulag-gleichen Palästina darstellt.

Mein Virgil bei diesem Abstieg in die Hölle war ein ungewöhnlicher Mann, Jerry Levin aus Alabama. Als ehemaliger Chef des CNN-Büros im Libanon verbrachte er fast ein Jahr als Gefangener der Hisbollah und lebt seither zusammen mit einer kleinen Gruppe christlicher Friedensaktivisten in der Altstadt von Halil. Die Menschen von CPT (Christian Peacemaker Teams) bringen den Belagerten Essen, versuchen die Stadtbevölkerung zu beschützen und leiden unter den Beschimpfungen und den gewalttätigen Übergriffen der Siedler und des Militärs.

„Mach nicht zu viel Lärm um meinen libanesischen Gefängnisaufenthalt“, sagte Jerry mir mit einem ironischen Lächeln. „Jeder hier kann dir von viel längeren und viel härteren Haftbedingungen erzählen.“

Hinter den Eisenstäben verfolgten uns Kinderaugen. Die Straßen waren wie leer gefegt. Die Einheimischen dürfen schon seit vielen Monaten die gepflasterten Wege ihrer Stadt nicht mehr betreten. Bereits vor Jahren wurde der Stadt eine ewige Ausgangssperre auferlegt. Plündernde Siedler waren in die Läden eingebrochen und hatten sie niedergebrannt; auf den Wänden findet man Graffitis in geschwungenem Hebräisch: „Tötet die Gojim; es ist gut für die Juden“, „Kahane hatte Recht“, „Gott beschütze Ihre Seele, Dr. Goldstein“.

Wir klopften an die eiserne Tür eines Hauses und hörten, wie schwere Schlösser entfernt wurden. Die Tür öffnete sich einen Spaltbreit, um uns einzulassen. Wir erklommen die enge Treppe bis zum Dach. Das grandiose Bauwerk der Moschee reckt sich nur 200 Meter entfernt hoch in den Himmel, doch die Bewohner wagen sich selten so weit aus dem Haus. Schmale Planken verbinden die Dächer der Stadt und gestatten es so den belagerten Halilis, ihre Nachbarn zu besuchen. Ihre Kinder fliegen wie Vögel von Dach zu Dach über die Planken oder starren durch die Gitter auf die Straße. Die Straßen wurden von den Siedlern beschlagnahmt, sodass sie dort in Frieden gehen können, ohne durch die Gegenwart von Nichtjuden gestört zu werden. Regelmäßig brechen die Siedler Türen auf, greifen die Bürger an, werfen Bettzeug und Stühle aus den Fenstern und schlagen die Bewohner zusammen. Darum sind die Türen mit schweren Holzbalken und Schlössern verbarrikadiert. Die Menschen können nicht einmal ihre Häuser verlassen und Lebensmittel einkaufen, europäische und amerikanische Freiwillige müssen sie zu ihnen bringen. Viele fliehen vor diesem unerträglichen Leben, verlassen ihre Häuser, ihre Weingärten und ihren Besitz und gehen ins Exil. In dieser halb verschlungenen Stadt bleiben nur die Stärksten zurück.

Einmal fragte mich mein amerikanischer Freund Michael, ob die Palästinenser sich dem gewaltlosen Widerstand verschrieben hätten. In Halil ist jeder Tag, jede Stunde, jede Minute im Leben eines Palästinensers ein gewaltloser Kampf. Leider ist dieser Kampf nicht sehr erfolgreich. Scheinbar verlangt das Monster nach einem Perseus, um ein wenig Überzeugungsarbeit zu leisten.

Wir wagten uns auf offenes Terrain. Ein Siedler rief, als er uns in der Dämmerung unter den Bogengängen der engen Gasse sah: „Araber! Verpisst euch!“

Ein Soldat an der Ecke beruhigte ihn: „Das sind keine Araber. Sie sind Internationale.“

„Noch schlimmer“, sagte der Siedler, ein ältlicher osteuropäischer Jude. Und er rief mit seinem schweren Akzent auf Englisch: „Go away! You are not wanted here!“ (Gehen Sie! Sie sind hier nicht willkommen!)

„Sie sind hier ebenso nicht willkommen“, antworteten wir und gingen auf die Moschee zu. Sie war von drei Reihen Soldaten umzingelt, hauptsächlich handelte es sich um kürzlich importierte Äthiopier und Ukrainer. Man überprüfte uns einmal und noch einmal, man befragte uns, woher wir kämen und warum, und dann wurden wir durch Metalldetektoren und Gedankenkontrollen geschleust. Die aufmerksamen Augen der Soldaten ruhten auf uns, voll des üblichen unermüdlichen Hasses, bevor wir uns dem riesigen Ehrenmal Abrahams nähern konnten. Und dennoch, trotz allem, wurden wir von der Aura der Heiligkeit überwältigt, die dieser Ort verströmte. Es war, als würde mich eine ungeheure Tsunamiwelle hinwegspülen, sehr, sehr weit fort. Ich weiß nicht, ob ein heiliger Ort durch den heiligen Mann, der dort begraben ist, heilig wird oder ob man im Gegenteil heilige Männer an heiligen Orten begräbt – doch sicherlich war es ein heiliger Ort.

Als ich mich umdrehte, sah ich die Siedler, die die spirituelle Quelle besetzt hatten. Sie trugen weiße Gebetsschals mit schwarzen Streifen auf ihren Schultern. Sie sahen mich.

„Das ist ein Araber!“, sagte einer.

„Nein, ein Deutscher.“

„Nein, er ist ein Araber mit einem israelischen Pass, darum schaut er so arrogant drein“, sagte der Erste.

„Du sein Araber?“, fragte der Zweite.

„Klar“, sagte ich.

„Hau von hier ab, du Gewürm!“, riefen sie.

Eigentlich ist den Siedlern das Grab des von Gott Geliebten völlig gleichgültig. Sie verehren ein anderes Grab: jenes des Massenmörders Dr. Baruch Goldstein aus Brooklyn. Er gelangte zu Purim 1994 zu Ruhm. Purim ist das einzige fröhliche Fest im Kalender der Juden, der Jahrestag eines Massakers, vor etwa 2.400 Jahren von ihren jüdischen Vorfahren in Persien begangen, wobei 75.000 Männer, Frauen und Kinder hingemetzelt wurden.

Zu Purim 1994 kam Dr. Baruch Goldstein mit zwei Maschinenpistolen und viel Extramunition in die Moschee. Die aufmerksamen Soldaten hätten uns nicht einmal eine Nagelfeile mitbringen lassen, doch ihn hielten sie nicht auf. Er trat in den Gebetssaal ein, rief „Fröhliches Purim!“ und eröffnete das Feuer. Er metzelte etwa dreißig unbewaffnete Gläubige dahin, bis die Überlebenden es endlich schafften, das wütende Biest zu töten. Als sie ihre Verwundeten und Toten aus der Moschee trugen, eröffneten die Soldaten das Feuer und töteten unter „Fröhliches Purim!“-Rufen weitere zwanzig Gläubige. Als die Nachricht von diesem Massaker die Knesset, das israelische Parlament, erreichte, segnete Hanan Porat, Anführer der jüdischen nationalistischen religiösen Partei, die Parlamentarier mit „Fröhliches Purim“.

Dr. Goldstein wurde respekt- und liebevoll beerdigt; sein Grab wurde für die Siedler und ihre Bewunderer aus Israel, Amerika und der ganzen Welt zu einem Pilgerort, den sie in Massen besuchen. Junge plumpe jüdische Mädchen fahren dorthin, legen Blumen ab und entzünden Kerzen an seinem Grab. Junge jüdische Soldaten legen ihre amerikanischen M-16-Gewehre auf seinem Grabstein ab und bitten den heiligen Mann um Beistand und Führung. Junge Pärchen tauschen Eidesschwüre aus, alte Männer beten das Kaddisch-Gebet für seine Seele.

Nach dem Massaker wurden in Israel Stimmen laut, die verlangten, die Siedler sollten Halil verlassen. Doch die israelische Regierung nutzte die

Gelegenheit, um die Opfer zu bestrafen: Die halbe Moschee wurde von Juden übernommen; einheimische Gläubige durften die Grabstatt von Abraham, dem von Gott Geliebten, nicht mehr betreten; die Eingänge zur Altstadt wurden gesperrt; Dutzende von palästinensischen Häusern wurden konfisziert und zerstört; die Hauptstraße der Stadt wurde für palästinensischen Verkehr gesperrt. Das Ergebnis ist fast immer dasselbe: Ob ein Jude getötet wird oder ob er selbst tötet – der jüdische Staat benutzt ein solches Ereignis immer als Vorwand, um noch mehr Land zu stehlen und Palästinenser zu bestrafen.

An Freitagen haben die Siedler die Stadt fest im Griff. Die Armee erlegt den Bewohnern eine besonders strenge Ausgangssperre auf und lässt keinen einzigen Goi aus dem Haus, der den Pfad eines Juden beschmutzen könnte. Die Soldaten schießen auf Kinder, die es wagen sollten, draußen zu spielen. Die Stadt hält den Atem an, bis der letzte Jude hinter dem Stacheldrahtzaun verschwunden ist, der das Reservat „nur für Juden“ umgibt. Halil ist ein guter Ort, um die Wahrheit über die Absicht der Juden herauszufinden und ihre Vorstellung darüber, wie die Welt zu beherrschen sei – jedenfalls eine viel bessere Art der Wahrheitsfindung, als ihre heuchlerischen, mit Sacharin gesüßten Leitartikel zu lesen.

Doch dann. eines Freitags, war es einmal anders. Nachdem die schwer bewaffneten Wachen die Siedler in ihr Lager zurückbegleitet hatten und sich auf dem Weg zu den Baracken befanden, wurden sie unter Beschuss genommen. Die Guerillakämpfer wollten den jüdischen Massenmörder nicht nachahmen, sie ließen die Gläubigen in Frieden nach Hause gehen und eröffneten erst danach das Feuer. Das Monster bekam Besuch von Perseus.

Israelische Soldaten werden einer Gehirnwäsche unterzogen, um an ihre rassische Überlegenheit zu glauben, an die Überlegenheit ihrer Waffen, an den Schutz ihres Höchsten Kommandanten und an die Sanftmut der Einheimischen. Sie waren sich dessen sicher, dass der Geist der Halilis für immer vernichtet war. Arrogant und rücksichtslos hefteten sie sich ihnen an die Fersen. Die Kämpfer zogen sich in eine Straße zwischen Weingärten zurück und als die Soldaten hineinliefen, schnappte die tödliche Falle zu.

Die Jihad-Kämpfer benutzten den alten Trick der Schwachen gegen die Starken, zuerst beschrieben von römischen Historikern, später im Stück

„Die Horatier und die Kuriatier" von Bertolt Brecht verewigt. Die zwei einander bekriegenden römischen Clans der Horatier und der Kuriatier trafen sich auf dem Schlachtfeld. Die schwächeren Horatier täuschten ihre Flucht vor und als ihre schwer bewaffneten Gegner sie verfolgten und sich dabei zerstreuten, kehrten sie um und töteten ihre Verfolger, einen nach dem anderen.

Das Ergebnis war fast wie ein Wunder: Drei Jihad-Kämpfer mit ihren Karabinern töteten zwölf schwer bewaffnete Juden, unter ihnen den größten Folterer, den Divisionskommandeur aus Hebron. Die Kämpfer konnten nicht entkommen; als sie ihre noble Entscheidung trafen und die Siedler in Frieden ziehen ließen, besiegelten sie ihr eigenes Schicksal. Dennoch hatten sie bewiesen, dass ihr Geist immer noch stark ist, so stark wie die Fundamente ihres großartigen Heiligtums.

Man hört oft, dass die Palästinenser so oder so handeln sollten. Sie sollten den Feind nicht töten, wenn dieser seine militärische Uniform ablegt und Urlaub macht. Sie sollten ihre Ziele besser auswählen, sonst wäre ihr Kampf „kontraproduktiv". Der Hinterhalt von Halil beweist, dass all dies frommer Unsinn ist. Der Angriff auf die Soldaten war der fairste, der jemals gegen die Unterdrücker unternommen wurde. Und dennoch beschrieb der US-Präsident ihn als „ruchloses Verbrechen". Der US-Generalsekretär nannte ihn „eine schreckliche blutige Tat". Der fehlgeleitete Papst sprach von einem „Massaker an Gläubigen". Sogar der israelische Stabschef lachte über diese Beschreibung und weigerte sich, von einem „Massaker" zu sprechen.

„Unsere Soldaten sind im Kampf gestorben", sagte er. Doch er erteilte trotzdem den Befehl zur Zerstörung von Häusern in der Straße des Hinterhalts.

Und so spielt es keine Rolle, was die Palästinenser tun: Ob sie israelische Kinder töten oder gegen israelische Soldaten kämpfen oder ob sie von Siedlern umgebracht werden – sie werden ohnehin immer für schuldig befunden, denn sie haben sich den Zionisten nicht ergeben. Diejenigen, die sich kampflos ergeben haben, werden ihnen nicht vergeben. Doch die Palästinenser von Halil, diese am meisten misshandelten Menschen auf Erden, kennen die Wahrheit. Und darum tragen die unschuldigen Gesichter der drei Schwestern breites, glückliches Lächeln zur Schau. Hoffnung, Revolution und Befreiung.

Die nette israelische Journalistin Natalie dachte, sie müsse ihre Geschichte ein wenig ausgeglichener gestalten, damit ihre Redaktion sie akzeptabel finden würde.

Sie fragte die Mädchen, deren Haus zerstört werden sollte: „Aber was würdet ihr zu terroristischen Angriffen gegen israelische Zivilisten in Tel Aviv sagen?“

Ich frage mich, was wohl mein Großvater im Ghetto von Stanislawow auf die Frage eines deutschen Journalisten geantwortet hätte, welche Gefühle er gegenüber deutschen Opfern von Luftangriffen der Alliierten hege. Er hätte wahrscheinlich so geantwortet wie der kanadisch-jüdische Kolumnist Mordecai Richler: „Ich freue mich, dass Dresden aus keinem militärischen Grund bombardiert wurde.“*

Wir befanden uns in der Nähe des Ortes, an dem der Hinterhalt stattfand, auf der großen Veranda der drei Schwestern. Wahrscheinlich verrieten unsere Blicke unsere Gefühle, denn die Siedlergruppe und die Umstehenden wandten sich uns zu. Ein Siedler sprach uns an.

„Ihr solltet auf unserer Seite sein“, sagte er. „Ihr seid doch Juden, oder? Entweder wir oder sie. Hört auf die Stimme eures Blutes; unterstützt eure Leute gegen ihre Feinde.“

„War es notwendig, die Häuser unschuldiger Menschen zu zerstören, nur weil jemand in der Nähe auf eure Soldaten geschossen hat?“, fragte Jerry.

Der imposante große Mann im grauen Anzug blickte uns streng an: „Wie könnt ihr es wagen, von Häusern zu sprechen, wenn hier menschliches Leben ausgelöscht wurde?“ Er war Amerikaner und kam aus New York.

„Würden Sie ein Haus in New York demolieren, wenn einer der Ihren daneben getötet würde?“, fragte ich.

„Oh ja, das sollten wir tun!“, sagte der Siedler und ein wildes Lächeln verriet seine Gefühle. Er würde es tun. Er würde Harlem auslöschen, sollte ein Schwarzer es wagen, einen Juden zu töten. Für Menschen wie ihn bedeuten das Leben und der Besitz eines Goi nichts, es handelt sich nur

---

* Zitat aus *The Vancouver Sun*, 13. September 1966, Seite 5: „Lest We Forget … I Hate the Germans“, Mordecai Richler von *The Spectator*, Auszüge aus einem Artikel in der Buchsektion einer *British Weekly Review*.

um ein „Wespennest“, das entfernt werden muss. In Halil – oder Khevron, wie sie es nennen – leben sie ihre Träume ohne Schranken aus.

In dieser Stadt der widerlichen Siedler und der brutalen Soldaten gab es keinen so ekelhaften Mann wie diesen Siedler. Die Siedler machten den Einheimischen das Leben zur Hölle, die Soldaten beschützten sie und taten, was die Siedler wollten, und diese brachten ihnen Millionen US-Dollar und deckten sie in den Korridoren des Kongresses. Ich hatte Mitleid mit den Amerikanern, diesen fleißigen und großzügigen Menschen, die von ihren Politikern verraten und verkauft und zu Sklaven von Mordor* gemacht werden.

„Ihr seid doch Juden, oder nicht?“, fragte der Siedler beharrlich.

„Wenn Sie einer sind, dann sind wir sicherlich keine“, gab ich ihm als Antwort.

Ich fühlte, es sei unmöglich, in Halil Jude zu bleiben. Tatsächlich tun die Juden, die denken, dass es nicht genug ist, gegen die Politik ihrer Regierung zu demonstrieren, das Undenkbare mit größerer Leichtigkeit. Und so nahm Neta Golan, das wunderbare israelische Mädchen, das bei den belagerten Palästinensern in Kufi Harith lebte, den Glauben der Barmherzigkeit an. In ganz unerwarteter Weise könnten die bösartigen antichristlichen Träume der Zionisten, dass Juden Christus in den Ruinen Palästinas finden, wahr werden – nämlich dass sich immer mehr Juden, die in der Hölle von Hebron mit dem wahren siegreichen Judentum konfrontiert werden, angewidert von den Zionisten abwenden. Die „Jünger“ des Antichristus-Kults hatten Recht, doch aus dem falschen Grund: Die Zusammenkunft der Juden im Heiligen Land wird die guten Elemente ans Licht bringen, denn sie werden die unverstellte völlige Dunkelheit erkennen und zurückweisen.

Darum ist die Intifada so wichtig – sie könnte den Anfang einer universellen, weltweiten Intifada darstellen. Sie sollte nicht an den Grenzen des Heiligen Landes aufhören. Ich weiß, dass dieser Gedanke den Palästinensern fremd ist. Sie kämpfen für ihre Dörfer und Städte, für ihre Gleichberechtigung und die Freiheit zu leben sowie dafür, in ihren Tempeln beten zu können. In ihren Augen wäre das Problem gelöst, wenn die Siedler ihre Privilegien verlören. Doch für diesen Siedler und andere seiner Art sind

---

* Mordor: Reich der Finsternis in „Der Herr der Ringe“ von J. R. R. Tolkien.

die Versklavung und der Besitz Palästinas der notwendige weltliche Beweis für ihre Errungenschaften und sie werden sich dies nicht leicht abnehmen lassen. Es ist doch alles eine Sache der Moralität: Hoffnung in Halil ist nur eine Schwester der Befreiung des Diskurses und der Welt-Intifada.

Die Invasion

I.

Wieder einmal erfuhren wir, was Verzweiflung und Erniedrigung wirklich bedeuten. Unsere Proteste und Petitionen, E-Mails und Demonstrationen erwiesen sich als genauso nutzlos wie Zaubersprüche und Flüche gegen Panzer. Politisch korrekt oder unverschämt, intelligent oder unhöflich – die Freunde der Gleichheit in Palästina wurden geschlagen. Der US-Präsident verkündete „Israels Recht auf Selbstverteidigung", BBC und CNN fanden die gemeinsame Formulierung des „Gegenschlags" und Scharons Truppen drangen in palästinensische Städte ein. Sie eliminierten effizient die Selbstherrschaft der Palästinenser und führten intensive Suchaktionen, Massenverhaftungen sowie kaltblütige Exekutionen durch. In Bethlehem feuerten die Eindringlinge mit Maschinengewehren in eine friedliche Demonstration protestierender nichtgewalttätiger Europäer. Einheimische sprechen von Dutzenden ermordeter Palästinenser, die grundlos erschossen wurden. Israel und die USA, die schon seit langem von den selben Männern gemanagt werden, blockieren die UNO und die internationalen Organisationen, während sie Teil 2 ihrer Operation vorbereiten: die Invasion von Gaza.

Es ist eine schwierige Zeit, doch nicht so düster, wie es unsere Feinde gerne hätten. Die voreingenommenen westlichen Medien berichten von „Kämpfen zwischen Palästinensern und Israelis". Doch tatsächlich stießen die israelischen Soldaten auf recht wenig Widerstand. Warum haben sich die sagenhaft mutigen palästinensischen Kämpfer den jüdischen Eindringlingen nicht stärker widersetzt?

Eine Antwort darauf ist offensichtlich; sie wurde von dem israelischen Journalisten und Friedensaktivisten Uri Avneri gegeben: Der Kräfteunterschied ist zu groß für die schlecht ausgerüsteten Palästinenser. Sie können es nicht mit der drittstärksten Armee der Welt aufnehmen, die auch noch von ihrem zahmen Schoßhündchen, den USA, unterstützt wird. Doch es gibt einen weiteren Grund, den Avneri nicht erwähnt hat: Die PNA (Palestinian National Authority) ist für die Palästinenser kein nationales Symbol, das es zu verteidigen gilt und für das es sich zu sterben lohnt. Das

Leben unter der Herrschaft der PNA ist genauso wie ein Leben unter jüdischer Herrschaft.

Das ist nicht der richtige Moment, um auf den Fehlern der PNA herumzureiten, die bereits von Robert Fisk und vielen anderen sehr gut beschrieben wurden. Ich werde nur Muna Hamzeh zitieren, die aus dem Flüchtlingslager Deheisheh schrieb: „Seit Arafat und seine Nationalbehörde im Dezember 1995 die Kontrolle über die Zone A in Bethlehem übernommen haben, hat er die ihm zur Verfügung stehenden Gelder dafür benutzt, um in Bethlehem eine neue Polizeistation mit einem neuen Gefängnis zu errichten; ein neues Hauptquartier für seine präventiven Sicherheitskräfte; ein neues Hauptquartier für seinen Geheimdienst; ein neues Präsidenten-Hauptquartier für sich und seine VIP-Gäste; einen persönlichen Hubschrauberlandeplatz auf Jabal Anton, einem kleinen Hügel über Deheisheh, und die selbstverständliche Erweiterung für das Lager. Arafat hätte besser einen Spielplatz für die Kinder im Flüchtlingslager einrichten sollen. All das baute Arafat in Bethlehem" (Auszug aus „Holocaust Revisited", 12. März 2002).

Hamzeh übertreibt: Bethlehem hat ein Lifting bekommen, der Manger-Platz wurde neu hergerichtet, die Straßen wurden gepflastert und neue Hotels eröffnet; die Lebensqualität stieg in den Jahren der administrativen Kontrolle der PNA. Doch Hamzeh drückte das Gefühl vieler ihrer Landsleute aus, von Edward Said bis zu den Flüchtlingen in Deheisheh, die mit der PNA zutiefst unzufrieden waren. Ob diese nun die Güter an den ultimativen Herrscher Israel oder an die unterdrückte Bevölkerung zu liefern versucht – sie ist nicht beliebt. Die PNA wurde von den Israelis geschaffen, um die palästinensische Bevölkerung zu überwachen. Sie wurde nicht geschaffen, um das Leben der Palästinenser zu verbessern. Und ich bezweifle, dass sie mehr hätte tun können, als sie getan hat.

Scharons Invasion begrub die verrückte Idee der palästinensischen Selbstherrschaft („Unabhängigkeit") über einen kleinen Teil Palästinas für immer. Dies war praktisch die Nazi-Idee eines Judenreservates, die von der jüdischen Pseudo-Linken auf Ramallah übertragen wurde. Der Gedanke an eine Demokratie in ganz Palästina, die Abschaffung der Apartheid, ist wieder zum Vorschein gekommen. Denkt nicht mit Nostalgie an die Tage der PNA zurück, seht in die Zukunft mit der Hoffnung auf ein freies und demokratisches Palästina, das vom Fluss bis ans Meer reicht.

II.

Muna Hamzeh nannte ihren Essay „Holocaust Revisited". Dieser Vergleich mit dem Holocaust stammt von José Saramago, dem portugiesischen Literaturnobelpreisträger, der das besetzte Ramallah mit dem Warschauer Ghetto verglich. Saramago, erst vor kurzem noch von der jüdischen Presse für seine unorthodoxe Behandlung des Themas Jesus hochgelobt, wurde nun Zielscheibe massiver Attacken. Unter den Angreifern befanden sich Ari Shavit und Tom Segev, die Anführer der israelisch-jüdischen Pseudo-Linken.

Tom Segev beeilte sich, seine Feder in den Dienst des jüdischen Staates zu stellen: „Saramago erklärte, dass Israels Aktionen in den Territorien mit den Verbrechen vergleichbar seien, die in Auschwitz und Buchenwald begangen wurden. Das klingt eher wie etwas, das er an der Wand einer öffentlichen Toilette gelesen hat, als etwas aus seinen Büchern. Was er sagte, schadete der Sache nur, die er unterstützen wollte, also hinterließ er selbst nach dieser Episode einen schlechten Eindruck."

Ich bin dieses wohlwollenden Mantras „der Sache schaden" von Seiten der jüdisch-linken Berater Tom Friedman und Tom Segev gegenüber den Palästinensern überdrüssig. Ich glaube nicht, dass sie den Erfolg dieser Sache wünschen. Und mittlerweile ist der Unterschied zwischen der jüdischen „sanften Linken" und „harten Rechten" nur noch kosmetischer Natur. Die folgenden Zeilen könnten ebenso gut von der „extrem Rechten" Barbara Amiel – Ehefrau des Medienbarons Conrad Black sowie eine Freundin von Scharon und Pinochet – stammen, doch sie wurden von dem „Linken" Ari Shavit verfasst: „Was José Saramago am Montag in Ramallah äußerte, war keine klare Kritik an der Besetzung, sondern eine hässliche Aufwiegelung gegen die Juden. Es war nicht nur dumm oder eine Feststellung unbegründeter historischer Tatsachen. Es war eine Art Blutvergießen. Denn wenn Ramallah Auschwitz sein soll – und das ist die Parallele, die Saramago gezogen hat –, hieße das, dass Israel das Dritte Reich wäre. Es verdiente somit die Auslöschung. Vielleicht sollten nicht alle seine Bewohner getötet werden, doch seine souveränen Einrichtungen sollten zerschlagen werden. Und wenn Ramallah Auschwitz ist, dann ist Tel Aviv Dresden. Es niederzubrennen wäre somit kein Kriegsverbrechen."

Professor Alan Stoleroff antwortete ihm sogleich: „Wieder einmal versucht ein linker Israeli, den nackten Tatsachen der von den israelischen

Besatzern begangenen Verbrechen gegen die Menschheit und der Kriegsverbrechen ins Auge zu sehen. Wenn Saramagos Worte oder meine eigenen jüdischen Worte das Einkreisen und die Blockaden mit dem Warschauer Ghetto verglichen hätten, wäre die Reaktion dann dieselbe gewesen? Konnte man nicht in israelischen Zeitungen lesen, dass ein israelischer General dazu aufgefordert hat, die Taktiken der Nazis in Warschau zu studieren, um die Intifada niederzuschlagen? Haben nicht israelische Soldaten Palästinenser mit Seriennummern abgestempelt? Haben nicht 40% der israelischen Juden ihre Zustimmung zu einem Transfer der Araber ausgedrückt? Und der Bombenteppich über Dresden *war* ein Kriegsverbrechen.

Wenn Shavit darauf besteht, will ich ihm gerne den Gefallen erweisen: Israel, dieser jüdische Apartheid-Staat, verdient es zu verschwinden. Seine souveränen Einrichtungen sollten tatsächlich aufgelöst werden. Und seine Unterstützer im Ausland sollten wie Unterstützer von Kriegsverbrechen und als Kämpfer auf eigene Gefahr behandelt werden. Sie sollten sich nicht auf Neutralität berufen dürfen. Die Kluft ist nicht ethnischer oder religiöser Natur, wie Jerry Levin aus Alabama bewies."

Jerry Levin, Chef von CNN in Beirut, von 1984 bis 1985 von der Hisbollah als Geisel gehalten, arbeitet heute mit den CPT (Christian Peacemaker Teams) zusammen, um wehrlose palästinensische Kinder, Frauen und Männer vor dem Zorn und den Gewaltübergriffen der Siedler zu beschützen. Er erinnert an „Adam Shapiro, der Jude sowie Mitglied der internationalen Solidaritätsbewegung ist und in Ramallah arbeitet". Man sollte die bewundernswerte Jennifer Loewenstein erwähnen, die auf den palästinensischen Nachrichtensendern aus Gaza berichtet, sowie weitere Freunde dieser Qualität anderenorts. Diese Leute mit unterschiedlichen Meinungen tun sich mit ihren Freunden zusammen und nehmen es mit dem Links-Rechts-Block der jüdischen Vormacht auf.

Die letzten Action-Helden

Im Osten feierte man Ostern im Jahr 2002 im Mai, also viel später als im Westen. Die Stimmung war nicht gerade festlich, da die Geburtskirche von Bethlehem seit einem Monat besetzt war. Hungernde Priester und Laien lagen in der Grotte, in der die Jungfrau Christus gebar, und die Leichen von Polizisten, getötet von israelischen Scharfschützen, lagen auf einem Haufen unter dem goldenen Mosaik des Baums der Weisheit. Von Zeit zu Zeit schossen die Angreifer mit Flammenwerfern auf das Holzdach der Basilika und sahen den durch das lange Fasten geschwächten Verteidigern dabei zu, wie sie die Feuer wieder löschten. Doch mit Ostern kam auch das Wunder und es hieß ISM.

Was ist ISM? Um die Antwort zu finden, geht man einige hundert Meter von der Kirche weg zu einer breiten Terrasse, die die zum Toten Meer hin sanft abfallenden Hügel überblickt. Dort befindet sich neben einer Zisterne eine kleine byzantinische Gedenkstätte. Der Osterwind hat Wüstensand über die Bodenmosaike geblasen und die sprichwörtlichen Dornen brechen durch die roten Kreuze. Diese Gedenkstätte erinnert wie so viele dieser Stätten im Heiligen Land an Wasser. Sie heißt im Gedenken an ein legendäres Ereignis Bir Daoud (Davidsbrunnen).

Einst hatte die Armee der Eroberer aus den Städten in der Ebene dem Terror den Krieg erklärt und dieses Dorf in den Hügeln abgeriegelt, um einen Einheimischen zu fangen, den palästinensischen Terroristen Daoud, der die Siedlungen der Eroberer angegriffen hatte. Doch seine Gefolgsmänner, ein zusammengewürfelter Haufen, widersetzten sich den Befehlen der Eindringlinge. Sie umgingen die Straßenkontrollen, trotzten den Sicherheitsmaßnahmen, schlichen sich ins Dorf und brachten, entgegen aller Wahrscheinlichkeit, einen Schluck Wasser aus dem Bethlehemer Dorfbrunnen zu Daoud, heute auch als König David bekannt.

Die Jahrtausende verstrichen und ihre Tat wurde von der neuen Version der Gefolgsleute König Davids wiederholt, der internationalen Solidaritätsbewegung, abgekürzt ISM (International Solidarity Movement), als das Land Palästina der Schauplatz einer der dramatischsten Auseinandersetzungen, eines der schlimmsten internationalen Konflikte seit Jahrzehnten, wenn nicht sogar seit Jahrhunderten war.

Junge europäische und amerikanische Männer und Frauen – zu spät geboren, um im Jahr 1936 im republikanischen Spanien mit den Internationalen Brigaden gegen Franco anzutreten – schlossen sich der ISM an und kamen zu den grünen Hügeln von Bethlehem und Hebron, und dies in einer Besorgnis erregenden Zeit: Die israelischen Anführer hatten einen sorgfältigen Plan ausgearbeitet, die Palästinenser auszuweisen und zu vernichten, um ein Land zu schaffen, das so jüdisch sein würde, wie Deutschland arisch war. Die Freiwilligen der ISM verhinderten diesen Plan allein durch ihre Anwesenheit und bewahrten die einheimischen Bauern vor Zerstörung und Vertreibung. Sie leben gefährlich und spielen mit den israelischen *mechaslim* („Exterminatoren") Katz und Maus, weichen den Kugeln der Heckenschützen aus und leben in den wehrlosen Dörfern zusammen mit den Bauern. Falls König David Ihnen zu weit entfernt ist, dann stellen Sie sich diese Leute vor wie die letzten Action-Helden mit dem Ruhm eines Schwarzenegger.

Obwohl einige von ihnen jüdische Eltern haben, lehnen sie die „Nur für Juden"-Struktur ab, die von den zionistischen Peaceniks aufrechterhalten wird. Sie stehen für Gleichheit, für „die internationalen guten Menschen", wie Isaac Babel es ausdrücken würde. Sie kommen aus dem Land von Folke Bernadotte und aus dem von Abe Lincoln und dem von T. E. Lawrence. Einige der ISM-Freiwilligen nahmen an den gewaltlosen Protestmärschen von Seattle, Göteborg und Genua teil und waren mit dem zweiköpfigen Drachen der Globalisierung und des Zionismus konfrontiert. Andere kamen im April 2002 ins Heilige Land, gerade rechtzeitig zur israelischen Osteroffensive, als Scharons willige Vollstrecker Häuser demolierten, Olivenbäume ausrissen, Tausende Palästinenser in Konzentrationslager deportierten und in den Flüchtlingslagern von Jenin und Nablus Hunderte von Männern, Frauen und Kindern abschlachteten. Als Israels verheerende Gewalt in Bethlehem einzog, flüchteten mehr als zweihundert Einheimische in die Kirche.

Die Tradition der Zuflucht stammt aus einer Zeit vor dem Christentum und ist der Menschheit von Beginn der Zivilisation an bekannt. Kirchen waren immer schon ein Zufluchtsort und Victor Hugos Glöckner von Notre Dame gilt als sofortige Referenz. In Lateinamerika retteten sich Verfolgte, illegale Einwanderer und Anführer der Arbeiter oft, indem sie sich in Kirchen versteckten. Im Zweiten Weltkrieg fanden Tausende Juden Asyl in christlichen Kirchen und Klöstern. Darum glaubten die Einwohner Bethlehems, dass sie hinter den dicken Mauern der ältesten Kirche der Christenheit in Sicherheit wären.

Die Geburtskirche von Bethlehem wurde im Jahr 325 erbaut – eines der ersten drei großen christlichen Bauwerke des Heiligen Landes und das einzige von ihnen, das noch steht. In ihrer turbulenten Geschichte hatte diese Kirche ziemlich viel Glück. Im Jahr 614 weigerten sich die persischen Invasoren, den Befehl ihrer jüdischen Kommissare zu ihrer Zerstörung auszuführen, und die Sarazenen praktizierten im Jahr 1009 eine ähnliche Befehlsverweigerung gegenüber Hakim, dem verrückten Kalifen von Ägypten, während die Geschwisterkirche, das Heilige Grab in Jerusalem, beide Male verbrannt und zerstört wurde. 1099 erhielt Tankred, der zukünftige Prinz von Galiläa, in Latrun, 50 Kilometer entfernt im Feindesland, Berichte über feindliche Pläne, die Geburtskirche zu zerstören, und eilte an der Spitze seiner Ritter durch die Nacht seinen Leuten zu Hilfe.

Die Kreuzritterkönige von Jerusalem ließen sich hier in der Geburtskirche krönen, die Könige von England und Frankreich sandten wertvolle Geschenke an ihren Bischof. Ab dem Jahr 1145 schmückte das wunderschönste Mosaik ihre Mauern – es zeigt den Baum der Wahrheit und den Baum des Lebens sowie den ungläubigen Thomas, der die Wunden des wieder auferstandenen Christus berührt. 1932 entdeckten die Briten ein wundervolles Bodenmosaik aus dem 4. Jahrhundert. Im Jahr 2000 ließ Arafat den Manger-Platz vor der Basilika renovieren. Die Kirche wurde über Jahrhunderte hinweg von Millionen von Gläubigen verehrt und so glaubten die Menschen, in ihren schützenden Mauern sicher zu sein.

Doch die Zionisten kümmern sich nicht um die Unverletzlichkeit von Kirchen. Zugegeben, die Meinungen gehen auseinander: Die Anhänger von Rabbi Kook, der hauptsächlichen Glaubensrichtung in Israel, sind der Meinung, dass alle Kirchen so bald wie möglich zerstört werden müssen, noch vor den Moscheen. Für sie ist die Zerstörung des Christentums noch wichtiger als die Eliminierung der Palästinenser. Ihre traditionalistischen Gegner denken, dass keine Eile besteht und dass der jüdische Messias der Rache bei seinem Kommen diese Zerstörung durchführen sollte. Säkularen Juden ist es egal. Darum stieß die israelische Armee auf keinerlei Widerstand, konnte die Kirche problemlos umzingeln und die grausamste Belagerung in deren langer Geschichte durchführen.

Vierzig Mönche und Priester hielten zusammen mit zweihundert Flüchtlingen in der Kirche die Stellung. Einen Monat lang gestatteten es die Israelis nicht, dass man den Belagerten Essen oder Wasser brachte. Wie bei mittelalterlichen Belagerungen hungerten und starben Menschen, die versuchten, mit abgekochtem Regenwasser, Zitronenblättern und Gras zu überleben. Der Gestank von Leichen und infizierten Wunden erfüllte die alte Kirche.

Modernste Kameras halfen den Scharfschützen, die draußen auf alles schossen, was sich bewegte. Noch vor der Belagerung töteten sie den Chorknaben Johnny und als ich dies hier schrieb, am Ostersonntag, dem 4. Mai 2002, ermordeten sie einen Laienkirchenmann, der sich im Dienst befand. Sie kamen natürlich ungestraft davon, dank ihrer alliierten Medien im Westen. Der dänische Märchendichter Hans Christian Andersen erzählte vom magischen Spiegel der Schneekönigin, der die Wirklichkeit verzerrt, Wunderschönes in Hässliches verwandelt und umgekehrt. Im magischen Spiegel von CNN wurde diese älteste Kirche zu „einem Platz, von dem einige Christen glauben, dass dort Jesus geboren wurde". Die Flüchtlinge bezeichnete CNN als „Terroristen". Die Mönche und Priester wurden im magischen Spiegel der Schneekönigin zu „Geiseln". Die Schreie der Belagerten konnten den Filter der von Israel kontrollierten westlichen Medien nicht durchdringen.

In dieser dunklen Stunde kam ISM. Als das Heilige Land sich auf den Karfreitag vorbereitete (die Mehrheit der palästinensischen Christen gehört der griechisch-orthodoxen Kirche von Jerusalem an), teilten sich zwei Dutzend Freiwillige in zwei Gruppen auf: Die eine Gruppe führte ein Ablenkungsmanöver in der besten Tradition von Alistair McLeans „Die Kanonen von Navarone" durch. Während die israelischen Soldaten momentan von ihrem tollkühnen Mut überrascht waren, eilte die zweite Gruppe nach vorne und betrat die Pforten der Kirche. Sie brachte den verhungernden und belagerten Flüchtlingen zu essen und zu trinken, damit sie den Ostersonntag etwas feierlicher begehen konnten. Wahrscheinlich wird ihr Durchbruch als die „Osterrettung" in die Geschichtsbücher eingehen.

Wenn der Zionismus endlich zu Grabe getragen wird, dann werden die Namen dieser mutigen Männer und Frauen auf den Mauern dieser Kirche verewigt werden. In der Sakristei werden neben dem Schwert von Godfrey de Bouillon, dem Verteidiger des Heiligen Grabes (der Anführer des ersten Kreuzzuges verweigerte die Krone, akzeptierte aber den Titel), die Baseballmützen und Turnschuhe der Verteidiger der Geburtskirche hängen.

Diejenigen, die in die Kirche eindrangen, um mit den Belagerten den Hunger und die Gefahren der Belagerung zu teilen, waren: Alistair Hillman (Großbritannien), Allan Lindgaard (Dänemark), Erik Algers (Schweden), Jacqueline Soohen (Kanada), Kristen Schurr (USA), Larry Hales (USA), Mary Kelly (Irland), Nauman Zaidi (USA), Stefan Coster (Schweden) und Robert O'Neill (USA).

Diejenigen, die ihre Freiheit opferten, Verwirrung stifteten und eingesperrt wurden, waren: Jeff Kingham (USA), Jo Harrison (Großbritannien), Johannes Wahlstrom (Schweden), James Hanna (USA), Kate Thomas (Großbritannien), Marcia Tubbs (Großbritannien), John Caruso (USA), Nathan Musselman (USA), Nathan Mauger (USA), Trevor Baumgartner (USA), Thomas Kootsoukos (USA), Ida Fasten (Schweden) und Huwaida Arraf (USA).

Die Ablenkungsgruppe wurde verhaftet, weil sie das furchtbare Verbrechen begangen hatte, den verhungernden Flüchtlingen zu Ostern Essen in die Kirche zu bringen. Zuerst wurden die Männer von den Frauen getrennt und ins Gefängnis in der illegalen jüdischen Siedlung von Etzion gebracht. Die Frauen schickte man nach Jerusalem und brachte sie dann vor Gericht, wo sie zur Deportation verurteilt wurden. Auf dem Weg zum Gefängnistransporter entkamen die Engländerinnen ihren Wachen. Eine von ihnen wurde von einem israelischen Zivilisten gefasst, der nicht zögerte, sie mit einem Messer zu bedrohen. Zwei weitere sind zusammen mit dem schwedischen Mädchen Ida auf der Flucht.

Sie gaben ein Beispiel für wahren zivilen Ungehorsam und dafür, wie eine gewaltfreie und humanitäre Aktion etwas verändern kann, sogar unter den brutalen Bedingungen der israelischen Besatzung. Während ich dies hier schreibe, befinden sich die Männer immer noch im Gefängnis im besetzten Hebron, also in den Händen der fanatischen Siedler.

Obwohl sie im israelischen Territorium kein Verbrechen begangen haben, wurden sie dazu verurteilt, deportiert zu werden, und dürfen Israel zehn Jahre lang nicht betreten. Man kann nur hoffen, dass der Apartheid-Staat Israel nicht mehr lange existieren wird. Die Verurteilung beweist, dass die „palästinensischen Territorien“ für die Israelis nur eine Fiktion auf dem Papier sind, die man achten oder missachten kann, wie es einem beliebt. Wir könnten dasselbe tun und Gleichheit für alle verlangen, für Juden und Nichtjuden in ganz Palästina.

Als professioneller Journalist bedauere ich es, dass die angespannte Dramatik der Belagerung, der Durchbruch, das Ablenkungsmanöver, die Erleichterung, die Erlösung, die Verhaftung, das Entkommen und die Konfrontation zu Ostern im Schatten der großartigen Kirche – der Stoff, aus dem Heldensagen gemacht sind –, dass dies alles in Europa und Amerika nicht die nötige Breitenwirkung erreichte, dass darüber nicht auf allen Fernsehsendern und in allen Zeitungen berichtet wurde.

Doch dieses Bedauern mindert nicht meine Freude, da eines der Kinder, die die Belagerung durchbrachen, mein eigener Sohn war.

Die Hügel von Judäa

Die kleine radikale Organisation Taayush organisierte einen Konvoi, um Nahrung und Wasser zu den belagerten Bauern in Jatta zu bringen. Ich ging mit etwa 200 Israelis, Juden und Palästinensern dorthin und fand ein düsteres, verstörendes Bild vor. Doch zuerst einige Worte über diesen Ort.

Jatta ist das palästinensische Äquivalent zu Kalabrien – kahle Hügel, steinige Wege, seltene Wasserquellen, wenig Gras; ein Land der Schäfer und ihrer Herden. Das ist das biblische Judäa selbst, die Heimat von König David. Hier lebte er als Gesetzloser, bevor er König wurde; die Ortsnamen Karmel, Jatta und Maon werden in der Bibel erwähnt. Die einheimischen Bauern haben sich seit jener Zeit nicht sehr verändert. Sie haben immer noch dieselbe Lebensweise und treiben ihre Herden auf die Weide. Sie bauen keine Häuser, sondern leben in Höhlen – großen, geräumigen, luftigen Höhlen, die auch für ihre Schafe genug Platz bieten. Diese Höhlen erinnern an die Höhle im nahe gelegenen Bethlehem, in der Jesus geboren wurde. Die Bauern sammeln Regenwasser und graben Brunnen, um es darin aufzubewahren. Sie sind gut aussehend, ziemlich groß, haben blendend weiße Zähne und ein freundliches Lächeln. Sie sprechen immer noch einen lokalen Dialekt und pflegen sogar noch einige biblische Traditionen, die anderswo verschwunden sind.

Die Juden bevorzugen eine zionistische Sage, der zufolge unsere Vorfahren von diesem Ort verstoßen wurden und das Land von arabischen Nomaden wieder bevölkert wurde. Legenden sind eine gute Sache, doch die Archäologie beweist das Gegenteil. Die Bauern aus Süd-Judäa haben sich noch nie von diesem Ort entfernt, niemals den Talmud studiert, niemals Jiddisch oder Ladino (ein sephardischer Dialekt) gesprochen und sie waren und blieben Schäfer. Einige romantische Rumänier sagen, dass sie eigentlich die einzig wahren Nachkommen der Römer und die modernen Italiener nur Zugewanderte seien. Die Italiener haben Glück, dass die Rumänen nicht so stark und beharrlich sind wie die Juden.

Die Bauern aus Süd-Jatta hatten kein solches Glück. Der Staat Israel konfiszierte ihr Land, sprengte ihre Höhlen, kam mit Bulldozern an und zerstörte die Brunnen. Die Juden aus Brooklyn und Russland übernahmen die Hügel und bauten darauf einige Siedlungen mit Steinvillen und roten Dächern. Sie brachten auch Hunderte Thais und Chinesen mit, die für sie arbeiteten. Sie bohrten auf den Hügeln nach Wasser und die kleinen einheimischen Quellen trockneten aus.

Jetzt leben die Höhlenbewohner auf den kahlen Hügeln. Sobald sie Zelte aufstellen, werden diese von der israelischen Armee zerstört. Wir kamen dorthin und trafen diese Bauern. Sie zeigten uns die Ruinen. Es ist nicht leicht, Höhlen und Brunnen zu zerstören, doch mit moderner Technik kann man alles schaffen. Mit genügend Dynamit kann man die Menschen aus den Höhlen noch tiefer ins Steinzeitalter befördern. Was wir sahen, erklärte die Anziehungskraft, die Israel auf die Amerikaner ausübt.

Israel/Palästina ist das Weltmodell, das die USA anstreben. Die Bauern und ihre Herden sterben vor Durst und oben auf den Hügeln stehen Villen mit Swimmingpools für die Auserwählten. Israel hat eine große Armee und viele Arbeiter ohne jegliche Rechte. Und um die ganze Welt so zu gestalten wie Palästina, hat es nun gegen die Dritte Welt den Dritten Weltkrieg begonnen.

Während wir uns mit den Bauern unterhielten, kam ein Armeejeep vorbei.

„Wir kommen, um euch zu beschützen“, sagte der Offizier.

„Wir brauchen keinen Schutz“, antworteten die Aktivisten.

„Ihr bekommt ihn trotzdem. Wir gestatten keine Zusammenkunft zwischen Juden und Arabern ohne unsere Anwesenheit“, beharrte er wie eine altmodische Duenna in einer Commedia dell'arte.

Schließlich fuhren wir zurück.

„Es ist ein wunderschönes Land“, sagte ein Mädchen, „und wir könnten so gut zusammenleben.“

Sie hatte Recht. Palästina ist wunderschön und wir könnten hier sehr gut zusammenleben, unter einer Bedingung: Wir müssten gleichberechtigt sein. Juden und Nichtjuden sollten über den selben gesetzlichen Schutz sowie über das selbe Wahlrecht verfügen und – was noch wichtiger ist – das selbe Recht auf Trinkwasser haben. Das klingt sehr radikal. Doch die Vorgänge hier in Palästina bedeuten deshalb so viel, weil eine magische Verbindung vom Heiligen Land zum Rest der Welt besteht. Wenn wir hier Gleichheit für alle erreichen können, wird dies auch im Rest der Welt geschehen.

Aber in der Zwischenzeit geht die Welt in eine andere Richtung. Bald schon werden die USA den Irak und Afghanistan bombardieren, Millionen von Flüchtlingen werden nach Europa strömen. Die europäische Lebensweise wird zerstört werden. Reiche Leute werden in ihren kleinen Siedlungen mit einer bewaffneten Sicherheitsumzäunung leben, während die Armee die Brunnen sprengt. Wahrscheinlich ist das eines der Ziele der neuen amerikanischen Weltordnung, die so sehr dem alten Rachegedanken ähnelt.

Auf dem Weg nach Hause erreichten uns über das Autoradio die Worte von Präsident Bush. Er verglich Moslems mit Nazis. Erst vor wenigen Jahren hatte sein Vater die Kommunisten mit den Nationalsozialisten verglichen. Anscheinend kann es für Amerikaner nur zwei Ideologien auf der Welt geben. Die eine ist der Neoliberalismus, der Glaube an *vae victis*, und die andere der Zionismus.

Die Mauer

Wir sahen uns in einem kleinen, schmucklosen und schäbigen Kino namens „Semadar“ – „Weinblüte“ – in der malerischen deutschen Siedlung in Jerusalem Pink Floyds „The Wall“ an.

Seit der Vertreibung durch die Juden im Jahr 1948 gibt es hier zwar keine ethnischen Deutschen mehr, doch man findet in dieser Siedlung immer noch die mit roten Ziegeln gedeckten alten Steinhäuser, Giebel mit eingemauerten Tafeln, auf denen in Frakturschrift Psalmen zitiert werden, Efeu, der sich am Mauerwerk hinaufrankt, und den geheimnisvollen Friedhof der Tempelritter hinter einem schweren Tor.

„Semadar“, benannt nach einem Ausdruck im Lied der Lieder, war ein bevorzugter Ort als Kulisse für Tonfilme in unserem verlorenen Paradies, im nostalgisch verzauberten Vorkriegspalästina, als sich hier noch britische Offiziere und die jungen kosmopolitischen Cliquen, die *crème de la crème* der Heiligen Stadt einfanden: Armenier, Griechen, Juden, Deutsche und einheimische Palästinenser. Hier im kleinen, romantischen Hof dieses Kinos ereignete sich vielerlei: Zahlreiche Mischehen wurden geschlossen, Religionszugehörigkeiten und politische Leidenschaften entdeckt. Die Tochter eines sephardischen Rabbis verliebte sich hier in einen schottischen Flieger und der Sprössling einer edlen arabisch-muslimischen Familie traf ein kesses linkes zionistisches Mädchen. „Semadar“ hat sich nicht verändert. Es überlebte unseren Fall, die Teilung, und dient somit als ewiger Zeuge der Geschichten von Amos Oz, die in Jerusalem spielen – so wie fossiles Eis die globale Erwärmung überlebt.

„Semadar“ war in den 1980er Jahren immer noch ein netter, wenn auch etwas heruntergekommener Ort für Familienausflüge, in jenen gesegneten Tagen, bevor Videos, Fernsehen und Computer unsere freie Zeit beschlagnahmten, und wir gingen oft mit den Kindern ins Kino. Der Film „The Wall“ war jedoch ein Reinfall. In der Mitte des Films erscheint das schreckliche Bild eines Mundes, der aufklafft, um den Zuschauer zu verschlingen.

Dieser gruselige, formlose, mit Zähnen bestückte Mund erfüllte die gesamte Leinwand, die über unseren Köpfen hing. Das war zu viel für unseren siebenjährigen Sohn und er lief mit einem durchdringenden Schrei aus dem Kinosaal. Doch das Foyer war über und über mit Postern beklebt, die den selben aufklaffenden Mund zeigten! Es dauerte einige Stunden, bis wir ihn beruhigen konnten, und dieses Symbol für die Mauer, der grauenvolle, alles verschlingende Mund, blieb tief in meiner Erinnerung bestehen.

Dieses Bild kam heute mit aller Macht wieder an die Oberfläche, wie eine Sprungfeder, als ich nach einem schönen Spaziergang in die Mauer lief. Wir waren viele Stunden gefahren und über die sanften biblischen Hügel des Hochlands spaziert, durch hohes Gras gewatet, hatten violette Lupinien gepflückt, einen immer noch Wasser führenden Bach überquert, in dem freundliche, rundgesichtige, voll bekleidete Jungen und Mädchen einander und uns stürmisch mit Wasser bespritzten, und kamen im nahe gelegenen Dorf Anata an ihren Eltern vorbei, die gerade ein Picknick vorbereiteten und uns ein herzliches *salam* zuriefen. Wir grüßten einen Mönch, der gerade seine Einsiedlerklause von St. Chariton verließ, und erhielten seinen Segen, schreckten eine Herde von vier oder fünf scheuen Gazellen mit weiß gepunkteten Kruppen auf, zündeteten eine Kerze vor dem byzantinischen Madonnenbild in der Dorfkirche von Taybeh an – eine Kirche, in der der örtlichen Überlieferung nach Christus seine letzten Tage vor der Passion verbracht haben soll. Wir tranken das berühmte Taybeh-Bier vom Fass in „The Stones", einem luftigen zweistöckigen Café in Ramallah, in Gesellschaft eines in Tweed gekleideten Philosophieprofessors von der Universität Bir Zeit, eines ironisch lächelnden Architekten, eines heruntergekommenen Juden aus England, der dem jungen Noam Chomsky unheimlich ähnelte, und eines hinreißend schönen französischsprachigen palästinensischen Mädchens, das im tunesischen Exil aufgewachsen und in Paris zur Schule gegangen war.

Als wir uns den Schafweiden näherten, stießen wir auf die Mauer. Sie schnitt durch die sanfte ländliche Gegend um Bethlehem wie ein kolossaler verdauender Labmagen. Die Natur verschwand in ihm wie Marshmellows. Dutzende von Raupenfahrzeugen rissen an den Hügeln, entwurzelten Feigenbäume und Weinpflanzen und zertrümmerten Steinblöcke, als ob sie einen monströsen Margarita on the rocks mixen wollten. Sie zerstörten alte Bauernhäuser und mittelalterliche Türme und entblößten die Hänge, auf denen einst die Heilige Jungfrau wandelte. Die Trasse der Mauer ähnelte der Baustelle einer vierspurigen Autobahn. Auf beiden Seiten wurde sie von sechs Meter hohen Stacheldrahtzäunen flankiert, die oben mit unter Hochspannung stehendem Draht abgeschlossen und nur durch Kameras, Plätze für Scharfschützen und einige Tore durchbrochen waren. Es war der beste Gefängniszaun, den ich jemals gesehen habe, und er hatte die Dorfhäuser so fest im Griff wie ein beschwipster Tangotänzer seine Partnerin.

Die Bauern blickten durch den Stacheldraht auf ihre Olivenbäume, die immer noch da waren, immer noch in bescheidener Blüte standen, doch von denen sie getrennt und die für sie nun unerreichbar waren. Die Bauern waren hinter dieser Mauer so sicher eingesperrt wie in einem Gefängnis. Ihre Felder, ihre Weiden und ihre Wasserquellen waren ausgesperrt. Ein von einem israelischen Soldaten bewachtes Tor war ihre Verbindung zu ihrer Existenzgrundlage, ihrem Land, ihrer Freiheit, und es wurde nur auf Entscheidung der Armee geöffnet. Immer darauf bedacht, ein wenig Profit zu machen, hatte die Armee für jedes Mal Toröffnen eine Gebühr von 2 Dollar pro Person eingeführt. Wenn diese Palästinenser mit ihren Olivenbäumen Spaß haben wollten – nun, dann sollten sie doch für das Vergnügen bezahlen.

An einigen Stellen war die Mauer eine riesige Betonkonstruktion, die den Ausblick auf die Landschaft stahl und die Dorfbewohner in einen erweiterten Gefängnishof sperrte. Doch die Mauer aus Stacheldraht war noch schmerzvoller, da sie den Menschen einen Ausblick auf das Land bot, das einst das ihre war. Die Mauer zieht sich Hunderte und Aberhunderte von Kilometern hin, umzingelt Dörfer, die sie so von ihrem Umland trennt, und verschlingt die wundervolle Natur Palästinas.

Diese Mauer war keine neue Erfindung. Ich hatte sie bereits früher gesehen. Nicht weit entfernt vom heiligen Berg Karmel befand sich ein armenisches Dorf. Hier hatten sich im Jahr 1915 armenische Siedler nach ihrer Flucht vor dem kurdischen Zorn niedergelassen. Die gastfreundlichen Palästinenser halfen ihnen beim Hausbau und verpachteten ihnen Land, denn diese Armenier waren Bauern von den Ufern des Van-Sees. Im Jahr 1948 fiel dieses Dorf dem jüdischen Staat zu. Die Juden töteten die Armenier nicht und verstießen sie auch nicht, sie umzingelten nur das Dorf mit einer Mauer und schnitten ihm damit langsam die Luft ab. Das lebhafte Dorf hatte seine Ländereien verloren und wurde zu einem Gefängnis mit einem von der zionistischen Armee bewachten Tor. Die Armenier hielten es dort zehn Jahre lang aus. In den 1950er Jahren verkaufte der letzte Armenier sein Haus den Juden für ein Butterbrot und ergriff die Flucht.

Die Mauer hat auch einen anderen Vorläufer, und zwar die nur für Juden reservierten Autobahnen. Obwohl nicht einmal Haifa und Afula eine Umfahrungsstraße haben, führt um jedes arabische Dorf eine breite Autobahn, die das Dorf einkreist und seine Entwicklung verhindert. Hunderte von palästinensischen Häusern wurden zerstört, Tausende von Morgen Land wurden beim Bau der Umfahrungsstraßen zerstört, eine Methode wie aus dem Buch „Per Anhalter durch die Galaxis". Es gab keinen ersichtlichen Grund für diese milliardenschwere Investition „zu Sicherheitszwecken", denn die winzigen jüdischen Siedlungen brauchten diese Straßen nicht. Außerdem wurden neu gebaute Straßen normalerweise von der Armee blockiert. Jetzt, da die Mauer höher und höher wird, macht das Umfahrungsstraßennetz endlich Sinn – es ist der erste Schritt auf dem Weg der Zerstörung und des Freiheitsentzugs.

Der ach so rationelle Uri Avneri schrieb, die Mauer habe zur Folge, dass die Olivenhaine in die Hände der Siedler fielen. Doch die Siedler brauchen keine Oliven und haben sicher nicht vor, das Land zu bestellen. Sie fackeln die Bäume lieber ab. Die Siedler selbst sind allerdings nicht die Ursache, sondern eine Rationalisierung der Ursache: des Wunsches, Palästina zu entvölkern und seine Natur zu zerstören.

Könnte es anders sein? Das momentan angewendete Programm des siegreichen Zionismus wurde bereits im Jahr 1930 von Wladimir Zabotinsky in seinem Essay „The Iron Wall" beschrieben. Seine Wurzeln liegen aber noch viel tiefer, denn die Mauer ist nur die größte Manifestation des jüdischen Staates. In den jüdischen Sprachen existieren Dutzende von Bezeichnungen für „Mauer", wahrscheinlich genauso viele, wie die Eskimos für Schnee verwenden. Das heilige Symbol der Juden ist die Klagemauer, ihre Lieblingsstraße ist die „Wall" Street. Die Ägypter, Babylonier, Christen und Moslems bauten vertikale Pyramiden, Türme und Kathedralen, um Himmel und Erde miteinander zu verbinden, doch die selbstgerechten Juden brauchen weder Himmel noch Erde und das Erste, was sie bauten, war eine *eruv*, eine symbolische Mauer von London nach Minnesota, um sie von den Nichtjuden zu trennen. Die einzige noch vorhandene Inschrift auf dem jüdischen Tempel, der vierzig Jahre nach der Verurteilung Christi zerstört wurde, ist nicht etwa der Dekalog, also die Zehn Gebote, oder ein moralischer Spruch, sondern ein Stück Mauer mit der Warnung: „Goi, wenn du diese Mauer passierst, bist du selbst für deinen schmerzhaften Tod verantwortlich.“

Der wichtigste Teil der jüdischen Lehren ist die Maxime: „Baue eine Mauer um die Thora.“ Sie verstärkt jedes gesetzliche Verbot durch ein Dutzend zusätzlicher Verbote. Ein Jude darf am Sabbat keine Früchte pflücken, doch „die Mauer“ verbietet es ihm auch, auf einen Baum zu klettern, für den Fall, er könnte in Versuchung geraten, dessen Früchte zu pflücken. Was ist aber mit einer Birke oder Fichte, die keine Früchte trägt? Diese Bäume sind aus dem selben Grund verboten: An diesem Sabbat kletterst du nur auf eine Birke, am nächsten Sabbat dann auf einen Apfelbaum und schon in einem Monat wirst du einen Apfel pflücken und eine wirkliche Übertretung begehen.

Scharons Mauer ist eine Mauer um die Thora, denn wenn man einen Goi frei herumwandern lässt, wird er früher oder später einen Juden töten. Scharons Mauer ist eine Tempelmauer, denn ein Goi, der sie passiert, kann nur sich selbst dafür verantwortlich machen, dass er von der Kugel eines Scharfschützen getroffen wird. Scharons Mauer ist die Klagemauer der Palästinenser und die „Wall“ Street der jüdischen Baufirmen. Die Stimme des Befehlshabers ist die Stimme Jakobs, doch die arbeitenden Hände gehören Esau – verarmte Palästinenser erbauen die Mauer im Schweiße ihres Angesichts und werden von Russen überwacht, die von Amerikanern dafür bezahlt werden, ihre Brüder einzusperren.

Die Bauunternehmer stehen vor einer Goldgrube – die Wiederholung einer ihrer früheren Unternehmungen, der 15 Meter hohen Bar Lev-Mauer, die in den 1970er Jahren an den Küsten des Suezkanals errichtet und von der ägyptischen Dritten Armee unter Marschall Sadat am 6. Oktober 1973 mit sowjetischen Wasserkanonen wieder zerstört wurde. Alles, was von der Mauer nach dem Krieg 1973 übrig blieb, waren die Villen der Bauunternehmer.

Diese Mauer ist der wahre Fahrplan der Zionisten, denn wenn sie fertig gestellt ist, wird Palästina zerstört sein und seine glücklichen Bewohner werden sich als Flüchtlinge wiederfinden. Doch das Schicksal der Juden ist nicht beneidenswert, denn die Mauer ist überall. Jedes Geschäft, jedes Restaurant, jedes Pub im einst fröhlichen Tel Aviv hat seine lebendige Mauer –

einen importierten russischen oder ukrainischen Jungen, der es bewachen soll. Für 4 Dollar in der Stunde stoppt er die Bomber mit seinem Körper und wird im Todesfall außerhalb der Friedhofsmauer begraben. Wir Israelis werden zehnmal pro Tag durchsucht – wenn wir in ein Geschäft gehen, in ein Bürogebäude, zur Arbeit oder wenn wir uns nur amüsieren wollen. Man kann kein Gebäude betreten, ohne durchsucht zu werden. Das Heilige Land ist also ein Hochsicherheitsgefängnis für alle seine Bewohner, für Juden und Nichtjuden.

Dies war vorhersehbar. Die Juden wurden nicht von bösen Fremden ins Ghetto eingesperrt, schrieb Wladimir Zabotinsky, in China entschieden sie selbst, in abgesonderten Siedlungen zu leben. Fünfzig Jahre später machte Israel Shahak eine weitere nützliche Beobachtung: Die Ghettomauern wurden von außen – durch den Staat – abgerissen und die Juden waren gar nicht begeistert von der Idee, das Ghetto zu verlassen. Die sichtbaren Mauern wurden abgetragen, doch die inneren Mauern blieben bestehen. Der jüdische Staat ist die Verkörperung der paranoiden Xenophobie und des Fremdenhasses der Juden. Die intrigante Politik des Pentagon ist eine weitere Manifestation eben derselben Furcht und desselben Hasses auf weltweiter Ebene.

Nicht nur Individuen, sondern auch ganze Gesellschaften und Kulturen können geisteskrank sein. Ruth Benedict, eine amerikanische Sozialwissenschaftlerin, enge und bewunderte Freundin von Margaret Mead und Franz Boas, machte diese wichtige Entdeckung. Ihr Buch „Patterns of Culture" aus dem Jahr 1934 (deutscher Titel: „Urformen der Kultur") ist eines der meistgelesenen Bücher der Sozialwissenschaften, das jemals verfasst wurde. Darin beschreibt Ruth Benedict verschiedene nordamerikanische Indianerkulturen – etwa die Pueblo-Indianer als „friedlich und harmonisch". Sie berichtet vom „selbstverherrlichenden, megalomanen Charakter der Kwakiutl" und weist nach, dass die Inselbewohner von Dobu „paranoid und niederträchtig" seien.

Diese letzte Definition passt haargenau auf die jüdische Kultur. Was war diese intrigant aufwiegelnde, besessene Suche nach Massenvernichtungswaffen im Irak denn anderes als ein Anfall von Paranoia, die Angst vor einem betrogenen Goi mit einer Axt? Der Staat Israel, das Land der ewigen Körperdurchsuchung, ist laut Ruth Benedict der Inbegriff der paranoiden Gesellschaft. Die USA unter der gegenwärtig Ton angebenden

Clique der Anhänger von Leo Strauss sind von der selben Krankheit angesteckt – sie errichten Mauern und entwaffnen weit entfernte Länder sowie ihre eigenen Bürger, denn die jüdische Paranoia ist extrem ansteckend.

Es ist nutzlos, gegen die Mauer zu kämpfen, genauso nutzlos wie der Kampf gegen die illegalen Siedlungen, solange man die Ursache ignoriert. „Die Mauer ist in den Herzen", *ubeliba homa*, sangen die Juden, als sie 1967 Jerusalem eroberten. Die Mauer befindet sich im Herzen des Problems, des jüdischen Staates in Palästina. Junge und nicht mehr so ganz junge Friedensaktivisten schwenken auf den Hügeln an der Mauer entlang immer noch Transparente mit dem Slogan „Zwei Staaten" vor den Bulldozern hin und her, obwohl die Bulldozer genau diesen Traum von den zwei Staaten verwirklichen. Ihr Traum ist mein Albtraum: ein jüdischer Staat und der „palästinensische Staat", eine Reihe von Reservaten für die Nichtjuden. Jeder, der von „der Koexistenz eines unabhängigen palästinensischen und jüdischen Staates" spricht, ignoriert die Mauer. Die Mauer ist ein Mittel, um die siamesischen Zwillinge zu trennen, und nur der Stärkere der beiden wird überleben. Diskussionen über die Mauer verlaufen im Sand: Eine große Mehrheit von Israelis – von der Arbeiterpartei bis zur Likud – unterstützen die Mauer, während „friedliebende" Israelis die stärksten Unterstützer des alles verschlingenden Labmagens sind.

Die Mauer verspottet die unschuldigen Seelen, die ganz Feuer und Flamme für den Fahrplan sind; dies ist ein weiterer Plan, um die Zwillinge zu trennen. Scharon macht sich keine Sorgen, denn der Plan bietet ausreichend Verzögerungen, die ihm Zeit geben, die Mauer zu vollenden. Er bürdet die Friedensbemühungen der palästinensischen Seite auf. Der Plan verleiht ihm völlige Handlungsfreiheit im Tausch gegen einige leere Versprechungen.

Die Friedensaktivisten hoffen, den Verlauf der Mauer hier und da ein bisschen verändern zu können. Doch dies schafft keine Abhilfe – die Mauer wird immer dazu dienen, Menschen von ihrem Land zu trennen. Wo auch immer die Mauer errichtet wird, wird sie die Flüchtlinge im Lager von Deheisheh von ihren 15 Kilometer entfernten Häusern in Deir as-Sheik trennen. Sie wird die Christen aus Taybeh vom Heiligen Grab und die Moslems aus Yassouf von der Al-Aqsa-Moschee trennen. Sie wird die Juden von den heiligen Stätten trennen. Sie wird die Bauern aus dem Hochland von ihren Arbeitsplätzen in Tel Aviv und Haifa trennen.

Scharons Mauer, dieses totale Desaster, gibt uns die seltene Gelegenheit, die wahre Natur des jüdischen Staates zu betrachten und einen Abbau zu fordern. Nicht den der Mauer, du Dummkopf! Den des jüdischen Staates.

Blumen aus Galiläa

(Dieser Essay wurde im Frühjahr 2001 geschrieben. Er sollte den amerikanischen „judäochristlichen" Mythos untergraben und Christen helfen, die wahre Beziehung zwischen der jüdischen und der christlichen Geschichte zu verstehen.)

Als im Jahr 1543 portugiesische Schoner von Taifunen an die Küste Japans getrieben wurden, wollten die erstaunten Seefahrer ihren Augen nicht trauen: An einem warmen Frühlingstag war die tropische Insel völlig mit Schnee bedeckt. Sie waren Augenzeugen eines der wahren sieben Weltwunder: der Blüte der *sakura*, der wilden japanischen Kirsche. Sobald der wohlwollende Himmel dieses saisonbedingte Geschenk auf die Erde sendet, vergessen die Japaner ihre Frauen und Kinder, ihre Pflichten, ihre Arbeitgeber und Rechnungen; sie sitzen einfach unter den Bäumen, trinken Sake und schreiben Gedichte, so scharf und kurz wie ihre Schwerter.

Darum sitze ich dieser Tage unter der weißen Wolke eines blühenden Baumes, lasse die von Menschen gemachten Sorgen hinter mir und betrachte die wunderschönen weißen und rosaroten Blüten der Mandelbäume, die auf den Hügeln von Galiläa wachsen. Diese lieblichen Blüten sind unsere Version der japanischen *sakura* und bieten uns die Möglichkeit, uns in den Brauch des Blumenbetrachtens zu vertiefen. Honigduft weht durch die Luft; der Himmel ist von klarem Blau. Gelbe Gänseblümchen tanzen zusammen mit violetten Zyklamen und roten Anemonen auf dem grünen Gras unter diesen Mandelwundern. Den Hintergrund bilden die riesigen Schneemassen von Jabal al-Sheikh (Berg Hermon). Palästina ist ein Schwesterland Japans. Diese beiden hügeligen Länder werden von sturen Bergbewohnern bevölkert, die ihre Lebensweise und ihre Bräuche ehren und bewahren.

Trotz all der landschaftlichen Ähnlichkeiten gibt es Unterschiede. Der Hügel, auf dem wir sitzen und der so weiß ist wie die Brandung in Jaffa, gehört zu den Ruinen eines Dorfes. Befänden wir uns in Japan, wäre der Ort hier voller Leben. Das Dorf Birim ist schon seit fünfzig Jahren unbewohnt. Es ist wunderschön, auch im Tod, wie Ophelia, die in dem präraffaelitischen Gemälde von Millais den Fluss hinuntertreibt. Das Dorf wurde nicht durch Krieg zerstört. Die christlichen Einwohner wurden lange nach dem Krieg von 1948 aus ihren Häusern vertrieben. Man sagte ihnen, sie müssten aus „Sicherheitsgründen" das Dorf für eine oder zwei Wochen verlassen. Sie hatten keine andere Wahl, als den israelischen Offizieren zu glauben, und zogen aus. Ihr Dorf wurde gesprengt, ihre Kirche mit Stacheldraht umzäunt. Die Dorfbewohner zogen vor den israelischen Höchsten Gerichtshof, zur Regierung, man setzte Kommissionen ein und unterschrieb Petitionen. Nichts half. Seit fünfzig Jahren leben sie nun in den umliegenden Dörfern und sonntags kommen sie zurück, um ihre Kirche zu besuchen. Ihre Länder wurden von ihren jüdischen Nachbarn beschlagnahmt, doch sie begraben ihre Toten immer noch auf ihrem Friedhof, unter dem Zeichen des Kreuzes.

Bis zur Ankunft der israelischen Armee war dieses zerstörte Dorf mit seiner verwaisten Kirche das Heim der ländlichen Christengemeinde von Birim. Sie lebte unter Jahrhunderte langer muslimischer Herrschaft friedlich mit ihren muslimischen Nachbarn von Nebi Yosha und mit der alteingesessenen Gemeinde von orientalischen Juden im nahe gelegenen Safed zusammen. Dieses kleine Guernica in Galiläa kann den Mythos des Gegensatzes der „jüdisch-christlichen" Zivilisation zum „monströsen" Islam mühelos untergraben. Dieser Mythos ist das Fundament der christlich-zionistischen Bewegung. Unter den leidenschaftlichen Unterstützern dieser Bewegung findet man W. J. Clinton, Freund des Steuerbetrügers Mark Rich und brandneuer Bürger von New York, sowie einen Freund Scharons, G. W. Bush.

Die Probleme im Mittleren Osten sind schon hässlich genug, ohne dass man auch noch auf den Moslems herumtrampelt. Die pro-israelischen Fachleute der *New York Times* zitieren Verse über den Jihad, die einem das Blut in den Adern gefrieren lassen, und wiederholen wieder und wieder die alten Traditionen der Religionskriege und Verfolgungen, um die Grausamkeit und Intoleranz des Islam „zu beweisen". Barbara Amiel, eine Jüdin aus der Oberschicht, auch noch zufällig Ehefrau und Inspiration des Pinochet verehrenden Medienbarons Conrad Black, schreibt *sotto voce* über den „exklusivistischen" Islam und die jüdische „Mäßigung". Um den Hass noch weiter zu schüren, zieht die israelische Lobby alle Register. Vor dem Aufstieg Israels waren arabische Scheichs romantische Helden in

Filmen mit Rudolph Valentino. Heutzutage produzieren die pro-israelischen Filmstudios von Hollywood mit der Subtilität des berüchtigten Edward D. Wood Jr. Propagandafilme mit schlecht rasierten moslemischen Terroristen. Dieses neue Vorurteil wird verstärkt durch den christlich-zionistischen Kongress, der nach „Schutz der Christen von Palästina vor den Verfolgungen durch die Moslems“ (?!) verlangt, noch ins Hundertfache. Diese Leute waren offensichtlich noch nie in den Ruinen von Birim.

Ein E-Mail aus Gaza erscheint auf meinem Computer. Eine Amerikanerin, Alison Weir aus San Francisco, weicht israelischen Kugeln aus, tröstet verschreckte palästinensische Kinder und schreibt: „Das Problem ist, dass die Wahrheit, wenn man sie erfährt, viel zu grausam und dem, was wir dachten und was alle um uns herum immer noch denken, viel zu entgegengesetzt ist, um sie ausdrücken zu können. Die Lüge ist zu groß, die Repression ist zu vollkommen und die Lebensumstände der Palästinenser sind zu schrecklich, um noch vernünftig darüber schreiben zu können.“

Nun, Alison hat Recht. Wir stehen einer riesigen Lüge gegenüber, einer antimoslemischen Verleumdungskampagne, und es ist an der Zeit, diese zu stoppen. Ich denke nicht, dass die Probleme im Mittleren Osten irgendetwas mit Religion zu tun haben. Doch die Unterstützer Israels wollen das schlafende Phantom der religiösen Intoleranz wieder aufleben lassen, um die Christen gegen die Moslems aufzuhetzen. Ziehen wir Bilanz.

Wenn für diese christlichen Zionisten Christus zählt und nicht nur Zion, dann sollten sie erfahren, wie Juden und Moslems Jesus gegenüber fühlen. Rami Rozen schrieb am 28. Jänner 1994 in der großen israelischen Zeitung *Haaretz* einen langen Artikel über die jüdische Tradition: „Juden hegen Jesus gegenüber die selben Gefühle wie zu seinen Lebzeiten oder im Mittelalter … nicht Furcht, sondern Hass und Verachtung. Über Jahrhunderte hinweg hielten Juden ihren Hass auf Jesus vor den Christen verborgen und diese Tradition lebt auch heute noch weiter.“

„Er [Jesus Christus] erregt Abscheu und Ekel“, stellte ein wichtiger moderner religiöser jüdischer Denker fest. Dieser „Ekel ist von den ihr Gesetz befolgenden Juden auf die israelische Bevölkerung übergegangen“, antwortete Rozen.

Am Weihnachtsabend lesen – laut einem Artikel vom 14. Dezember 1993 in der Jerusalemer Lokalzeitung *Kol Ha-Ir* – die Chassidim nach altem Brauch keine heiligen Bücher, da dies Jesus vor der ewigen Verdammnis retten könnte (der Talmud-Gittin 56b-57a lehrt, dass Jesus in der Hölle schmort). Dieser Brauch war im Aussterben begriffen, doch die Chassidim aus Habad, leidenschaftliche Nationalisten, erweckten ihn wieder zu neuem Leben. Ich erinnere mich noch gut an alte Juden, die ausspuckten, wenn sie an einer Kirche vorbeikamen, oder die Toten verfluchten, wenn sie an einem christlichen Friedhof vorübergingen. Im Jahr 2000 entschied sich ein Jude dazu, diese Tradition wieder aufzufrischen. Er spuckte auf ein Kreuz, das bei einer Prozession mitgetragen wurde. Die Polizei ersparte ihm entscheidenden Ärger, doch er wurde vom Gericht zu einer Geldstrafe von 50 Dollar verurteilt, obwohl er behauptete, er hätte nur seine religiöse Pflicht erfüllt.

Im Jahr 2000 brachte *Yedioth Aharonoth*, die größte israelische Boulevardzeitung, das jüdische Anti-Evangelium „Toledoth Eshu", das im Mittelalter zusammengestellt wurde, als Neudruck heraus – der dritte Neudruck innerhalb kurzer Zeit, inklusive den Abdruck in einer Zeitung. Während das Evangelium das Buch der Liebe ist, ist das „Toledoth" das Buch des Hasses auf Christus. Der Held des Buches ist Judas. Er fängt Jesus, indem er dessen Reinheit beschmutzt. Dem „Toledoth" zufolge war die Empfängnis Christi eine Sünde, die Wunder, die Jesus vollbrachte, waren Hexerei und seine Auferstehung war nur ein Trick.

In einer Arbeit über die Passion Christi schrieb Joseph Dan, Professor für jüdischen Mystizismus an der Hebräischen Universität in Jerusalem: „Die modernen jüdischen Apologeten, die von der Kirche zögernd akzeptiert werden, geben lieber den Römern die Schuld. Doch der mittelalterliche Jude wollte die Schuld niemand anderem in die Schuhe schieben. Er versuchte zu beweisen, dass Jesus getötet werden musste, und er war stolz, ihn zu töten. Die Juden hassten Christus und die Christen."

(Professor Dan fügte hinzu, dass es keinen Zweifel daran gibt, dass Jesu Hinrichtung von seinen jüdischen Feinden betrieben wurde.) Auch heute noch bezeichnen die Juden in Israel Jesus mit dem Wort Jeschu (anstatt Jeschua), was „möge sein Name verderben" bedeutet. Es gibt eine andauernde Diskussion darüber, ob sein Name ein Schimpfwort geworden ist oder ob es umgekehrt war. In ähnlicher Weise wird das Evangelium „Avon Gilaion", das Buch der Sünde, genannt. Dies sind die herzerwärmenden Gefühle der Freunde der christlichen Zionisten gegenüber Christus.

Und wie steht es mit den Moslems? Die Moslems verehren Christus. Sie nennen ihn „das Wort Gottes“, „Logos“, „Messias“, „Christus“ und „den Propheten“; er wird zusammen mit Abraham, Moses und Muhammad als Gesandter Gottes bezeichnet. Viele Verse des Koran erzählen die Geschichte Christi, seine unbefleckte Geburt und seine Verfolgung durch die Juden. Seine heilige Mutter wird bewundert und die Unbefleckte Empfängnis ist einer der Grundsätze des Islam. Der Name Christi ziert das goldene Bauwerk von Haram al-Sharif. Dem moslemischen Glauben nach traf der Begründer des Islam dort auf Jesus und sie beteten gemeinsam. Der *hadith*, die moslemische Tradition, besagt im Namen des Propheten: „Wir verbieten euch nicht, an Christus zu glauben, wir ordnen es sogar an.“ Moslems identifizieren ihren Propheten Muhammad mit Paraklet dem Helfer (Johannes 14:16), dessen Kommen von Jesus vorhergesagt wurde. Sie verehren Orte, die mit dem Leben Jesu in Verbindung gebracht werden: den Ort der Auferstehung, das Grab des Lazarus und die Geburtskirche; jeder befindet sich neben einer Moschee und ist für Christen problemlos zugänglich.

Während Moslems (und viele Protestanten) nicht daran glauben, dass Jesus Gott ist, erklären sie ihn doch zum Messias, zum Gesalbten, zu dem, der im Paradies verweilt. Dieser religiöse Gedanke, der dem der Nestorianer und anderer früher Kirchen ähnelt, von einem Großteil der Christenheit jedoch zurückgewiesen wird, öffnete die Tore für die Juden, die sich nicht vom strikten Monotheismus trennen konnten. Darum nahmen viele palästinensische Juden und Christen im 7. Jahrhundert den Islam an und wurden zu palästinensischen Moslems. Sie blieben in ihren Dörfern und gingen nicht nach Polen oder England, sie lernten nicht Jiddisch, sie studierten nicht den Talmud, sondern hüteten weiterhin ihre Schafe und pflanzten Mandelbäume. Sie blieben ihrem Land und dem großartigen Brüderlichkeitsgedanken treu.

In den Ruinen von Susiah im Süden von Hebron kann man erkennen, wie sich im Lauf von zwei Jahrhunderten eine Synagoge langsam in eine Moschee verwandelte, als die Bevölkerung aus den umliegenden Höhlen den ausschließenden Glauben der babylonischen Zauberer aufgab und den Islam annahm. Diese Hirten leben noch hier, in den selben Höhlen. Im Jahr 2000 versuchte die israelische Armee zweimal, sie zu vertreiben, um mehr Platz für neue Siedler aus Brooklyn zu schaffen.

Warum brüte ich gerade zu dieser schönen Jahreszeit der Mandelblüte über das sensible Thema der jüdischen und moslemischen Haltung gegenüber Christus? Weil man die Mühlen des Hasses aufhalten muss, die von den Unterstützern Israels angetrieben werden. Weil die „jüdisch-christlichen“ Sprachkodices dazu benutzt werden, den Stacheldraht um die Kirche von Birim und die Panzer um Bethlehem zu rechtfertigen. Weil es eine Pflicht ist, einen Blinden vor einem Hindernis auf seinem Weg zu warnen.

Moderne Juden werden nach wie vor vom Christuskomplex geplagt. Ob wir es nun zugeben oder leugnen – dieses spezielle Gefühl (man kann es unbewusste Feindlichkeit gegenüber Christus nennen) herrscht immer noch unter den Juden, sogar unter den liberalsten. Vergleichen Sie es mit dem Elektra- und dem Ödipuskomplex. Wir haben mit unseren Töchtern und Müttern keinen Sex und wir zerstören normalerweise keine Kirchen. Dennoch beeinflussen diese unterdrückten Gefühle unser Verhalten.

Die Mehrheit der christlichen Zionisten sind einfache, fehlgeleitete Seelen, Menschen mit einer guten Absicht, doch mit wenig Wissen. Sie denken, dass sie „die Juden unterstützen“, doch sie fördern in Wahrheit den Hass gegenüber Christus unter den Juden. Nicht umsonst hing im Zimmer eines der Helden der zionistischen Bibel, „Exodus“ von Leon Uris, ein Poster mit dem Slogan: „Wir haben Christus gekreuzigt.“ Nicht umsonst sagte mir ein israelischer Soldat an der Straßensperre von Bethlehem: „Wir hungern die Biester aus.“ Er bezog sich dabei auf die einheimischen Christen der Stadt der Geburtskirche. Nicht umsonst wurde das Evangelium in Israel verbrannt; nicht umsonst ist Literatur, die sich gegen das Evangelium richtet, weit verbreitet; nicht umsonst werden neu zugewanderte Juden, die das Christentum annehmen, verfolgt und deportiert; und nicht umsonst kann nach den neuen Anti-Christen-Gesetzen in Israel jeder christliche Priester ins Gefängnis geschickt werden. Nicht umsonst zerstören israelische Archäologen die christlichen heiligen Stätten und Erinnerungen im Heiligen Land.

Zu den Anführern der christlichen Zionisten, die diese Tatsachen sicherlich kennen und ihre unschuldige Herde dennoch auf den Pfad des Antichrist führen, sage ich: „Wer aber einem von diesen Kleinen, die an mich glauben, Ärgernis gibt, für den wäre es besser, dass ein Mühlstein um seinen Hals gehängt und er ersäuft würde im Meer, wo es am tiefsten ist“ (Matthäus 18:6).

Zu meinen jüdischen Brüdern sage ich: Die Ansichten der mittelalterlichen Juden sind für uns nicht bindend. Jeder Jude kann für sich selbst entscheiden, ob er für die Zerstörung der Nichtjuden beten will oder ob er den Segen des Heiligen Landes mit den Bewohnern von Birim und Bethlehem teilen möchte. Im jüdischen Volk gab es immer spirituelle Nachkommen der Propheten, die Frieden und Segen über alle Kinder Adams bringen wollten. Genauso wie dieser Mandelblütensegen wird sich die Prophezeiung in euch erfüllen: „Alle Völker dieser Erde werden dich segnen“ (Deuteronomium 7).

Die Zisterne von Mamilla

I.

Die Dinge bewegen sich heutzutage sehr schnell. Gestern noch wagten wir es kaum, die offizielle israelische Diskriminierungspolitik gegenüber den Palästinensern mit dem harten Wort „Apartheid“ zu bezeichnen. Heute, da Scharons Panzer und Raketen wehrlose Städte und Dörfer zertrümmern, reicht das Wort als Beschreibung kaum noch aus. Es ist eine ungerechtfertigte Beleidigung für die weißen Rassisten Südafrikas. Sie haben schließlich keine Bataillone und Panzer gegen die Einheimischen geschickt, sie haben Soweto nicht belagert. Sie haben ihren *kaffirs* nicht die Menschlichkeit abgesprochen. Die jüdischen Rassisten haben noch eins draufgelegt. Sie haben uns, wie durch einen Wink mit dem Zauberstab, in die Welt von Josua und König Saul zurückversetzt.

Während die Suche nach der richtigen Bezeichnung weitergeht, schlägt der mutige Robert Fisk vor, die Ereignisse in Palästina „Bürgerkrieg“ zu nennen. Wenn dies ein Bürgerkrieg ist, dann ist das Schlachten eines Lammes ein Stierkampf. Das Ungleichgewicht der Kräfte ist einfach zu groß. Nein, dies ist kein „Bürgerkrieg“, dies ist ein schleichender Genozid.

Das ist der Punkt in unserer Story, an dem der gute jüdische Kerl sein Taschentuch ziehen und rufen sollte: „Wie konnten wir, die ewigen Opfer von Verfolgungen, bloß solche Verbrechen begehen!“ Nun, halten Sie nicht Ihren Atem an und warten Sie nicht auf einen solchen Ausruf. Das ist alles schon da gewesen und es kann wieder passieren.

Juden sind nicht blutrünstiger als der Rest der Menschheit. Doch die verrückte Idee, auserwählt zu sein, die Idee der Überlegenheit, ob nun aus rassischen oder religiösen Gründen, ist die Antriebskraft, die hinter Genoziden steckt. Wenn man glaubt, sein Volk sei von Gott dazu auserwählt, die Welt zu beherrschen, wenn man von anderen denkt, sie seien Untermenschen, wird man von ebendem Gott bestraft, in dessen Namen man zu handeln vorgibt. Anstatt sich in einen netten Frosch zu verwandeln, wird man zum mörderischen Verrückten.

Als die Japaner in den 1930er Jahren von dieser Krankheit heimgesucht wurden, vergewaltigten sie Nanking und aßen die Leber ihrer Gefangenen. Deutsche, besessen von ihrer arischen Überlegenheit, füllten Babi Jar mit Leichen. Als bedächtige Leser der biblischen Bücher Josua und Richter setzten sich die Pilgerväter der USA die „Auserwählten"-Krone auf und schafften es fast, die amerikanischen Ureinwohner auszurotten.

Der jüdische Auserwähltenstatus führte wieder und wieder zum Genozid. Außerhalb des Jaffatores (Bab al-Halil) in Jerusalem gab es einst eine kleine Siedlung namens Mamilla, die vor einigen Jahren von Immobilienhändlerfirmen zerstört wurde. Anstelle der Siedlung wurde angrenzend an das vornehme Hilton-Hotel ein monströses „Dorf" für die Superreichen errichtet. Etwas weiter entfernt befinden sich der alte Friedhof für die arabischen Adeligen und die Zisterne von Mamilla, ein Wasserreservoir aus den Tagen von Pontius Pilatus.

Bei den Erschließungsarbeiten stießen die Arbeiter auf eine Grabstätte mit Hunderten von Schädeln und Skeletten. Sie war mit einem Kreuz und der Inschrift „Gott allein kennt ihre Namen" versehen. Die Zeitschrift *Biblical Archaeology Review*, herausgegeben von Hershel Shanks, druckte 1996 (Bd. 22, Nr. 2) einen langen Artikel des israelischen Archäologen Ronny Reich ab, der von diesem Fund handelte.

Die Toten wurden im Jahr 614 zur letzten Ruhe gebettet, dem schrecklichsten Jahr in der Geschichte Palästinas bis zum 20. Jahrhundert. Der schottische Gelehrte Adam Smith schrieb in seiner Veröffentlichung „Historical Geography of Palestine": „Bis heute ist die furchtbare Verwüstung von 614 sichtbar und noch nicht verheilt."

Im Jahr 614 war Palästina Teil des römischen Nachfolgestaates, des byzantinischen Imperiums. Es war ein blühendes, hauptsächlich christliches Land mit gut entwickelter Landwirtschaft, nutzbar gemachten Wassersystemen und sorgfältig angelegten Terrassen. Pilger kamen in Scharen zu den heiligen Stätten. Die Bauwerke aus der Zeit Konstantins auf dem Ölberg und dem Heiligen Grab gehörten zu den von Menschenhand geschaffenen Weltwundern. Die Wildnis Judäas wurde von achtzig Klöstern aufgelockert, in denen man wertvolle Manuskripte sammelte und Gebete verrichtete. Die Kirchenväter, der heilige Hieronymus von Bethlehem sowie Origenes und Eusebius aus Caesarea, waren noch in lebendiger Erinnerung. Einer der besten palästinensischen Schriftsteller, gleichwertig mit den kleineren Propheten, der gesegnete Johannes Moschos, hatte gerade sein Werk „Die geistliche Wiese" vollendet.

Es gab auch eine kleine, wohlhabende jüdische Gemeinde, die in ihrer Mitte lebte, hauptsächlich in Tiberias an den Küsten des Sees Genesareth. Die jüdischen Gelehrten hatten gerade erst ihre Version des Talmud fertig gestellt, die Kodifizierung ihres Glaubens, des rabbinischen Judentums; für den Unterricht verwiesen sie jedoch auf die vorherrschende jüdische Schule im persischen Babylonien.

II.

Im Jahr 614 schlossen sich die einheimischen palästinensischen Juden mit den Juden aus Babylonien zusammen und halfen den Persern bei der Eroberung des Heiligen Landes. 26.000 Juden nahmen an den Angriffen teil. Nach dem persischen Sieg begingen die Juden an der nichtjüdischen Bevölkerung Palästinas einen massiven Holocaust. Sie zündeten Kirchen und Klöster an, töteten Mönche und Priester und verbrannten Bücher.

Die schöne Brotvermehrungskirche in Tabgha, die Auferstehungskapelle auf dem Ölberg, St. Stefan gegenüber dem Damaskustor und die Kirche Hagia Sion auf dem Berg Zion stellen bloß die Spitze des Eisberges der zerstörten Bauwerke dar. Tatsächlich überstanden nur sehr wenige Kirchen die Anschläge. Die großartige Kirche Laura von St. Sabas, versteckt in der tiefen Feuerschlucht Wadi an-Nar, wurde durch ihre Abgelegenheit und die steilen Felsklüfte gerettet. Die Geburtskirche überlebte wie durch ein Wunder: Als die Juden ihre Zerstörung befahlen, scheuten die Perser davor zurück. Sie sahen das über dem Türsturz ausgeführte Mosaik mit den Weisen aus dem Morgenland als das Abbild persischer Könige an.

Diese Zerstörungen waren nicht das schlimmste Verbrechen. Als Jerusalem sich den Persern ergab, gerieten Tausende einheimische Christen in Kriegsgefangenschaft und wurden im Gebiet der Zisterne von Mamilla zusammengepfercht. Der israelische Archäologe Ronny Reich schrieb: „Wahrscheinlich verkaufte man sie an den Höchstbietenden. Einigen Quellen nach zu urteilen wurden die christlichen Gefangenen aus der Zisterne von Mamilla von Juden gekauft und dann auf der Stelle getötet."

Der Oxford-Professor Henry Hart Milman beschreibt dies in seinem Werk „History of the Jews" noch deutlicher: „Endlich war die lang erwartete Stunde des Triumphs und der Rache gekommen und die Juden ließen sich diese Gelegenheit nicht entgehen. Sie reinigten die entweihte heilige

Stadt mit christlichem Blut. Man berichtet, dass die Perser die unglücklichen Gefangenen für Geld verkauften. Die Rachlust der Juden war stärker als ihr Geiz; sie opferten nicht nur bedenkenlos ihre Reichtümer, um diese ergebenen Leibeigenen zu erstehen, sondern sie töteten alle, die sie teuer erstanden hatten, auf der Stelle. Man sprach zu jener Zeit von etwa 90.000 Toten."

Ein Augenzeuge des Massakers, Strategius von St. Sabas, gab eine anschaulichere Darstellung: „Dies freute die hinterhältigen Juden ungemein, da sie die Christen hassten, und sie schmiedeten einen üblen Plan. Wie sie bereits in früheren Tagen den Herrn mit Silber gekauft hatten, so kauften sie nun Christen aus dem Reservoir ... Wie viele Seelen wurden in der Zisterne von Mamilla abgeschlachtet! Wie viele starben vor Hunger und Durst! Wie viele Priester und Mönche wurden mit dem Schwert massakriert! Wie viele Jungfrauen, die sich den abscheulichen Schandtaten verweigerten, wurden vom Feind getötet! Wie viele Eltern brachen tot über ihren Kindern zusammen! Wie viele Menschen wurden von den Juden abgeschlachtet und wurden zu Bekennern Christi! Wer kann schon die unzähligen Leichen derjenigen zählen, die in Jerusalem massakriert wurden!" Strategius schätzte die Opfer des Holocaust auf 66.000.

Kurz gesagt – die Juden lösten die Christen aus der persischen Kriegsgefangenschaft für gutes Geld aus, nur um dann mit ihrem Blut die Zisterne von Mamilla rot zu färben. Die Juden töteten allein in Jerusalem zwischen 60.000 und 90.000 palästinensische Christen, was heute etwa 1,5 Millionen entspräche (die gesamte Erdbevölkerung betrug laut der „Encyclopaedia Britannica" damals nur 300 Millionen, zwanzig Mal weniger als heute). Einige Tage später erkannte das persische Militär das Ausmaß des Massakers und stoppte die Juden.

III.

Man muss dem israelischen Archäologen Ronny Reich zugute halten, dass er nicht versucht, die Schuld an diesem Massaker auf die Perser zu schieben, wie es heutzutage gern getan wird. Er gibt zu, dass „das persische Reich nicht auf religiösen Prinzipien basierte und eher zu religiöser Toleranz neigte". Dieser gute Mann könnte eindeutig niemals für die *Washington Post* schreiben. Ein Korrespondent dieser Zeitung in Israel wäre leicht dazu fähig, das Massaker als „Vergeltungsschlag der Juden, die unter der christlichen Vorherrschaft leideten", zu bezeichnen.

Der Holocaust an christlichen Palästinensern im Jahr 614 ist gut dokumentiert; man kann Beschreibungen davon in älteren Büchern finden. Aus modernen Führern und Geschichtsbüchern wurde er gestrichen. Elliot Horowitz beschrieb in seinem brillanten Exposé über die jüdische Apologie*, wie fast alle jüdischen Historiker die Fakten unter den Tisch fallen ließen und die Geschichte neu schrieben. Auch heute wird noch weiter vertuscht. Kürzlich erschienene israelische Veröffentlichungen beschuldigen die Perser genauso, wie sie die Verantwortung für das Massaker von Sabra und Schatila auf die libanesischen Maroniten schieben. Horowitz schreibt: „Raul Hilbert erklärt in seinem Buch 'Die Vernichtung der europäischen Juden', dass 'in der zweitausendjährigen jüdischen Ghettogeschichte fast keinerlei präventive Angriffe, bewaffneter Widerstand und Rache zu verzeichnen seien'. Avi Yona, ein führender israelischer Historiker, Leon Polyakov, der Autor des Buches „History of Anti-Semitism" (veröffentlicht von Marc Rich, dem Dieb und Steuerhinterzieher; Anm. des Autors) und viele andere beschönigten, verschwiegen oder verleugneten den Holocaust von 614 völlig. Benzion Dinur, der ehemalige Leiter des Holocaust-Museums Yad va-Shem, teilte seinen Lesern in einer euphemistischen Wortwahl – die, in Verbindung mit Juden, ihn selbst schockiert hätte – mit, dass die 'widerspenstigen Christen sicher in Schach gehalten wurden'."

Horowitz zeigt, dass jüdische historische und ideologische Schriftstücke im Allgemeinen offenkundig unzuverlässig und apologetisch sind. Zugegebenermaßen sind „nicht alle Juden" so, siehe Horowitz, Finkelstein und andere wunderbare Männer, doch diese wären auch die Ersten, die dem oben Geschriebenen zustimmen würden. Das Gefühl der Selbstgerechtigkeit und der ewigen Opferrolle, verstärkt durch eine tendenziöse, verzerrte historische Berichterstattung, ist die Quelle einer Geisteskrankheit, einer Besessenheit, die man bei vielen modernen Juden feststellen kann. Diese Besessenheit vergiftet die Juden und gibt ihnen die unglaubliche Kraft, ihren eigenen verdrehten Diskurs zu verbreiten. Gewissermaßen

---

* Elliot Horowitz: „The Vengeance of the Jews Was Stronger Than Their Avarice: Modern Historians and the Persian Conquest of Jerusalem in 614", veröffentlicht in *Jewish Social Studies*, Bd. 4, Nr. 2 (Indiana University).

verwandelt diese massive Verformung der Realität die Juden in siegreiche Berserker des Kampfes der Ideologien. Obwohl dies eine erfolgreiche Strategie darstellt, ist es dennoch eine Geisteskrankheit und somit eine Gefahr für die Seelen der Juden und das Leben aller anderen.

Die Juden sind kein Einzelfall. Die Deutschen wurden durch die Ungerechtigkeit von Versailles vergiftet und Adolf Hitler fasste dies in Worte. Eric Margolis von der *Toronto Sun* schrieb am 22. April 2001, aufgewühlt von der Geschichte ihres Holocausts, über die Armenier. Sie massakrierten in den 1990er Jahren Tausende ihrer friedlichen aserbaidschanischen Nachbarn und entwurzelten 800.000 eingeborene Nichtarmenier. „Es ist an der Zeit, alle schrecklichen Vorkommnisse der Welt zu erkennen", schließt Margolis. Ich würde hinzufügen: Es ist an der Zeit, die Gefahr leidenschaftlicher und einseitiger Diskurse zu erkennen.

Dasselbe System des tendenziösen, die Wahrheit verformenden Diskurses wurde von jüdischen Aktivisten auf dem Gebiet des militanten Feminismus, des Kommunismus, der Psychoanalyse, des Neokonservatismus und des Zionismus sowie einer Fülle kleiner Bewegungen als Mittel zur Aufwiegelung und Vergiftung der Anhänger im ideologischen Kampf angewandt.

Das Ergebnis ist, dass wir in einer psychotischen, kranken Welt leben. Unser einziges Kommunikationssystem, die Medien, dient als Verstärker der Krankheit und führt uns in unseren Untergang. Es ist notwendig, ausgeglichene, alternative Diskurse zu fördern, um die Rückkehr der Vernunft zu ermöglichen. Da die Juden in der modernen Welt so vorherrschend sind, muss der einseitige jüdische Diskurs entmachtet und die Märtyrerkrone sorgfältig entfernt werden.

Die tragischen Ereignisse von 614 sollten wieder in die Geschichtsschreibung aufgenommen werden, da dies den Juden dabei helfen kann, ihre paranoiden Wahnvorstellungen zu heilen. Ohne dieses Wissen kann man die Regelungen des Vertrags aus dem Jahr 638 zwischen den Bewohnern Jerusalems und dem Kalifen Omar ibn al-Khattab nicht verstehen. In diesem „Sulh al-Quds" genannten Kapitulationsvertrag kam der mächtige arabische Herrscher der Forderung des Patriarchen Sofronius nach, die Bewohner Jersualems vor der Grausamkeit der Juden zu schützen.

Der Genozid des Jahres 614 war der grausamste, doch nicht der einzige Völkermord, den Juden in diesen unruhigen Jahren begingen. Obwohl die biblische Geschichte der Eroberung Kanaans durch Josua bloß eine Geschichte ist, beeinflusste sie doch die jüdischen Seelen. Die Juden waren im 6. Jahrhundert sehr einflussreich und diese Zeit war stark vom Genozid geprägt.

Wenige Jahre vor 614, im Jahr 610, massakrierten die Juden aus Antiochia Christen. Der jüdische Historiker Graetz schrieb: „[Die Juden] fielen über ihre christlichen Nachbarn her und rächten sich für die Verletzungen, die sie erlitten hatten; sie töteten alles, was ihnen unterkam, und warfen die Leichen ins Feuer; das Gleiche hatten die Christen ihnen ein Jahrhundert zuvor angetan. Sie vergingen sich schändlich an dem Patriarchen Anastasius, dem gegenüber sie besondere Hassgefühle hegten, und schleiften ihn durch die Straßen, bevor sie ihn töteten."

Für Graetz und die Sprecher der IDF (Israel Defense Forces, israelisches Militär) üben Juden immer „Vergeltung". Dieses Dogma ist keine Erfindung der CNN oder Scharons: es ist als ultimative Verteidigungsstrategie tief in der jüdischen Psyche verwurzelt. Dieser Historiker (wie auch andere jüdische Historiker) vergaß zu erwähnen, dass die Juden von Antiochia dem großen Patriarchen Anastasius den Bauch aufschlitzten, ihn dazu zwangen, seine eigenen Eingeweide zu essen, und ihm dann seine Genitalien ins Gesicht schleuderten.*

IV.

Nach der Eroberung durch die Araber nahm, zusammen mit dem Großteil der palästinensischen Christen, ein Großteil der palästinensischen Juden die Botschaft des Propheten an, wenn auch aus unterschiedlichen Gründen. Für die einheimischen Christen war der Islam eine Art nestorianisches Christentum ohne Ikonen, ohne die Einflussnahme Konstantinopels und ohne die Griechen. (Dass die palästinensische Kirche von Griechen dominiert wird, ist bis heute ein Problem für die einheimischen Christen.)

Für gewöhnliche einheimische Juden war der Islam die Rückkehr zum Glauben Abrahams und Moses'. Sie hätten dem komplizierten neuen babylonischen Glauben ohnehin nicht folgen können. Die meisten von ihnen wurden Moslems und integrierten sich in die palästinensische Bevölkerung.

---

* Horowitz, ebd.

V.

Moderne Juden müssen sich nicht für die Untaten ihrer Vorfahren schuldig fühlen. Kein Sohn ist für die Sünden seines Vaters verantwortlich. Israel hätte dieses Massengrab mit der byzantinischen Kapelle und den Mosaiken zu einer ergreifenden kleinen Gedenkstätte machen können, die die Bewohner des Landes an eine schreckliche Episode der Geschichte und an die Gefahren einer auf Genozid basierenden Übermacht erinnert hätte. Stattdessen zogen es die israelischen Machthaber vor, das Grab zu zerstören und an dieser Stelle eine Tiefgarage zu bauen. Es gab nicht den leisesten Protest.

Amos Oz und andere Bewahrer des jüdischen Gewissens widersetzten sich der Zerstörung geschichtlicher Überreste. Nein, nicht der des Grabes in Mamilla. Sie strengten eine Petition gegen die Verwalter der Moschee Haram al-Sharif an, weil diese eine 25 cm tiefe Furche gruben, um eine neue Rohrleitung zu verlegen. Es kümmerte sie nicht, dass der führende israelische Archäologe in einem Kommentar im *Haaretz* jegliche Relevanz der Arbeiten in der Moschee gegenüber der Wissenschaft verneinte. Sie beschrieben diese Tat trotzdem als „einen barbarischen Akt von Moslems, der auf die Vernichtung des jüdischen Erbes Jerusalems abzielte". Unter den Unterzeichnern der Petition fand ich zu meinem Erstaunen und zu meinem Kummer auch den Namen von Ronny Reich. Man hätte gedacht, dass er diesen Leuten hätte sagen können, wer die Überreste jüdischen Erbes in der Zisterne von Mamilla vernichtet hat.

Zensurierte Geschichtsschreibung führt nur zur Verzerrung der Wahrheit. Das Akzeptieren der Vergangenheit ist ein wichtiger Schritt auf dem Weg zur Vernunft. Die Deutschen und die Japaner haben die Verbrechen ihrer Väter anerkannt, sind mit ihren moralischen Fehltritten zurechtgekommen und aus diesem Prozess als demütigere, weniger angeberische Menschen hervorgegangen, verwandt mit dem Rest der Menschheit. Wir Juden haben es bis jetzt nicht geschafft, die hochmütige Haltung des Auserwähltentums zu exorzieren, und befinden uns in einer düsteren Lage.

Darum werden wir noch immer von der Idee der Überlegenheit beherrscht und es verlangt uns immer noch nach Genozid. 1982 traf Amos Oz* einen Israeli, der mit dem Schriftsteller den Traum teilte, gegenüber

* Amos Oz: In the Land of Israel. London 1983.

den Palästinensern ein jüdischer Hitler zu werden. Hartnäckige Gerüchte identifizieren den potenziellen Hitler als Ariel Scharon. Ob das nun wahr ist oder nicht – fest steht, dass dieser Albtraum langsam Wirklichkeit wird.

Der *Haaretz* veröffentlichte am 21. November 2000 auf seiner ersten Seite eine Anzeige, eine *fatwa*, unterzeichnet von einer Gruppe von Rabbis. Die Rabbis verkündeten die theologische Identifizierung von Ishmael (den Arabern) mit den Amalek. „Amalek" wird in der Bibel als der Name eines Stammes erwähnt, der den Kindern Israels Ärger machte. In dieser Geschichte befiehlt der Gott Israels seinem Volk, den Stamm Amalek zusammen mit dessen Viehbestand völlig auszurotten. König Saul verbockte den Job – er löschte die Amalek zwar aus, doch er vergaß die heiratsfähigen unverheirateten Jungfrauen. Dieses „Versagen" kostete ihn die Krone. Die Verpflichtung, die Amalek zu töten, wird von den Anhängern des jüdischen Glaubens immer noch ernst genommen, obwohl Jahrhunderte lang niemand eine lebende Nation mit dem verwünschten Stamm identifiziert hat.

Es gab eine Ausnahme, die zeigt, wie gefährlich dieses Gebot ist. Gegen Ende des Zweiten Weltkrieges identifizierten einige Juden, unter ihnen der spätere Premierminister Menachem Begin, die Deutschen mit den Amalek. Tatsächlich heckte Abba Kovner, ein jüdisch-religiöser Sozialist und Kämpfer gegen die Nationalsozialisten, 1945 den Plan aus, die Wasserversorgungssysteme deutscher Städte zu vergiften und „sechs Millionen Deutsche" zu töten. Er bekam das Gift vom zukünftigen israelischen Präsidenten Efraim Katzir. Katzir dachte wahrscheinlich, dass Kovner „nur" einige Tausend deutsche Kriegsgefangene töten wollte. Der Plan lief zum Glück schief, als Kovner in einem europäischen Hafen von den britischen Behörden aufgehalten wurde. Diese Geschichte wurde letztes Jahr in Israel in einer von Professor Dina Porat, Vorsteherin des Forschungszentrums für Antisemitismus an der Universität von Tel Aviv, verfassten Biographie über Kovner veröffentlicht.*

Im Klartext bedeutet die *fatwa* der Rabbis: Es ist unsere religiöse Pflicht, alle Araber zu töten, inklusive Frauen und Babys, und ihren Viehbestand bis hin zur letzten Katze zu vernichten. Der liberale *Haaretz*, dessen Herausgeber und Eigentümer ausreichend versiert sind, um die *fatwa* zu ver-

---

* *Haaretz*, 28. April 2001.

stehen, zögerte nicht, die Ankündigung zu veröffentlichen. Einige palästinensische Aktivisten kritisierten mich neulich für meine Zusammenarbeit mit der russischen Wochenzeitung *Zavtra* sowie dafür, dass ich die US-Wochenzeitung *Spotlight* zitiert habe. Ich frage mich, warum sie mich nicht dafür verdammt haben, Artikel für den *Haaretz* geschrieben zu haben. *Zavtra* und *Spotlight* haben schließlich niemals einen Aufruf zum Genozid veröffentlicht.

Es wäre unfair, gerade den *Haaretz* herauszupicken. Eine weitere bekannte jüdische Zeitung, *The Washington Post*, veröffentlichte am 20. April 2001 einen von Charles Krauthammer verfassten ähnlich leidenschaftlichen Aufruf zum Genozid. Dieser Anhänger König Sauls kann sich nicht auf das biblische Vorwissen seiner Leserschaft verlassen, also bezieht er sich auf General Powells Metzelei an irakischen Truppen gegen Ende des Golfkrieges. Er zitiert Colin Powell, der über die irakische Armee sagte: „Zuerst werden wir es isolieren und dann umbringen." Für Krauthammer mit seinen sorgfältig gewählten Zitaten qualifiziert sich ein Haufen getöteter Araber nicht für das menschliche Pronomen „sie". Sie sind ein „es".

Im letzten Stadium des Golfkrieges wurde eine große Anzahl auf dem Rückzug befindlicher unbewaffneter Iraker von der US Air Force kaltblütig abgeschlachtet. Bulldozer verscharrten ihre Körper in riesigen anonymen Massengräbern im Wüstensand. Die Anzahl der Opfer dieser Hekatombe wird zwischen 100.000 bis 500.000 geschätzt. Gott allein kennt ihre Namen.

Krauthammer will dies in Palästina wiederholen. „Es" ist bereits abgeschnitten und von der israelischen Armee in siebzig Teile geteilt worden. Jetzt ist „es" bereit für das große Töten. „Tötet es!", ruft er leidenschaftlich. Er ist bestimmt besorgt darüber, dass die Perser auch diesmal das Blutbad stoppen könnten, bevor die Zisterne von Mamilla voll ist. Nun – seine Sorge ist unsere Hoffnung.

April ist der grausamste Monat

(Geschrieben für den 9. April 2001 in memoriam des Massakers von Deir Yassin.)

An einem wunderschönen Frühlingstag, wenn der Himmel über dem Heiligen Land in sanftem Blau und das Gras in leuchtendem Grün erstrahlt, karren klimatisierte Busse Touristen aus der Stadt in der Ebene zu der Stadt in den Bergen. Nach etwa halber Strecke, gleich hinter dem wiedererbauten ottomanischen Rasthaus von Bab al-Wad, dem Tor des Tales, passiert der Bus die rot angestrichenen Skelette gepanzerter Fahrzeuge. Hier geben die Touristenführer ihren Routinekommentar ab: „Diese Fahrzeuge sollen uns an den heroischen Durchbruch der Juden erinnern, der Jerusalem von seiner Blockade durch neun arabische Staaten befreit hat.“ Die Anzahl der arabischen Staaten variiert je nach der Laune der Führer und danach, wie sie ihre Zuhörer einschätzen.

Der Kampf um die Straße nach Jerusalem war ein Höhepunkt des Bürgerkrieges in Palästina im Jahr 1948 und er endete damit, dass die zionistischen Juden aus der Ebene die reiche Westseite Jerusalems mit den weißen Steinhäusern der arabischen Adeligen und der deutschen, griechischen und armenischen Kaufleute einnahmen. Im Verlauf dieser Kämpfe eroberten sie auch die neutralen, nicht zionistischen jüdischen Viertel. In einer massiven Säuberungswelle vertrieben die Zionisten die Nichtjuden und schufen ein Ghetto für die einheimischen Juden. Um dieses Ergebnis zu erreichen, machten sie auf ihrem Weg in die Stadt palästinensische Dörfer dem Erdboden gleich.

Der verrostete Müll ist kaum eine adäquate Kulisse für die israelische Standardgeschichte und auch für eine realistische Filmproduktion würde er nicht ausreichen. Es ist eine gestellte Szene, der die Authentizität fehlt, die Filmregisseure benötigen. Die Geschichte von der Blockade und dem Angriff ist ein Theaterstück und kein Filmdrehbuch. Sie ist eine Zugabe für die Indoktrinierung der Touristen auf der Nonstop-Fahrt zur Klagemauer und zum Holocaust-Museum.

Der Kampf um diese Straße ging im April 1948 zu Ende, Wochen vor der Unabhängigkeitserklärung Israels am 15. Mai, bevor die unglückseligen zusammengewürfelten Haufen aus den arabischen Nachbarländern nach Palästina kamen und retteten, was von der einheimischen Bevölkerung noch übrig war. Wie bereits T. S. Eliot feststellte, ist der April der grausamste Monat. Und dies war auch in diesem schicksalhaften April der Fall, als die Palästinenser zu einer Reise in fünf Jahrzehnte Exil verdammt wurden. Die Apotheose wurde in der Nähe von Jerusalem erreicht, wo die Sacharov-Gärten zu einem Friedhof, zu einem Irrenhaus und nach Deir Yassin führen.

Der Tod hat viele Namen. Die Tschechen nennen ihn Lidice, das französische Wort ist Oradur, die Vietnamesen verwenden den Ausdruck My Lai, für jeden Palästinenser heißt er Deir Yassin. In der Nacht des 9. April 1948 griffen die jüdischen Terrorgruppen Etzel und Lehi das friedliche Dorf Deir Yassin an und massakrierten die Männer, Frauen und Kinder. Ich möchte hier nicht die blutigen Geschichten von Leichen, die in Steinschächte geworfen wurden, und vom Triumphmarsch der Mörder wiederholen. Im Grunde genommen sind alle Massaker gleich, von Babi Jar über die Chain Saw Gang (Kettensägenbande) bis zu Deir Yassin. Dennoch ist das Deir Yassin-Massaker ein spezieller Fall, und das aus drei Gründen:

Zum Ersten: Es ist gut dokumentiert und es gibt viele Zeugen. Andere jüdische Kämpfer von der Haganah und der Palmach, jüdische Scouts, Vertreter des Roten Kreuzes und die britische Polizei von Jerusalem verfassten vollständige Berichte über das Ereignis. Es war nur eines von vielen Massakern, die Juden während des Krieges von 1948 an Palästinensern begingen, doch keines erregte so viel Aufmerksamkeit – wahrscheinlich dank der Tatsache, dass Jerusalem, der Sitz der britischen Mandatsregierung in Palästina, gleich um die Ecke lag.

Zum Zweiten: Das Deir Yassin-Massaker hatte zusätzlich zu seiner eigenen Tragik weitere schreckliche Konsequenzen. Der Horror des Massakers löste in den nahe gelegenen palästinensischen Dörfern einen Massenexodus aus und gab den Juden die volle Kontrolle über die westlichen Zugänge zu Jerusalem. Die Flucht war eine kluge und vernünftige Entscheidung der Zivilbevölkerung. Während ich dies hier schreibe, sehe ich im Fernsehen, wie mazedonische Bauern aus einem Kriegsgebiet flüchten. Die Familie meiner Mutter entkam am 22. Juni 1941 aus dem brennenden Minsk und überlebte. Die Familie meines Vaters blieb und kam um. Nach dem Krieg konnten meine Eltern wie alle Kriegsflüchtlinge wieder zurückkommen. Die Palästinenser durften jedoch bis heute nicht zurückkehren.

Zum Dritten: die Laufbahnen der Mörder. Die Kommandanten der Terrorgruppen Etzel und Lehi, Menachem Begin und Yitzhak Shamir, wurden letzten Endes israelische Premierminister. Keiner der beiden drückte je Bedauern aus und Menachem Begin verbrachte die letzten Tage seines Lebens in einem Haus mit Panoramablick auf Deir Yassin. Es gab keine Nürnberger Richter, keine Rache, keine Reue, nur einen geebneten, mit Rosen bestreuten Weg direkt bis zum Friedensnobelpreis. Menachem Begin war stolz auf die Operation. In einem Brief an die Mörder gratulierte er ihnen zur Erfüllung ihrer Bürgerpflicht: „Ihr habt israelische Geschichte geschrieben." Yitzhak Shamir war gleichermaßen darüber erfreut, dass das Massaker zur Erfüllung seines Traums beigetragen hatte: die *nochrim* (Nichtjuden) aus dem jüdischen Staat zu vertreiben.

Der Befehlshaber der Operation, Judah Lapidot, machte ebenfalls ganz beachtlich Karriere. Sein Vorgesetzter, Menachem Begin, teilte ihn dazu ein, die Kampagne für das Recht russischer Juden auf Immigration nach Israel zu leiten. Er appellierte an das Mitgefühl und sprach von Familienzusammenführung; er orchestrierte die Demonstrationen in New York und London mit dem unvergesslichen Slogan „Let My People Go" (Lass mein Volk doch ziehen). Wer die Rechte russischer Juden auf Einwanderung nach Israel unterstützt hat, ist dem Namen dieses Mannes vielleicht begegnet. Bis dahin hatte Lapidot sich wahrscheinlich vom Blut Deir Yassins reingewaschen. Für die Indoktrinierung der russischen Immigranten veröffentlichte er sogar eine russische Version von „Oh Jerusalem", einem Bestseller von Lapierre und Collins, mit einer bereinigten Geschichte von Deir Yassin.

Doch es gibt noch einen weiteren Grund für die historische Bedeutung dieses Ereignisses. Deir Yassin hat das volle Ausmaß zionistischer Taktik klar gemacht. Als der Massenmord bekannt wurde, schoben die jüdischen Anführer die Schuld auf … die Araber. David Ben Gurion, der erste israelische Premierminister, verkündete, arabische Verbrecherbanden hätten das Massaker begangen. Als diese Version nicht standhielt, begannen die jüdischen Anführer den Schaden zu begrenzen. Sie sandten eine Entschuldigung an König Abdallah von Jordanien. Ben Gurion distanzierte sich und seine Regierung öffentlich von dem blutigen Massaker und sagte, es beflecke den Namen jedes ehrlichen Juden und sei das Werk terroristischer Dissidenten. Seine Public-Relations-Taktiken sind für die gutherzigen zionistischen „Liberalen“ im Ausland immer noch eine Quelle des Stolzes.

„Was für eine furchtbare, schreckliche Geschichte“, sagte ein humanistischer Jude zu mir, als ich mit ihm an den übrig gebliebenen Häusern von Deir Yassin vorbeifuhr, und dann fügte er hinzu: „Doch Ben Gurion verdammte die Terroristen und sie wurden rechtmäßig bestraft.“

„Ja“, antwortete ich. „Sie wurden rechtmäßig bestraft und bekamen die höchsten Regierungsämter.“

Nur drei Tage nach dem Massaker wurden die Terroristengruppen in die im Entstehen begriffene israelische Armee aufgenommen, den Kommandanten wurden hohe Positionen zugeteilt und eine allgemeine Amnestie vergab ihnen ihre Verbrechen. Dasselbe Muster – anfängliches Leugnen gefolgt von Entschuldigungen, der endgültigen Nachsicht und einer Beförderung – wurde auch nach der ersten historisch nachweisbaren Gräueltat des jetzigen Premierministers Scharon angewandt. Es geschah im palästinensischen Dorf Qibya, wo Scharons Einheit Häuser mitsamt ihren Einwohnern sprengte und etwa sechzig Männer, Frauen und Kinder massakrierte. Als die Nachricht von den Morden an die Öffentlichkeit gekommen war, schob Premierminister Ben Gurion die Schuld zuerst auf „arabische Schurken“. Als man das nicht schluckte, schob er die Schuld auf „arabische Juden“, die, wie er sagte, eher eine arabische Mentalität hätten, daher diesen unautorisierten Rachefeldzug durchführten und die Bauern töteten. Für Scharon gab es den üblichen mit Rosen bestreuten Weg bis zum Posten des Premierministers. Manchmal hilft es auf dem Weg zum Premierminister, wenn man die Verantwortung für ein Massaker vorweisen kann.

Dasselbe Muster wiederholte sich nach dem Massaker von Kafr Kasem, bei dem israelische Truppen die einheimischen Bauern in einer Reihe aufstellten und sie dann mit Maschinengewehren töteten. Als das Dementi nicht funktionierte und ein kommunistisches Parlamentsmitglied die blutrünstigen Details veröffentlichte, wurden die Täter vor ein Kriegsgericht gestellt und zu langen Gefängnisstrafen verurteilt. Noch vor Ablauf des Jahres wurden sie wieder freigelassen und der Kommandant der Mörder wurde Leiter der „Israel Bonds“. Wenn Sie jemals israelische

Anleihen gekauft haben, haben Sie ihn vielleicht getroffen. Ich bin sicher, dass an seinen Händen kein Blut mehr klebte, als er die Ihren schüttelte.

Nachdem mehr als 50 Jahre vergangen waren, entschloss sich das jüdische Establishment wieder einmal dazu, die Ereignisse von Deir Yassin zu revidieren. Die Zionist Organization of America (ZOA), eine Pionierin auf dem Gebiet der Geschichtsverdrehung, veröffentlichte auf Kosten der US-Steuerzahler ein Büchlein mit dem Namen „Deir Yassin: History of a Lie" (Deir Yassin – die Geschichte einer Lüge). Die Revisionisten der ZOA haben all die Methoden ihrer Feinde, der „Holocaust-Dementierer", übernommen – sie spielen die Augenzeugenberichte herunter, die des Roten Kreuzes, der britischen Polizei, der jüdischen Scouts und anderer jüdischer Beobachter, die am Schauplatz des Massakers anwesend waren. Sie spielen sogar Ben Gurions Entschuldigung herunter, da doch letzten Endes die Kommandanten dieser Terrorgruppen Premierminister des jüdischen Staates wurden. Für die ZOA hat nur das Zeugnis der Mörder Gültigkeit.

Dennoch gibt es gerechte Menschen. Wahrscheinlich hat uns ihretwegen der Allmächtige noch nicht vom Angesicht der Erde gefegt. Eine Organisation namens Deir Yassin Remembered (Deir Yassin-Erinnerungsvereinigung) kämpft gegen alle Versuche an, die Erinnerung auszulöschen. Sie veröffentlicht Bücher, organisiert Treffen und arbeitet an einem Projekt, am Schauplatz des Massakers eine Gedenkstätte zu erbauen, damit die unschuldigen Opfer „in meinem Hause und in meinen Mauern ein Denkmal und einen Namen" haben (Jesaja 56:5). Das wird ausreichen müssen, bis die überlebenden Söhne Deir Yassins und der angrenzenden Dörfer aus den Flüchtlingslagern in das Land ihrer Väter zurückkehren.

IST DIE INTIFADA VORBEI?

„Die palästinensische Intifada ist vorbei und die Palästinenser haben verloren", verkündete der US-Kolumnist Charles Krauthammer am 18. Juni 2004 in der *Washington Post*.* „Der bewaffnete Widerstand schwindet dahin, es gibt keine Angriffe auf israelische Zivilisten mehr, die Palästinenser sind in die Knie gezwungen worden, dank der Ermordung der palästinensischen Anführer und der Mauer, die die widerspenstigen Eingeborenen in ihre Ghettos sperrt", schrieb der getreue Zionist. Ist das wahr? Ist der Widerstand gebrochen, hat das Heilige Land sich dem Sieger ergeben? Nun – es stimmt bis zu einem gewissen Punkt.

Man kann Palästina nicht vom weiteren Kontext trennen: Der Kampf um Palästina begann in Jerusalem und Gaza, doch er wütet nun auch in Falludja und Kerbala, trotz der Ernennung eines CIA-Agenten als Herrscher über den „unabhängigen Irak"; bevor der Kampf wieder nach Jerusalem zurückkehrt, wird der Krieg gegen die jüdisch-amerikanische Dominanz sich wahrscheinlich auf Teheran, Damaskus und sogar auf europäische Hauptstädte ausweiten. Doch der Intifada in Palästina ist der Atem ausgegangen, was nicht überrascht.

Die militärische Macht des jüdischen Staates ist im Mittleren Osten und darüber hinaus konkurrenzlos. Israel kann es wahrscheinlich mit jeder Armee der Welt aufnehmen, denn es ist bis an die Zähne bewaffnet und mit den modernsten amerikanischen Waffen sowie mit nuklearen, chemischen und biologischen Massenvernichtungswaffen ausgestattet. Jeder Israeli, ob Mann oder Frau, absolviert den Militärdienst; die Leistungen in der Armee sind ausschlaggebend für jede Art von Karriere, vom Minister bis zur Friseuse. Diese militarisierte Siedlergesellschaft konnte die durch und durch waffenlosen Einheimischen leicht überwältigen.

Die übliche Waffe eines Palästinensers ist ein Stein, den er auf seinem Hügel aufgeklaubt hat; die berüchtigten „Selbstmordattentäter" sind eher eine Demonstration ihres unbeugsamen Geistes als eine Bedrohung für Israel und vom militärischen Standpunkt gesehen kaum mehr als ein Ärgernis. Kein Palästinenser hat eine militärische Ausbildung; da sie vom

---

* http://www.washingtonpost.com/wp-dyn/articles/A50910-2004Jun17.html

Rest der Welt abgeschnitten sind, können sich Palästinenser keine Waffen beschaffen – außer denen, die abtrünnige Siedler auf dem Schwarzmarkt verkaufen. Kein Wunder, dass die Palästinenser nicht gegen die Panzer und die lasergesteuerten Raketen ankommen können.

Außerdem steht den Zionisten eine mächtige Geheimwaffe zur Verfügung: ihre Bereitschaft, das Land zu zerstören. Ihre gut geplanten artesischen Brunnen brachten die Quellen zum Versiegen und verwandelten das Heilige Land in eine vertrocknete Wüste. Kürzlich spazierte ich den Wasserlauf des Ghor (auf Hebräisch: Arugot) entlang, der früher ein lebendiger Strom war. Diese Heimat der Bergziege und des Leoparden und diese Quelle vertrockneten, als der nahe gelegene Kibbuz Ein Gedi einen Schacht grub, eine Rohrleitung verlegte, das Wasser in Flaschen füllte und in Tel Aviv verkaufte. Die sanften Hügel von Samaria sind durch neu gebaute Straßen zu den jüdischen Vororten entstellt. Im Norden des Gaza-Streifens wird eine Landschaft mit duftenden Orchideen in die schwarze Wildnis von Mordor* mit rauchenden Stümpfen verbrannter Bäume verwandelt. In diesem zerstörten Land herrschen die Siedler sichtbar über die Einheimischen.

Und dennoch ist Krauthammers Siegeserklärung vorschnell. Die Konfrontation Immigranten versus Einheimische im lieblichen Land Palästina erinnert mich an eine Rittersage, das erste Werk Chaucers. Sie erzählt von den Brüdern Arcite und Palamon, beide ganz verrückt nach der Königstochter Emely, „frisch und jung wie eine Maienknospe, ihr Körper war mit Quellwasser gesalbt". Um ihre Gunst zu gewinnen wandte sich Arcite an den Gott des Krieges und Palamon an die Liebesgöttin. In der entscheidenden Schlacht besiegte Arcite, vom Gott Mars unterstützt, den von Liebe erfüllten Palamon, doch es sollte nicht sein Schicksal sein, die schöne Maid zu freien – nach seinem militärischen Sieg brach er zusammen und starb unerwartet. Der Kriegsgott konnte ihm zum Sieg verhelfen, doch nur die Göttin der Liebe konnte ihm die Maid vermitteln. Der sanfte König gab seine Tochter dem besiegten Ritter und „unter Segenswünschen und bei fröhlicher Musik freite Palamon Emely", schließt Chaucer.

Und so prophezeite der englische Barde ein Ereignis, das der abgebrühte Krauthammer nicht erwarten würde: Menschen, die ihr Land lieben, werden es für sich gewinnen, auch wenn ihre Gegner den militärischen

---

* Mordor: Reich der Finsternis in „Der Herr der Ringe" von J. R. R. Tolkien.

Sieg erringen. Denn Land sollte geliebt werden, so wie Emely von Palamon geliebt wurde, wie eine Frau von einem Mann geliebt wird, und diese Art von Liebe übersteigt die Fähigkeiten der Zionisten. Einige sehen in Palästina das Symbol für das Versprechen Gottes an das Volk Israel oder ein Unterpfand aus den Tagen des Messias, doch diese Art symbolischer Liebe ist zum Scheitern verurteilt. Genauso wie mein französischer sozialistischer Freund ein russisches Mädchen heiratete, weil sie den Kommunismus und Dostojewski symbolisierte, doch ihre Ehe brach unter der schweren Last der Symbolik zusammen.

Mein englischer Politikerfreund heiratete, um seine sexuellen Vorlieben zu verbergen; er war der Erklärungen gegenüber seinen Wählern müde, warum er nicht heiratete. Genauso waren viele Juden versucht, sich dem Zionismus zuzuwenden, da sie der Erklärungen, warum sie kein Land hätten, müde waren. Doch diese Müdigkeit ist eine schwache Basis für eine Hochzeit und eine Frau aus Fleisch und Blut; wahres Land ist zu schade, um nur als Entschuldigung zu dienen.

Die Schlimmsten von allen sind die Krauthammers, die amerikanischen Juden, die glauben, dass ein Land, das sie nicht gepflügt und auf dem sie nichts ausgesät haben, ihnen gehören kann, weil sie die Besitzurkunde haben, wie eine Sommerhütte, die sie selten besuchen. Sie kennen keine Liebe, sondern nur die Eifersucht eines Sultans um sein Sklavenmädchen, das er gekauft und für das er bezahlt hat.

Die Siedler bewiesen ihren Mangel an wahrer Liebe bei ihrem Rückzug aus dem Sinai in den 1980er Jahren. Als sie den Sinai nach einem kurzen Aufenthalt verließen, zerstörten sie alles, was sie in die Finger bekamen, sprengten jedes Haus und walzten jeden Garten und jeden Weinberg nieder, den die Einheimischen und die Zugereisten je angelegt hatten. Und heute, während wir über den Rückzug aus Gaza verhandeln, schwören die Siedler, dass sie jegliches Zeichen von Leben auf ihrem Land zerstören werden, bevor sie es den verhassten Einheimischen übergeben. So geht man nicht mit einem geliebten Land um – ein Poet breitete vor seiner Geliebten, als sie ihn verließ, seine Zärtlichkeit wie einen Teppich unter ihren Füssen aus und wünschte ihr, sie möge mit ihrem neuen Mann glücklich sein und „so geliebt werden, wie er sie geliebt habe“.

In der Tat haben Palästinenser ihre Häuser und Gärten, die sie verlassen mussten, nie beschädigt. Wunderschöne alte arabische Häuser und Gärten in Talbieh und Ain Karim zeugen von der endlosen Liebe ihrer Herren. Es war nicht nur ihr Glaube an eine eventuelle Rückkehr, der sie davon abhielt, ihre Bäume und ihre Häuser niederzubrennen, bevor sie in den Flüchtlingslagern von Gaza und im Libanon Zuflucht suchten, sondern auch ihre selbstlose Liebe zu dem Land und seinen Bäumen.

Das Heilige Land ist ein Gemeinschaftsprojekt von Gott, unserem Herrn, und seinen Einwohnern. Er schuf es und sie pflegten es, bauten Terrassen, kümmerten sich um die Olivenbäume und verehrten ihren Gott und seine Tempel. So wie der geschlagene Palamon seine schöne Emely am Ende doch noch bekam, so werden auch die Besiegten ihr Land erben – während die im Kampf Siegreichen umkommen werden, wenn sie sich nicht der Göttin der Liebe ergeben, der Liebe zum Land und zu dessen Volk.

Die Fiesta von St. Fermin

I.

Als ich durch Nordspanien reiste, kam ich auch in die alte Hauptstadt von Navarra. Pamplona feierte gerade die *feria* von St. Fermin und Tausende von *aficionados* bevölkerten die engen Straßen, die zur berühmten Arena führen. Es waren auch viele Ausländer gekommen, die ernsthaft auf Hemingways Spuren wandelten. Morgens rannten in der Arena junge Burschen mit den jungen Stieren um die Wette und maßen sich in Schnelligkeit und Eleganz. Es war eine aufregende Darbietung, voller Adrenalinstöße, doch unblutig. In den Abendstunden ging es anders zu, als erwachsene Männer gegen ausgewachsene Stiere kämpften, wilde rabenschwarze Tiere mit spitzen Hörnern, die mit der Geschwindigkeit eines Schnellzugs durch die Arena rasten und jeder mehr als eine halbe Tonne wogen; jede Unze geladen mit der Entschlossenheit eines Bullterriers.

Die Tribünen über der Arena sind in zwei Sektionen eingeteilt. In der *sombra* applaudiert die gehobene Klasse kühl der Show. Sie sind die wichtigen Leute und ein Matador gibt sein Bestes, um ihnen seine Kunst vorzuführen. Im *sol*, unter der direkten Einstrahlung der pyrenäischen Sonne, feiern die einfachen Leute; sie trinken Sangria aus Eimern, teilen ihr mitgebrachtes Essen mit Fremden und singen die Lieder von St. Fermin. Sie lieben den Stierkampf ebenso, doch auf ihrer Seite des Rings sieht man nicht viel von dem, was in der Arena vor sich geht.

Der Matador arbeitet unglaublich nahe am Tier und verlagert nur leicht sein Gewicht, um den tödlichen Hörnern auszuweichen. Mangelte es dem Tier nicht an Vernunft, hätte ein Mensch nur eine geringe Chance, die Begegnung mit einem Stier zu überleben. Doch dieser ist von dem roten Tuch, der *muleta*, fasziniert, die der Matador vor ihm hin und her schwenkt. Anstatt den Matador anzugreifen, stürzt der Stier sich auf das Tuch. Am Ende des Kampfes steht der Stier still, müde von den vergeblichen Anstrengungen, frustriert von den vergeblichen Angriffen auf das unbesiegte rote Tuch; er senkt seinen Hals und wartet auf den gnadenbringenden Stahl.

Der Stierkampf ist eine passende Metapher für den ergebnislosen Kampf um Bürgerrechte in Palästina. Die jüdischen Siedlungen inmitten der palästinensischen Bevölkerung sind das rote Tuch. Die Siedlungen ärgern uns, da sie die biblische Schönheit des Hochlandes zerstören. Sie ärgern uns auf Grund ihrer sichtlichen Ungerechtigkeit, da sie nur für Juden zugänglich sind und ein Nichtjude nicht einmal ihre Grenzen überschreiten darf. Sie ärgern uns, denn sie sind der Grund für getrennte Straßen, die nur für Juden bestimmt sind. Sie ärgern uns auf Grund des provokativen Verhaltens der Siedler, die ihr Bestes geben, um ihre nichtjüdischen Nachbarn zu erniedrigen. Sie ärgern uns, weil sie Olivenbäume durch hässliche Plattenbauten ersetzen. Daher gehen wir auf sie los, während der Matador uns ausweicht und die wichtigen Leute applaudieren.

Lenken wir einmal den Zorn des Stieres von der verwirrenden und ärgerlichen *muleta* ab. Die ständige Konzentration auf die Siedlungen ist eine Ablenkung. Man kann jederzeit, sogar in jüdischen Zeitungen, im *Haaretz* oder in der *New York Times*, die illegalen Siedlungen kritisieren, sofern man sich nicht darüber hinaus äußert. Doch hinter dem roten Tuch steht ein Mann. Und dann gibt es diejenigen, die ihn beauftragt haben, gegen den Stier zu kämpfen. Der Matador ist der Staat Israel. Ohne die israelische Kriegsmaschine, die dahinter steht, würde keine Siedlung auch nur einen Tag lang überleben. Wenn die eingeborenen Bewohner Hebrons monatelang in ihren Häusern eingesperrt sind, so wird diese Ausgangssperre von der israelischen Armee auferlegt und nicht von den 400 jüdischen Siedlern. Doch es sitzt ein Mann in der *sombra*, der den Matador befehligt. Israel könnte die Schreckenstaten ohne ausländische Unterstützung nicht begehen.

II.

Maxime Rodinson, ein bekannter französischer Marxist und Biograph des Propheten Muhammad, definierte Israel als einen „Siedlerstaat“, eine Kolonie. Doch jeder Siedlerstaat hat ein Mutterland, die Quelle der Macht von außen. Französisch-Algerien wurde von Frankreich verwaltet und unterstützt. Die USA waren ein Siedlerstaat und ihr Mutterland war England. Wer ist die Macht von außen, die Israel unterstützt? Was ist das Mutterland? Es sind nicht die USA, sondern es ist eine Konstellation wichtiger jüdischer Gemeinden und vor allem die amerikanisch-jüdische Gemeinde.

Sie schicken Geld, organisieren öffentliche Unterstützung und beeinflussen die Politik des Staates Israel. Sie sind sogar wucherischer als Scharons Likud-Partei. Der verstorbene unbeweinte „Rabbi" Kahane stand den Herzen der Unterstützer Israels in Amerika wahrscheinlich am nächsten. Es gibt, wie Uri Avneri gut beschrieben hat, mehrere Gründe für das Phänomen, dass amerikanische Juden sich als „israelischer als die Israelis" geben. Doch ich werde mich auf einen der Gründe beschränken. Die amerikanischen Juden trifft bei ihren Operationen kein Spritzer Blut. Sie sitzen im Schatten und schicken den Matador in die Arena.

Die Männer, die die israelischen Truppen nach Hebron und in andere palästinensische Gebiete schicken, um die Belagerung zu verstärken, leben friedlich in New York oder Los Angeles, sehen fern und üben Druck auf ihre Kongressabgeordneten aus, damit diese das Gemetzel unterstützen. Diese Leute stacheln zu Kriegsverbrechen gegen die Palästinenser an und haben keinerlei Sorgen. Vielleicht wird es Zeit, dass auch sie ein wenig zu schwitzen anfangen.

Kriege werden so lange nicht beendet, so lange die Haupttäter in Frieden leben. Der Journalist Michael L. Calderon erinnerte uns im Juli 2001 daran: „Die Franzosen, Amerikaner und weißen Südafrikaner gaben ihre Ausbeuterei in Algerien, Indochina, Namibia und Angola nicht wegen eines kollektiven 'Gesinnungswechsels' auf. Tatsächlich wurden diese Siege an zwei Fronten errungen. Eine war die tatsächliche Kriegsfront und das algerische, vietnamesische, angolische und kubanische Volk trug die Hauptlast. Die zweite Front waren der internationale Druck und die Proteste daheim."

Die zweite Front für den Krieg um Palästina sollte nun eröffnet werden; wir sollten wissen, gegen wen wir Druck ausüben und gegen wen wir protestieren sollten. Meiner Meinung nach liegt die Verantwortung bei den selbst ernannten Oberhäuptern der jüdischen Gemeinden und bei den Medienbaronen Bronfman, Foxman, Sulzberger et al. Sie sind üble und mächtige Männer und ich verstehe die Sehnsucht der Freunde Palästinas nach weniger gewaltigen Gegnern, zum Beispiel den Siedlern in Hebron. Leider ist das so unprofitabel, wie nach einem verlorenen Geldstück unter einer Laterne zu suchen, nur weil dort Licht scheint. Man muss nach der Münze an jener Stelle suchen, wo man sie fallen gelassen hat, auch wenn das unangenehm ist.

Es ist eine dringende Notwendigkeit, den Anführern der amerikanisch-jüdischen Gemeinde entgegenzutreten. Warum hat dies bis jetzt niemand getan? Es besteht immer noch die unwiderstehliche Tendenz dazu, sie von der Schuld an der palästinensischen Tragödie freizusprechen und alles mit der „amerikanischen imperialistischen Politik“ zu erklären. Sogar Noam Chomsky, ein großartiger Freund Palästinas, unterschreibt diese Sichtweise. Kürzlich sagte er bei einem öffentlichen Auftritt, dass die pro-israelische Politik der USA nicht dem Einfluss der jüdischen Lobby, sondern den Interessen der amerikanischen Eliten zuzuschreiben sei. *Amicus Plato, magis amica veritas* (Ich liebe Plato, aber noch mehr die Wahrheit). Ich bin anderer Meinung.

Chomskys Meinung wurde von vielen guten Menschen wiederholt, die alle treue Unterstützer der Palästinenser sind. Meist zitieren sie aus „The Fateful Triangle“, einem Klassiker von Chomsky, oder drücken sich aus wie der gute Gabor Mate. Er schrieb mir: „Obwohl Bronfman und seine Kollegen sicherlich ihren Teil dazu beitragen, die jüdische und nichtjüdische Öffentlichkeit in die Irre zu führen oder zu verwirren, sind auch sie nur ‘Dünnbier’ verglichen mit den wirklichen Interessen, denen die amerikanische Politik dient. Der amerikanische Staat hat Interesse daran, im Mittleren Osten einen gehorsamen Pitbull zu haben, mit nuklearem Potenzial, der nervös und aggressiv genug ist, auf Kommando Arabern an die Gurgel zu gehen, falls dies nötig sein sollte – doch auch genügend abhängig ist, damit die Leine wenn nötig kurz gehalten werden kann.“ Ein Agent des US State Department drückte es einmal so aus: „Israel ist unser unsinkbarer Flugzeugträger im Mittleren Osten.“

III.

Wenn man sich diese Argumente sorgfältig ansieht, fallen sie wie ein Kartenhaus in sich zusammen. US-Flugzeuge landen nicht auf diesem „Flugzeugträger“, nicht einmal im Kriegsfall – sie haben anderswo Militärbasen, in Saudi-Arabien, der Türkei etc. Einst wurde Zypern der „unsinkbare Flugzeugträger“ genannt, doch es wurde mit Leichtigkeit fallen gelassen. Der Gehorsam des Pitbull ist schnell widerlegt, wie der Verkauf von Waffen an China beweist. Und es bestehen starke Zweifel an Israels Status als abhängiger Verbündeter. Einige israelische Politiker treiben eine andere Allianz voran, nämlich mit Russland und seiner unglaublich reichen und mächtigen russisch-jüdischen Gemeinde, da Amerika sie ihrer Meinung nach zu sehr an der kurzen Leine hält.

Einige Leute erklären die US-Politik durch „Erdölinteressen". Wie die Sache liegt, gibt es – außer Olivenöl – kein Öl in Palästina. Man kann sich auch nicht vorstellen, dass Israel wegen der amerikanischen Erdölversorgung Saudi-Arabien oder den Iran angreifen würde – das ließe den gesamten Mittleren Osten explodieren.

Den Gedanken an Israel als „Vertretung vor Ort" oder „Polizeistreife vor Ort" kann man ebenfalls nicht gelten lassen. Ich weiß von keinem einzigen amerikanischen Geschäftsinteresse, dem nicht besser gedient wäre, wenn man statt mit Israel zum Beispiel mit der Türkei zusammenarbeitete. Ein palästinensischer Analytiker schrieb: „Die Türkei wäre beispielsweise eine bessere Investition gewesen; sie ist eine 'normale' regionale Macht, die der amerikanischen Politik zur Seite stehen kann und nur halb so viel kostet. Da sie ein moslemisches Land ist, hätte dies auch den Vorteil, die Vormachtstellung zu legitimieren und die 'Herrschaft' über die schwachen arabischen Länder zu erleichtern."

Man könnte auch noch hinzufügen, dass die Türkei bis 1917 traditionell die Vormachtstellung in diesem Gebiet hatte. Heute verfügt sie über die größte und stärkste Armee in diesem Gebiet, ist völlig für die USA und pro-westlich eingestellt. Mit anderen Worten – das Konzept Israels als dienstbarer Tölpel des amerikanischen Imperialismus ist ein Rohrkrepierer. Edward Herman, zusammen mit Noam Chomsky Autor des Buches „Manufacturing Consent", stimmt mit dieser Beurteilung überein: „Die jüdische Lobby hier ist extrem stark. Ich hatte direkt über sie geschrieben, was mir Kritik von mehreren Leuten aus der linken Ecke einbrachte, die argumentierten, dass die Lobby viel schwächer sei als das strategische Interesse der Amerikaner im Mittleren Osten. Ich war immer der Meinung, die Lobby sei mindestens genauso stark. Gut für die Lobby, dass die beiden Interessen miteinander vereinbar waren."

Man kann die selbst ernannten jüdischen Anführer auf direktem, kreativem und gewaltfreiem Weg angreifen. Die Studenten von Berkeley, Bewahrer der Tradition von 1968, lieferten ein gutes Beispiel dafür. Sie bauten zwei Tore auf dem Campus, eines für Juden und eines für Nichtjuden, um Amerikanern zu zeigen, was es bedeutet, „Straßen nur für Juden" zu haben. Ich kann mir Erdhaufen vor der Einfahrt von Herrn Bronfman oder Herrn Foxman vorstellen. Als gute Juden folgen sie sicher der Regel Hillels des Älteren, eines führenden Gelehrten des antiken Judentums, und fügen anderen nicht etwas zu, das sie selbst nicht für sich wollen würden. Da sie die Blockade palästinensischer Zufahrten unterstützen, wären sie über dieselbe Behandlung sicher erfreut. Und da sie illegale Siedlungen unterstützen, würden sie sich sicher darüber freuen, wenn nette Leute ihre Privatgrundstücke besetzten.

Ich denke, solche Sit-ins wären lustig und sicherlich würden auch viele gute Amerikaner mit jüdischen Vorfahren dabei mitmachen. Schließlich protestierten ihre Vorväter gegen die weiße Vorherrschaft im Süden und nun können ihre Söhne gegen jüdische Vorherrschaft in Palästina protestieren, ohne die Stadt dafür verlassen zu müssen. Anstelle langweiliger Demonstrationen vor einem langweiligen Bürogebäude, anstelle gefährlicher Show-downs mit israelischen Soldaten auf den Hügeln von Al-Khadr könnten die Leute von „Nicht in meinem Namen“ oder „Rabbis für die Menschenrechte“ den Kampf gegen den wahren Gegner daheim im guten alten Amerika führen. Sie sollten dies zusammen mit anderen amerikanischen Aktivisten tun, inklusive Exilpalästinensern.

Dieses Experiment wird die Frage nach dem Einfluss der jüdischen Lobby in den USA und auf die Ereignisse in Palästina beantworten. Ich glaube, dass es sehr effizient wäre, reellen Druck auf Herrn Bronfman und seine superreichen Freunde in der *sombra* auszuüben, um ihre antipalästinensische Kriegslüsternheit zu beenden. Vielleicht werden sie dem Matador bedeuten, den Stier anstatt auf die Schlachtbank wieder zu seinen Kühen zu schicken.

Eine jiddische Medina

(Ich schrieb dies, als Präsident Bush seinen Rachefeldzug gegen die Dritte Welt verkündete.)

I.

Amerika bereitet sich auf einen langen Krieg vor. Er wird „Kampf gegen den Terrorismus“ genannt, doch der Name hat keine andere Bedeuteung als „Kampf dem Feind“. Noam Chomsky machte die geistreiche Aussage: „Was sie uns antun, ist Terrorismus.“ Im Lauf dieses Krieges werden aber Tausende unserer Brüder und Schwestern bombardiert und mit Napalm beschossen werden und atomarer Vernichtung zum Opfer fallen. Jungen und Mädchen, ungeborene Babys und alte Männer werden auf dem Altar der Rache geopfert und rituell abgeschlachtet werden.

Präsident Bush nannte seine Unternehmung einen „Kreuzzug“. Dieser Ausdruck weckt in uns Erinnerungen an verdrießliche Ritter aus der Aquitaine und an fromme fränkische Krieger, die das Kreuz nahmen und sich im Namen der Heiligen Jungfrau auf eine lange, harte Pilgerreise machten. Die Wirklichkeit war schlimmer. Der Kreuzzug war ein westlicher Jihad, der viel Blutvergießen verursachte. Die Kreuzritter waren wild und unzivilisiert, sie plünderten die schönste christliche Stadt der Welt, Konstantinopel, und tränkten die heilige Erde von Jerusalem mit Blut. Ein Chronist der Kreuzzüge, Radulf von Caen, schrieb über seine Waffenbrüder: In der syrischen Stadt Maarra „steckten sie Babys auf Spieße, grillten und verspeisten sie“. Es waren raue Männer und dennoch möchte ich die Namen dieser Killer und Kannibalen nicht durch ihre Assoziation mit Bushs Kreuzzug beschmutzen. Sie strebten nach Ruhm und nicht nach Rache, dem unchristlichsten – sogar antichristlichen – Gefühl.

Die Ablehnung von Rache ist der Grundgedanke des Evangeliums. Das war der große Unterschied zwischen der Kirche und der Synagoge, den zwei Schwestern, die vor 2.000 Jahren geboren wurden. Dieser grundlegende Unterschied ist charakteristisch für die Spaltung der zwei Glaubensrichtungen: Während Christen dazu aufgerufen sind, für ihre Feinde zu beten, sind Juden dazu aufgefordert, von Rache zu träumen.

II.

Das alte biblische Judentum, der Mutterglaube von Juden und Christen, enthielt zwei unterschiedliche Interpretationen des „Messias". Beide kann man im Alten Testament wiederfinden. Bei der Spaltung des Christen- und des Judentums nahm jede der neuen Glaubensrichtungen eine der Interpretationen an und machte sie zu ihrer dominierenden. Bei den Christen ist der Messias der Retter, während er bei den Juden der Rächer ist. Dies erklärt der brillante israelische Gelehrte Professor Israel Jacob Yuval von der Hebräischen Universität in seinem Buch „Two Nations In Your Womb" (Tel Aviv 2000). Die „Erlösung durch Rache", wie sie Yuval nennt, leiteten die Aschkenasim von den alten pharisäischen Quellen ab und machten sie zur vorherrschenden Doktrin der Synagoge.

Als Yuval sein scharfsichtiges Buch über die Theologie der Rache des Judentums veröffentlichte, nahmen es seine israelischen Kollegen mit viel Enthusiasmus auf, doch die amerikanisch-jüdischen Gelehrten hassten es. Ezra Fleischer verfasste eine heftige Kritik und schloss: „Es wäre besser, ein solches Buch wäre erst gar nicht veröffentlicht worden; doch jetzt, da es veröffentlicht ist, sollte es dem Vergessen anheim fallen."

Professor Yuval zitiert aus vielen alten jüdischen Texten, die seine Theorie unterstützen. „Am Ende der Zeit (wenn der Messias kommt) wird Gott alle Nationen außer den Israeliten zerstören, töten und auslöschen", laut dem „Sefer Nitzahon Yashan", das im 13. Jahrhundert von einem deutschen Juden verfasst wurde. Der liturgische Dichter Klonimus b. Judah hatte die Vision „Gottes mit Händen voller Leichen von Gojim".

Noch grausamere Träume von Blut und Zerstörung gingen den ersten Angriffen auf Juden Ende des 11. Jahrhunderts voraus. Hundert Jahre vor dem Angriff der Kreuzritter auf Juden rief R. Simon b. Yitzhak Gott dazu auf, „sein Schwert zu nehmen und die Gojim abzuschlachten". Um die Vernichtung der Gojim zu beschleunigen erfanden die jüdischen Weisen Europas neue schreckliche Flüche gegen Christen und Christus und schlossen sie zusätzlich zu den bereits aus dem 2. Jahrhundert stammenden Verwünschungen in ihre Pessach- und Yom Kippur-Liturgien, ja sogar in ihr tägliches Gebet ein.

Der Rachemessias hat in der christlichen Theologie einen anderen Namen. Er wird der Antichrist genannt. Christliche Theologen haben sich eingehend mit den Charakteristika dieser apokalyptischen Figur befasst. Johann von Damaskus prophezeite, dass der Antichrist zu den Juden und für die Juden kommen und sich gegen die Christen und Christus stellen werde. (Johann der Damaszener war ein Freund des Islam und interpretierte die muslimische Lehre des ewigen Koran als eine Form der christlichen Logoslehre.) Die Kirchenväter betrachteten den Aufstieg des Antichrist als den Aufstieg und temporären Triumph des Judentums. Im 10. Jahrhundert prophezeite Andreas der Byzantiner, dass das Königreich Israel wieder hergestellt und dem Antichrist als Sprungbrett dienen werde. Somit sind sich jüdische und christliche Theologen darüber einig, dass ihre Vorstellungen über den Messias so entgegengesetzt sind wie These und Antithese – oder eben wie Christ und Antichrist.

Diese Verbindung Israels mit der Apokalypse spüren Millionen von devoten Christen in den USA. Ihnen wurde beigebracht, dass der Aufstieg des Antichrist der Rückkehr Christi vorausgehen wird. Doch da sie von ihren Pastoren in die Irre geführt wurden, ziehen sie daraus einen widersprüchlichen Schluss und entscheiden sich für ein Bündnis mit dem Antichrist. Sie haben die Worte vergessen: „Der Menschensohn wird kommen, so wie es vorherbestimmt ist, doch wehe dem, der sich mit dem Antichrist verbündet."

Die Juden sind nicht der Antichrist. Doch der Gedanke an den Rachemessias ist sehr gefährlich, dagegen sollte man sich stellen und argumentieren. Das Alte oder das Neue Testament oder allgemeine humanistische Konzepte könnten die Argumente liefern. Sonst wird dieser Gedanke unseren Diskurs vergiften.

III.

Es wäre ein Fehler, die Rachsucht der Vereinigten Staaten den amerikanischen Juden anhängen zu wollen. Amerika ist ein Sonderfall, denn die amerikanischen Juden und Nichtjuden vertreten einen gemeinsamen „jüdisch-christlichen" – oder eher einen „jüdisch-amerikanischen" – Diskurs, denn ihre Sitten haben wenig vom christlichen Gedanken. Wie es bereits Karl Marx ausdrückte: „Ja, die praktische Herrschaft des Judentums über die christliche Welt hat in Nordamerika den unzweideutigen, normalen Ausdruck erreicht …"

Viele amerikanische öffentliche Personen, Juden und Nichtjuden gleichermaßen, verlangen nach Rache: „Es gibt nur eine Art, mit solchen Menschen umzugehen, und das bedeutet, dass man einige von ihnen töten muss, auch wenn sie nicht direkt damit in Verbindung stehen", sagte der frühere Staatssekretär Lawrence Eagleburger, für 300.000 US-Dollar jährlich Vorsitzender der jüdischen Organisation für Entschädigungsforderungen an Deutschland, am 11. September 2001 auf CNN.

„Die Antwort auf dieses unvorstellbare Pearl Harbor des 21. Jahrhunderts sollte also genauso einfach und schnell sein – bringt die Bastarde um. Einen Schuss zwischen die Augen, jagt sie in die Luft, vergiftet sie, wenn es nötig ist. Was Städte oder Länder angeht, die solche Elemente beherbergen – ebnet sie zu Basketballfeldern ein", schrieb Steve Donleavy am 12. September 2001 in der *New York Post*.

In der *Washington Post* schlug am 13. September 2001 Rich Lowry vor: „Es könnte zur Lösung des Problems beitragen, Teile von Damaskus oder Teheran niederzuwalzen."

Das beste Zitat stammt von Ann Coulter, der bevorzugten Journalistin der *World Jewish Review*: „Dies ist nicht der Moment, um die tatsächlichen Individuen ausfindig zu machen, die direkt in diesen speziellen Terrorangriff involviert sind ... Wir sollten ihre Länder erobern, ihre Anführer töten und sie zum Christentum (?!) bekehren. Wir waren bei der Lokalisierung und Bestrafung Hitlers und seiner Spitzenleute ebenfalls nicht zimperlich. Wir legten einen Bombenteppich über Deutschland und töteten Zivilisten. Das ist nun einmal Krieg. Und wir befinden uns ebenfalls im Krieg."

Nach diesen Äußerungen wurde sie von ihrer Zeitung gekündigt und gleich vom neokonservativen jüdischen Magazin *Commentary* engagiert.

Diese Rachehaltung der US-Presse ist eine Abweichung des westlichen Diskurses. Sieht man die Literatur christlicher und moslemischer Länder durch, entdeckt man, dass Rache selten als Hauptthema eines wichtigen Buches auftaucht. Nikolai Gogol schrieb die schaurige Kurzgeschichte „Die schreckliche Rache", Prosper Mérimée verfasste die Novelle „Colomba" über eine korsische Vendetta. *C'est tout*. Die Briten betrachteten Rache immer als ein sehr unenglisches Gefühl und sahen sie als nicht fair an. „Rachsüchtig" ist in jeder christlichen oder moslemischen Kultur ein negatives Wort. Die jüdische Kultur ist im Gegenzug vom Rachegedanken getränkt, den sie direkt aus dem Alten Testament schöpft, ohne den erlösenden Filter des Neuen Testaments oder des Koran.

Es ist nicht überraschend, dass Israel den Rachegedanken auch in seiner alltäglichen Politik fördert. Es nannte seine Angriffe auf Palästinenser *peulot-tagmul*, Racheakte. Eine dieser Aktionen führte General Ariel Scharon, der derzeitige Premierminister, am 14. Oktober 1953 durch. Seine Soldaten töteten im Dorf Qibya etwa sechzig Bauern, Frauen und Kinder. Die Invasion des Libanon im Jahr 1982 mit 20.000 ermordeten Libanesen, Palästinensern, Christen und Moslems war ein Racheakt für das versuchte Attentat auf den israelischen Botschafter in London. Im Lauf der letzten Intifada bezeichneten die amerikanisch-jüdischen Medien jeden israelischen Terrorakt als „Vergeltung" oder „Gegenschlag".

Diese jüdische Vernarrtheit in den Rachegedanken überlebte die gefährliche Überquerung des Atlantiks. Die amerikanischen Juden schufen Hollywood und Hollywood machte die Rache zu seinem Hauptthema. In einem modernen amerikanischen Remake der „Drei Musketiere" wird D'Artagnan vom Rachegedanken beherrscht, obwohl sich dieses Motiv weder im Buch noch im französischen Film findet. Dort ist es eher der Böse, Mordred, Sohn von Lady Winter, der Rachegedanken hegt. Doch im neuen amerikanischen Film, produziert von einem jüdischen Amerikaner, ist Rache ein legitimes Gefühl. Auf eine gewisse Art ist das US-Kino eine Ausdrucksform des jüdischen kollektiven Unterbewusstseins und spielte eine große Rolle bei der Schaffung der amerikanischen Psyche. Aus Hollywood strömten die Rachegefühle über den gesamten Planeten und halfen sicherlich bei der Entstehung der Welt mit, in der wir heute leben.

Mit anderen Worten – wir brauchten gar keine jüdische Verschwörung. Karl Marx, ein Enkel des Rabbi von Trier, der in der Kirche groß wurde, bemerkte bereits 1840, dass Amerika (mit oder sogar ohne einen einzigen ethnischen Juden) ein Staat mit einer „jüdischen" Einstellung geworden war und die „jüdische" Ideologie der Habgier und Entfremdung übernommen hatte. Ein Schüler von Marx, Werner Sombart, kam betreffend Amerikas jüdische Einstellung zu einem ähnlichen Schluss, obwohl Amerika seiner Meinung nach von Anfang an von Juden geformt und durch sie gewachsen war. Das noch unreife Amerika konnte der Wirkung der jüdischen Mentalität nicht widerstehen und wurde so ein jüdischer Staat, die große Schwester Israels.

Dies erklärt die Erfolge amerikanischer Juden – es ist nur natürlich, dass richtige Juden in einem „jüdischen“ Staat erfolgreicher sind. Dieses plötzliche Erreichen von Ruhm und Reichtümern sollte nicht zu Schwindelgefühlen und Selbstverherrlichung führen, im Gegenteil. Ich schließe mich den Gedanken des großen amerikanischen Soziologen Immanuel Wallerstein an und sage: Materieller Erfolg ist heutzutage ein Zeichen moralischen Versagens. „Erfolg“ und „Reichtümer“ sind kein Zeichen des Wohlwollen Gottes – jedenfalls nicht des Gottes, der die Armen segnete. Jemand, der in einer Diebesbande Erfolg hat, versagt in den Augen Gottes. Unsere Welt mit Millionen von Verhungernden und einer superreichen Minderheit ist unmoralisch und antichristlich, so antichristlich wie der jüdisch-amerikanische „Kreuzzug“.

Diese Erklärung liefert uns die Antwort auf unsere Frage: Unterstützt Amerika Israel wegen der jüdischen Lobby oder wegen des „wahren Interesses amerikanischer Unternehmen“? Die mutmaßliche Antwort lautet: Die jüdische Lobby ist eine überflüssige Organisation, die die israelische Rechte unterstützt, während Amerika als Ganzes ein Staat ist, der auch außerhalb des Mittleren Ostens Interessen vertritt.

Diese Vermutung erklärt vieles. Sie erklärt das unglaubliche Abstimmungsergebnis von 99% für eine Unterstützung Israels. Sie erklärt Holocaust-Museen, Holocaust-Studien und Filme über den Holocaust. Sie erklärt die zentrale Stellung der Juden im amerikanischen Leben, denn Amerika betrachtet das Weltgeschehen heutzutage aus einer traditionell jüdischen Position und stellt sich die Frage: „Ist das gut für die Juden?“

Sie erklärt auch, warum die USA den Gipfel in Durban verlassen haben. G. W. Bush kümmerte sich nicht um den Streit mit Europa und Japan und verstieß gegen das Abkommen von Kyoto. Es war ihm egal, dass er mit seiner einseitigen Entscheidung, den Strategic Arms Treaty fallen zu lassen, Russland und China brüskierte. Doch dann hörte er die Stimme seines Meisters. Die hochmütige Zurückweisung Afrikas und Asiens, die beleidigende Abweisung der afroamerikanischen Gemeinde sowie die Ablehnung des Kampfes gegen den Rassismus stellen zusätzliche Beweise dafür dar, dass die USA ein Schwesterstaat Israels geworden sind.

Am 2. Juli 2001 versuchte der russische Präsident Wladimir Putin in einem Interview mit *Newsweek* seinen Angriff auf die Tschetschenen zu rechtfertigen. Er sagte, die tschetschenischen Anführer hätten „öffentlich die Vernichtung der Juden verlangt", und verbannte somit die Kritiker an seiner Kriegsführung auf die Position von Antisemiten. Nun – in Tschetschenien gibt es keine Juden und die Meinung der tschetschenischen Anführer über Juden ist irrelevant, wenn Antisemitismus seine ursprüngliche Bedeutung von „antijüdischen Vorurteilen oder Rassismus" bewahrt hat. In dieser Form gibt es das nicht mehr, doch die Bezeichnung hat heute eine andere Bedeutung. Heute ist Antisemitismus ein Äquivalent zu „antiamerikanisch" aus den Zeiten der McCarthy-Ära oder „antisowjetisch" in Breschnews Sowjetunion.

Amerikaner verkrampfen sich und schreien auf, sobald sie das Gefühl haben, dass ihre Loyalität gegenüber Juden in Frage gestellt wird. Jeder, der das neue amerikanische Denkmuster zurückweist, ob in Amerika oder anderswo, ist per definitionem ein Antisemit. Darum werden gute Menschen jüdischen Ursprungs wie Noam Chomsky, Woody Allen, der heilige Paulus und Karl Marx als „Antisemiten" bezeichnet. Sie werden üblicherweise von der jüdischen Gemeinde zurückgewiesen, doch ihre Namen werden dazu benutzt, die Struktur, die sie angreifen, zu verteidigen.

Ein Angriff auf die jüdische Gemeinde wird nicht als Rassismus empfunden, da normaler Rassismus mit Leichtigkeit toleriert wird, besonders wenn er sich gegen Araber (die neuen Feinde der Juden) oder gegen Schwarze (die alten Feinde der Juden) richtet. Ein solcher Angriff wird wie eine Majestätsbeleidigung behandelt. In den Jahren des jüdischen Aufstiegs in der Sowjetunion (1917-1937) wurden Menschen für antijüdische Bemerkungen bestraft. Manfred Stricker aus Straßburg setzte sich dafür ein, die örtliche Universität nach Dr. Albert Schweitzer zu benennen, während die jüdische Gemeinde dem Namen eines jüdischen Gelehrten, der eine lose Verbindung zur Stadt hatte, den Vorzug gab. Das Ergebnis war eine sechsmonatige Haftstrafe für Manfred Stricker. Alexander Chancellor schrieb im *Guardian* (unter dem viel versprechenden Titel „It Is Not Black and White") über die Ermordung eines niederländischen rechten Politikers: „Ja, er war ein Gegner des Islam, doch er war gut zu Juden und daher kein schlechter Mensch."

Als ich in Harvard, Emory und anderen Ivy League-Universitäten vor Studenten sprach, bemerkte ich, dass ihnen der Name „Arnold Toynbee" nicht bekannt war. Der größte britische Geschichtsphilosoph des 20. Jahrhunderts hatte einen Fehler gemacht: Er sprach von der Tragödie der Palästinenser. Er sprach auch von der afrikanischen Sklaverei als einer Tragödie gleichbedeutend mit dem jüdischen Holocaust. Das Ergebnis – er wurde ausgelöscht und verschwand aus dem amerikanischen Bewusstsein. Es ist auch unmöglich, in amerikanischen oder englischen Buchläden nicht-belletristische Werke von G. K. Chesterton zu finden. Dieser brillante Essayschreiber wurde in die fast nicht existenten „christlichen Abteilungen" der Buchhandlungen verbannt, die seltenen Nachdrucke seiner Werke sind zwischen „Böse Päpste" und „Rabbi Jesus" eingezwängt.

Dieser Einfluss auf den öffentlichen Diskurs erklärt den Gehorsam der amerikanischen (und europäischen) Intellektuellen. Im jüdisch-amerikanischen Staat bilden die Juden dessen „Kirche", sein ideologisches Establishment. Für einen Intellektuellen ist es besser, als Kinderschänder denn als Antisemit verschrien zu sein.

IV.

Obwohl die USA ein jüdisch-christlicher Staat geworden sind, ist die Frage nach dem „wer beherrscht wen" in der Dreiecksbeziehung Juden, Israel und USA nicht leicht zu beantworten. Diese drei *dramatis personae* bilden ein so mysteriöses und sicher nicht weniger gefährliches Dreieck wie das Bermudadreieck. Vor einiger Zeit berichteten eher zweifelhafte Quellen, Scharon habe bei einer Kabinettssitzung gesagt: „Machen Sie sich keine Sorgen um die USA, die sind unter Kontrolle." Diese Aussage wurde dementiert, doch die Zweifel nehmen im selben Maß zu, wie der Aufstand in Palästina sich in eine Vernichtungskampagne à la Josua verwandelt, während die USA „den Kampf gegen den Terrorismus unterstützen".

Die Existenz einer Unternehmensgruppe namens „das jüdische Volk" (oder „Judentum" oder „die Juden") an sich wird häufig geleugnet. Vor etwa 200 Jahren war das Judentum noch so unzweideutig wie Frankreich oder die Kirche. Unsere Vorfahren gehörten diesem extraterritorialen Staat an, einem autoritären, halbkriminellen Orden, der von reichen Männern und Rabbis geleitet wurde. Seine Anführer, die *kahal* (Hebräisch für: Gemeinde) genannt wurden, trafen die wichtigen Entscheidungen und die gewöhnlichen Juden folgten ihren Richtlinien. Diese Anführer konnten wie jeder feudale Herrscher über das Leben und den Besitz der Juden frei verfügen. Innerhalb der Ghettomauern gab es keine Meinungsfreiheit. Ein rebellischer Jude konnte mit dem Tod bestraft werden. Dann kam die Emanzipation und die Macht der *kahal* wurde von innen und von außen gebrochen. Die Juden waren frei und wurden zu Bürgern ihrer jeweiligen Länder.

Heutzutage ist eine neue Generation von Juden geboren, die nichts über Joseph weiß. Jahrelange apologetische Gehirnwäsche hat sie vergessen lassen, warum unsere Großväter den eisernen Vorhang der jüdischen Gemeinde aufreißen wollten. Der Begriff „Judentum" ist ein strittiger Punkt geworden. Sind wir, die Nachkommen von Juden, nun Bürger unserer jeweiligen Länder oder sind wir Bürger des jüdischen Volkes? Gibt es „das Judentum" in der selben Weise, wie jeder andere Staat existiert, oder ist es nur eine Redensart?

Hier befindet sich der Widerspruch: Die jüdischen Anführer wollen das Judentum als eine Art Tarnkappenbomber betrachten – einmal sieht man ihn und einmal wieder nicht. Hier kann man es unter Beschuss nehmen, dann ist es wieder vom Radarschirm verschwunden. Sie sagen: „Das hat Hitler auch gesagt" oder „Das wurde von den Schreibern der Fälschung, der Protokolle der Weisen von Zion, erfunden" und vergessen, dass genau das in die Unabhängigkeitserklärung Israels aufgenommen wurde. Israel wird tatsächlich als der „Staat des jüdischen Volkes" definiert und zieht als der sichtbare (und territorial definierte) Teil des Judentums unverhältnismäßige Aufmerksamkeit und Einfluss auf sich. Darum wird ein Botschafterposten in Tel Aviv als die höchste und erstrebenswerteste Station in der Karriere eines Diplomaten angesehen. Das Konzept des „jüdischen Volkes" erhielt in der internationalen Gesetzgebung eine einzigartige Anerkennung, als das jüdische Volk 1950 und 1991 vom modernen deutschen Staat zum Erben des vormals nicht geregelten Judentums erklärt wurde. Das israelische Kriminalgesetzbuch gestattet es dem Staat Israel, jeden auf dem Globus zu verklagen und zu verurteilen, der gegen die Person, die Gesundheit, das Leben, den Besitz oder die Würde eines Juden handelt, auch wenn dieser Jude keinerlei wie auch immer geartete Verbindung mit dem Staat Israel hat.

Wir, die Kinder emanzipierter jüdischer Eltern, sind darüber so verwundert wie alle anderen. Nichts hat uns auf die mirakulöse Wiederauferstehung des Judentums vorbereitet. Erst kürzlich lag es auf dem Sterbebett und wurde tatsächlich für tot befunden und wir sahen uns selbst als freie Menschen. Innerhalb unserer Lebensspanne haben sich die Dinge drastisch geändert und wir sollen nun diesem Körper unsere Loyalität schwören, wenn wir nicht geächtet und erniedrigt werden, unser Leben lassen wollen oder gar noch Schlimmeres. Das Judentum (nicht zu verwechseln mit der Bezeichnung für die Millionen von Nachfahren mittelalterlicher Juden) hat seinen Platz in der Weltpolitik wieder und das Gehirn der einzigen Supermacht, der USA, übernommen.

Isaac Deutscher, ein jüdischer Marxist und Trotzki-Biograph, war unter den ersten Juden, denen dieses Phänomen auffiel. Er schlug in seinem Essay „Who is a Jew“ (veröffentlicht in *The Jewish Quarterly*, London 1966) vor, zwischen „Juden“ und „Judentum“ zu unterscheiden. Während Juden Individuen mit unterschiedlichen Meinungen und Lebensweisen sind, ist das Judentum eine quasi nationale Körperschaft mit eigener Führungsriege und eigenen Vorstellungen. Deutschers Meinung zufolge war das Judentum im Verschwinden begriffen, doch aus der Asche des Zweiten Weltkrieges „stand der Phönix des Judentums wieder auf“. „Mir wäre es lieber gewesen, die Juden hätten überlebt und das Judentum wäre umgekommen“, schrieb er, doch „die Vernichtung der Juden gab dem Judentum neue Lebenskraft.“

Die selbst ernannten Anführer des wiederbelebten Judentums erklommen den Gipfel der Macht in enger Zusammenarbeit mit den superreichen Verehrern Mammons. Sie sind von ihrer Macht und dem Mangel an Widerstand berauscht. Sie unterstützen den Kriegsverbrecher Scharon, doch sie empfinden ihn als zu schwach. Sie buhten Paul Wolfowitz aus, den jüdisch-amerikanischen Super-Falken. Jeder israelische Politiker weiß und beachtet Folgendes: Es gibt mächtige Juden in Amerika und anderswo, die endlosen Krieg in Palästina wünschen. Sie sehen die Erlösung durch die russischen und amerikanischen Armeen im Zweiten Weltkrieg als ihren persönlichen Sieg über die nichtjüdische Welt an, als ein Zeichen für eine neue Ära der weltweiten jüdischen Vorherrschaft, wie sie von den Lehren im Talmud und der Kabbala versprochen wurde.

Isaac Deutscher schreibt die Veränderungen in Israel ihrem Einfluss zu: „Ein wohlhabender amerikanischer Jude, unter seinen nichtjüdischen Partnern und Freunden in New York, Philadelphia oder Detroit ein ‘weltlicher Geschäftsmann’, ist im Grunde seines Herzens stolz darauf, ein Mitglied des auserwählten Volkes zu sein, und übt in Israel seinen Einfluss zu Gunsten religiöser Verschleierung und Reaktion aus. Er erhält die Einstellung des rassischen Exklusivitäts- und Überlegenheitsgedankens aus dem Talmud am Leben. Das nährt und schürt die Feindschaft gegenüber den Arabern."*

Es wäre eigenartig, würde dieser „wohlhabende Jude" nur das ferne Israel beeinflussen. Sein Einfluss ist noch größer in seinem Land, den USA, wo er für denselben „rassischen Exklusivitäts- und Überlegenheitsgedanken" wirbt, in totaler Harmonie mit der „jüdischen" Einstellung Amerikas.

Diese reichen Männer brauchen Palästina nicht. Sie werden nicht nach Israel ziehen und dort in den Weingärten arbeiten. Sie benutzen Israel und sein Volk als entbehrliches Werkzeug in ihrem weltweiten Spiel. Sie missverstehen das Mitgefühl der Nichtjuden als ein Zeichen ihrer Schwäche. Sie halten ihre Freundlichkeit für Unterwerfung. Sie spielten mit der Geburtskirche wie die Katze mit der Maus, um zu überprüfen, ob das Christentum endlich tot ist, ob es keine Reaktion mehr zeigt. Zur selben Zeit bedrohen sie die Moscheen von Jerusalem und zielen mit amerikanischen Raketen auf Bagdad. Anstelle des Christentums und des Judentums führen sie einen neuen Glauben ein: Sie ersetzen die Kreuzigung durch den Holocaust und die Wiederauferstehung durch die Gründung des Staates Israel. Für sie bedeutet die jüdische Kontrolle über die heiligen Stätten des Christentums und des Islam den sichtbaren Beweis für ihre Dominanz und die Zerstörung dieser Heiligtümer wäre das Zeichen des totalen Sieges. In gewisser Weise haben sie Recht: Eine Gesellschaft ohne ihre sakralen Werte ist zur Vernichtung verdammt.

Viele Juden und Nachkommen von Juden fühlen sich durch das Konzept des Judentums bedroht. Sie widersetzen sich normalerweise „Verallgemeinerungen", der „Anklage eines ganzen Volkes" oder der „Kultivierung des Hasses". Zuerst war ich über ihre Reaktion verblüfft. Dann dachte ich, ihre Argumentation sei so gut, dass sie auch von anderen benutzt werden könnte. Es wäre schade, etwas so Gutes zu verschwenden. Zum Beispiel:

- Wie können Sie es wagen zu behaupten, dass die Amerikaner Hiroshima bei einem atomaren Angriff zerstört haben? Ich bin Amerikaner und ich habe mit Hiroshima nichts zu tun.

---

* „The Israeli-Arab War, June 1967", in: *New Left Review*, 23. Juni 1967.

- Sie sagen: „Die Engländer haben Indien beherrscht.“ Unsinn! Ich kenne Hunderte arme englische Arbeiter, die Indien nicht beherrscht haben.
- Sie verlangen die Befreiung Algeriens. Das ist eine antifranzösische Haltung! Der wahre Unterschied besteht nicht zwischen den Franzosen und den einheimischen Algeriern, sondern zwischen kultivierten Menschen und moslemischen Fanatikern.
- „Russisch-imperialistische Politik“? Das ist eine rassistische Bemerkung, die den Hass gegen Russen schüren soll.

Man wird zugeben müssen, dass das dumm klingt. Die Politik wird von den Eliten festgelegt und von der mehr oder weniger willigen Mehrheit ausgeführt; die Außenseiter müssen die Konsequenzen erleiden. Das Judentum unterscheidet sich nicht sehr von irgendwelchen anderen Staaten oder transnationalen Körperschaften.

V.

Dies alles ist zwar kein Geheimnis, doch man sollte nicht laut darüber sprechen. Das jüdische Establishment könnte Bush befehlen, er solle „Onkel“ sagen, und er würde es tun. Das ist ein *secret de polichinelle*, ein öffentliches Geheimnis, wie die Franzosen sagen. Der Rest der Welt, vom fernen Osten bis Nordeuropa, ist sich dessen auch bewusst; von Zeit zu Zeit verplappert sich ein unbesonnener Premierminister oder Parlamentssprecher. Der US-Kongress zeigt sich der Lage immer gewachsen und protestiert laut gegen den plappernden Missetäter – wie ein unter dem Pantoffel stehender Ehemann, der vor seinen Saufkumpanen niemals seine Angst vor dem Zorn seiner Frau zugeben würde.

Man kann sagen, die USA stünden unter der Kontrolle von Afrikanern, WASPs (White Anglo-Saxon Protestants), Freimaurern oder Grauen Aliens, und niemand wird einen Mucks machen. Man kann behaupten, das Land werde von den Körperschaften, von Standard Oil und Boeing geleitet, und niemand wird widersprechen. Doch sollten Sie sagen, dass „die Juden die USA beherrschen“, werden Sie ernsthaften Ärger bekommen. Was ist denn eigentlich die Stellung der Juden in den USA?

Sie kann auf viele Arten beschrieben werden. Sie repräsentieren die Kirche (das heißt den ideologischen Apparat) des neuen jüdisch-amerikanischen Glaubens. Sie sind die Brahmanenkaste Amerikas. Man kann sie auch eine bedeutende, wenn nicht sogar herrschende Minderheit nennen. Diese Wendung der Ereignisse ist eigenartig, doch nicht einzigartig. Bis vor kurzem wurde England von einer kleinen Kaste von Eton-Absolventen regiert, die noch exklusiver sind als die Juden; sie heirateten sogar nur untereinander.

Darum können und werden Powell und Bush Scharon keine Befehle erteilen. Sie haben ein wenig Freiraum, solange das jüdische Volk noch geteilter Meinung ist, bevor diese einzigartige Einheit sich noch nicht entschieden hat, was sie will. Scheinbar sind „die Juden“ (im Gegensatz zu „Juden“) in einem gemeinsamen Willen, einem einzigen Zweck und einem Machtgefühl vereint. Der Rausch von Macht und Einigkeit hat diese vorsichtigen Menschen dazu verleitet, ihre Masken fallen zu lassen und aufzuhören, anderen etwas vorzumachen. Diese neue Offenheit gewährt uns eine nie da gewesene Einsicht in die Seele der Juden und die ihrer mammonitischen Unterstützer.

Eine authentische Stimme, die von Ron Grossman von der *Chicago Tribune**, schreibt: „Als selbst erklärter Humanist sollte ich vor dem Gedanken an Panzer, die durch eine Stadt, irgendeine Stadt, rumpeln, zurückschrecken. Ich sollte beim Anblick von Fernsehbildern von Straßenkämpfen (wohl eher von Massakern; Anm. des Autors) in Bethlehem und Ramallah meinen Kopf in Trauer hängen lassen. Doch ich gebe euch einen Tipp: Hört auf, uns zu belehren oder zu predigen. Es hat keinen Sinn, an das Gute in uns zu appellieren.“

Ja, es hat tatsächlich keinen Sinn, an das Gute in ihnen zu appellieren, denn es existiert nicht. Das „Gute in ihnen“ war nur ein Mittel zum Zweck. Nun hat ihr wahres „Ich“ die Oberhand gewonnen und ist mit all seiner Brutalität zum Vorschein gekommen.

VI.

Lassen Sie uns aus diesem Text ein Drehbuch für einen Film machen und einige Schnappschüsse vom Schauplatz mit einbringen, bereitgestellt von der BBC. In Palästina sagte der Chef der UNRWA (United Nations Relief and Works Agency), Peter Hansen: „Uns erreichen schreckliche Berichte.

---

* http://www.chicagotribune.com/news/opinion/perspective/chi-0204070422apr07.s

Helikopter nehmen zivile Wohngebiete unter Beschuss; systematisches Panzerfeuer hinterlässt Hunderte von Verwundeten; Bulldozer machen Flüchtlingsheime dem Erdboden gleich und die Versorgung mit Nahrung und Medikamenten wird bald verebben." Dutzende von Leichen liegen in den Straßen des Flüchtlingslagers in Jenin. Die Geburtskirche brennt – wie im Jahr 614.

Währenddessen versammeln sich Tausende von Juden in New York und zeigen ihre Unterstützung für Israels Massaker an Palästinensern. 150.000 jüdische Demonstranten gehen in Paris auf die Straße, um ihre Solidarität mit Israel zu beweisen. Sie schwenken israelische Flaggen und sind in ihren Staatsfarben Blau und Weiß gekleidet (die drei Farben Frankreichs sind längst vergessen), sie marschieren vom Place de la République zum Place de la Bastille, skandieren Sprüche auf Französisch und Hebräisch und tragen Schilder, auf denen man lesen kann: „Gestern New York, heute Jerusalem, morgen Paris."

In Israel „kann niemand die Bestrebungen der meisten Israelis so gut ausdrücken wie der Premierminister. Das ist kein Krieg Scharons, des 'Kriegshetzers', dies ist unser aller Krieg", schreibt Gideon Levy, ein Herzens- und Gewissensmann. „Es wird auch sehr schwierig sein, Scharon für die Konsequenzen des Krieges verantwortlich zu machen, im Licht der durchgreifenden Unterstützung durch die Mehrheit der Israelis. Fast 30.000 Männer wurden mobilisiert und sie meldeten sich ohne Ausnahme zur Stelle. Ihre Zahl ließ die Kriegsverweigererbewegung – nur 21 Verweigerer sitzen momentan im Gefängnis – irrelevant erscheinen. 'Wir fragten nicht lange warum, wir folgten einfach dem Ruf', sagte ein Reservist dem Premierminister und drückte so das 'Einigkeitssyndrom' aus, das für Israel in solchen Zeiten so charakteristisch ist. Zehntausende Männer verlassen ihre Häuser, stellen ihr normales Leben hintan und machen sich auf, um zu töten und getötet zu werden – und sie fragen nicht einmal warum? Das ist das Verhalten einer Herde", schließt Levy.

Levy hat Unrecht: In diesem ungeheuren Zusammenhalt und unverfrorenen Ethnozentrismus kommt die wahre Stärke des Judentums zum Vorschein. Zum Beispiel schreibt ein gewisser Marc Steyn in der *National Post*: „Jedes zivilisierte Volk ist sich darüber einig, dass das Töten von Juden falsch ist." (Nicht „töten" an sich ist falsch, denn das würde auch das Töten von Palästinensern mit einbeziehen. Nur „Juden zu töten" ist falsch. Diese Einstellung beruht auf der jüdischen Interpretation der Zehn Gebote – „Du sollst keinen Juden töten“ – anstatt der christlichen Interpretation „Du sollst nicht töten“.)

Professor David D. Perlmutter schrieb am 7. April 2002 in der *Los Angeles Times*: „Ich hänge einem Tagtraum nach … wenn er nur wahr wäre! Hätte Israel in den Jahren 1948, 1956, 1967 oder 1973 nur ein wenig wie das Dritte Reich gehandelt, könnten die Israelis heute unbehelligt einkaufen, Pizza essen, heiraten und die heiligen Feiertage begehen. Und natürlich würde das Golföl den Juden und nicht den Scheichs gehören.“ Solche Tagträumer sollten gewissenhaft aus dem Erziehungssystem entfernt werden, denn sie sind nichts anderes als unbekehrte Nazis. Doch sie brauchen keine Angst zu haben, denn der Judäo-Nazismus ist in den USA eine beliebte Ideologie geworden.

Der geistreiche, wenn auch versnobte Taki von der britischen Wochenzeitung *Spectator* trug in Form einer Anekdote folgenden Beweis zur neuen jüdischen Vehemenz und Einigkeit bei: „Am Ostersonntag, während des Mittagessens, platzte Irit Lando*, die reichste Frau Israels, plötzlich in mein Haus und hielt meinen Freunden und meiner Familie einen Vortrag über Adam Shapiro. Obwohl sie eine der ältesten Freundinnen meiner Frau ist und obwohl wir sie eingeladen hatten, nach dem Mittagessen bei uns vorbeizuschauen, war ich doch äußerst verärgert. Ich erinnerte Irit daran, dass mein Haus kein von Israel besetztes Gebiet sei, dass Ostern sei und dass sie das Thema wechseln solle, da sie wisse, wie ich zur Notlage der Palästinenser stünde. Das tat sie auch und wandte sich stattdessen an die Presse, die sich darauf stürzte und dem gottverdammten Verräter Adam Shapiro auch noch Publicity verschaffte.“ Da die wenigen Außenseiter jüdischen Ursprungs wie Adam Shapiro immer stärker an den Rand gedrängt werden, stellen sich die Juden *en masse* hinter Scharon und Israel.

Die amerikanischen Amtspersonen müssen dem Fingerzeig folgen. Die amerikanischen Nichtjuden haben schon vor langer Zeit verstanden: Wenn man in der Politik oder in den Medien Karriere machen will, muss man die Juden von ganzem Herzen unterstützen. Anderenfalls wird man den

---

* Ich habe die Schreibung des Namens normalisiert. Taki, auf seine snobistische Art, änderte den ziemlich gewöhnlichen jüdischen Namen Landoi (oder Landau) in eine französische Schreibweise um.

Krokodilen zum Fraß vorgeworfen. Wenn ein Mann die höheren Ränge der amerikanischen Macht erreicht hat, dann hat er sich gut eingearbeitet und kennt die Grenzen seiner Macht.

VII.

Eric Alterman von *The Nation* veröffentlichte eine Liste von amerikanischen Experten, die Israel freimütig unterstützen. Es ist eine aufregende Lektüre:

„Kolumnisten und Kommentatoren, die Israel rückhaltlos und ohne Vorbehalt unterstützen: George Will, *Washington Post*, *Newsweek* und *ABC News*; William Safire, *New York Times*; A. M. Rosenthal, *New York Daily News*, früherer Herausgeber und späterer Kolumnist der *New York Times*; Charles Krauthammer, *Washington Post*, PBS, *Time*, und *Weekly Standard*, früher bei *New Republic*; Michael Kelly, *Washington Post*, *Atlantic Monthly*, *National Journal* und MSNBC.com, früher bei *New Republic* und *New Yorker*; Lally Weymouth, *Washington Post* und *Newsweek*; Martin Peretz, *New Republic*; Daniel Pipes, *New York Post*; Andrea Peyser, *New York Post*; Dick Morris, *New York Post*; Lawrence Kaplan, *New Republic*; William Bennett, CNN; William Kristol, *Washington Post* und *Weekly Standard*, *Fox News*, früher bei *ABC News*; Robert Kagan, *Washington Post* und *Weekly Standard*; Mortimer Zuckerman, *US News and World Report* (Zuckerman ist auch der Vorsitzende der Conference of Presidents of Major American Jewish Organizations); David Gelertner, *Weekly Standard*; John Podhoretz, *New York Post* und *Weekly Standard*; Mona Charen, *Washington Times*; Morton Kondracke, *Roll Call*, *Fox News*, früher bei der McLaughlin Group, *New Republic* und PBS; Fred Barnes, *Weekly Standard*, *Fox News*, früher bei *New Republic*, der McLaughlin Group und *Baltimore Sun*; Sid Zion, *New York Post*, früher bei *New York Daily News*; Yossi Klein Halevi, *New Republic*; Norman Podhoretz, *Commentary*; Jonah Goldberg, *National Review* und CNN; Laura Ingram, CNN, früher bei MSNBC und *CBS News*; Jeff Jacoby, *Boston Globe*; Rich Lowry, *National Review*; Andrew Sullivan, *New Republic*; Seth Lipsky, *Wall Street Journal* und *New York Sun*, früher bei *Jewish Forward*; Irving Kristol, *Public Interest*, *National Interest* und *Wall Street Journal* Editorial Page; Chris Matthews, MSNBC; Allan Keyes, MSNBC, WorldNetDaily.com; Brit

Hume, *Fox News*; John Leo, *US News and World Report*; Robert Bartley, *Wall Street Journal* Editorial Page; John Fund, *Wall Street Journal*, *Opinion Journal*, früher bei *Wall Street Journal* Editorial Page; Peggy Noonan, *Wall Street Journal* Editorial Page; Ben Wattenberg, *Washington Times*, PBS; Tony Snow, *Washington Times* und *Fox News*; Lawrence Kudlow, *National Review* und CNBC; Alan Dershowitz, *Boston Herald*, *Washington Times*; David Horowitz, Frontpage.com; Jacob Heilbrun, *Los Angeles Times*; Thomas Sowell, *Washington Times*; Frank Gaffney, Jr., *Washington Times*; Emmett Tyrell, *American Spectator* und *New York Sun*; Cal Thomas, *Washington Times*; Oliver North, *Washington Times* und *Fox News*, früher bei MSNBC; Michael Ledeen, *Jewish World Review*; William F. Buckley, *National Review*; Bill O'Reilly, *Fox News;* Paul Greenberg, *Arkansas Democrat-Gazette*; L. Brent Bozell, *Washington Times*; Todd Lindberg, *Washington Times*; Michael Barone, *US News and World Report* und The McLaughlin Group; Ann Coulter, *Human Events*; Linda Chavez, Creators Syndicate; Cathy Young, *Reason Magazine*; Uri Dan, *New York Post*; Laura Schlessinger; Moralexperte Rush Limbaugh, Radiopräsentator."

„Interessant ist die große Anzahl von Nichtjuden, die Israel rückhaltlos und ohne Vorbehalte unterstützen", schrieb Professor Kevon McDonald von der California State University in einem privaten Briefverkehr mit dem Autor. „Die bedingungslose Unterstützung Israels ist ein wichtiger Lackmustest, um von den größten Mediengruppen in den USA akzeptiert zu werden. Angehende Experten verdienen sich ihren Ruf, indem sie ihre Hingabe zu Israel (und wahrscheinlich anderen jüdischen Themen gegenüber) zeigen. Die ungeheure Neigung in Richtung Israel kann ohne einen enormen selektiven Faktor nur schwer als das Ergebnis individueller Haltungen erklärt werden. Und da wäre noch die offensichtliche Andeutung, dass die Juden auf dieser Liste aus ethnischem Antrieb handeln, während die Nichtjuden sicherlich einen ausgezeichneten Karriereschachzug machen, indem sie die genannten Positionen einnehmen. Diese Theorie des Lackmustests für angehende Meinungsmacher wird weiters durch die Tatsache unterstützt, dass Joe Sobran von der *National Review* gefeuert wurde, weil er so unbesonnen war vorzuschlagen, dass die US-Außenpolitik sich nicht nach dem richten solle, was für Israel am besten ist."

Die Karrieristen wurden nach ihrer Fähigkeit ausgewählt, die Interessen des amerikanischen Volkes zu vernachlässigen. Ein guter Indikator für die Zusammensetzung und das Verhalten der Elite kann in den Zahlen von Studentenzulassungen an den Ivy League-Universitäten gefunden werden. Der Anteil der traditionellen amerikanischen Eliten, der WASPs, ist von 85% auf 35% gesunken, während der Anteil der Juden (2% der Bevölkerung) auf 40% gestiegen ist. Mit anderen Worten – die Chance eines Nichtjuden auf einen Platz unter den Eliten ist deutlich gesunken.

Und so besetzen nach einem langjährigen Selektionsprozess die projüdischen Kräfte in den USA mächtige und einflussreiche Positionen. Schließlich waren die USA ja fast dazu bestimmt, auf Grund ihrer Ideologie ein neojüdischer Staat zu werden. Anthony Judge schrieb: „Es gibt eine außerordentliche Parallele zwischen der ungewöhnlich ausschließlichen Wahrnehmung von Amerika als 'Gottes eigenes Land' und von Israel als Geschenk Gottes an das 'auserwählte Volk'. Warum dienten diese Wahrnehmungen als Rechtfertigung für Übergriffe auf die Länder anderer, die Vertreibung und den Tod der einheimischen Bevölkerung, ihre Verbannung in 'Reservate' und die Entwicklung von strategischen Rahmenbedingungen für die Ausdehnung der 'westlichen Zivilisation' auf den Lebensbereich anderer Kulturen?"

VIII.

Dennoch hat Professor McDonald Unrecht, die Gründe der nichtjüdischen Unterstützung der Juden zu übersimplifizieren. Außer Bush und Rumsfeld, außer den Karrieristen gibt es auch gute Nichtjuden, die die Juden unterstützen, wie es – nach der Definition von Isaac Deutscher – auch Außenseiterjuden und „nichtjüdische Juden" gibt. Das liegt an der widersprüchlichen Natur der zentrifugalen und zentripetalen Tendenzen innerhalb der jüdischen Gemeinde. Durch ihre individuellen Reaktionen beim Zusammentreffen mit Nichtjuden können die Juden in „Randjuden" und „Kernjuden" klassifiziert werden. Randjuden versuchen die Gemeinde zu verlassen – durch Heirat, durch Annahme des Christentums, des Kommunismus oder eines anderen Glaubens, durch das Streben nach einer Kommunion mit Gott. Kernjuden erklären den Vorrang der Gemeinde in der ständigen Kriegsführung gegen die Nichtjuden. In dem Jahrtausende alten Tauziehen versucht das Christentum den Kern zu knacken, während das Judentum gegen die Randjuden kämpft.

Darum gibt es zwei Arten von „Philosemiten". Die einen, die guten Nichtjuden, suchen nach einer neuen spirituellen Heimat. Sie sind von den positiven Teilen der Bibel beeinflusst, von der „Nächstenliebe". Sie mögen den Gemeinschaftsgeist, das Zugehörigkeitsgefühl, das Traditionsbewusstsein, das die Juden ausstrahlen. Sie mögen auch den gewissen „Außenseiter"-Touch, der poetische Naturen anzieht. Es gibt viele Menschen, die die einengenden Fesseln ihrer unmittelbaren Umgebung durchbrechen möchten. James Joyce, der irische Schriftsteller, sah die Juden als einen Ausweg aus der blutigen Fehde mit den Briten. Marina Zwetajeva, die russische Dichterin, fühlte sich in ihrer beständigen Mittelklasse-Familie als Außenseiterin und schrieb: „In dieser christlichsten Welt sind alle Dichter Juden." Die charmanten weiblichen Charaktere in Woody Allens frühen Komödien fühlen sich alle zu diesem ewigen Fremden, dem Juden, hingezogen.

Es ist kein Zufall, dass solche Personen gewöhnlich auf marginale Juden treffen, am äußeren Rand der jüdischen Gemeinde. Der Jude von James Joyce war der italienisch-jüdische Schriftsteller Italo Svevo, der Jude der Marina Zwetajeva der russisch-kommunistische Spion Sergej Ephron. Der Jude von Diane Keaton und Mia Farrow war dieser amüsante Außenseiter Woody Allen. Da der Rand der jüdischen Gemeinde ziemlich breit ist, erfolgt immer eine Vermischung mit den besseren nichtjüdischen Außenseitern.

Die zweite Art von Verbündeten besteht aus den harten Geschäftsmännern. Sie mögen das Streben nach Reichtum, die Missachtung der Moral und der gesellschaftlichen Konsequenzen, die sich daraus ergeben, die Missachtung fremden Besitzes und des Lebens anderer. Menschen, die jedermann als Feind und das Leben als ständigen Kampf wahrnehmen, bemerken, dass in der jüdischen Ideologie kein Fremder ein „Nächster" ist. Darum umgaben sich die grausamsten Herrscher, Prinzen und Könige mit jüdischen Beratern und Ministern. Sie lernten von ihnen die Missachtung ihrer Untertanen. Menschen wie Nero und Pedro der Grausame, Conrad Black und Margaret Thatcher, die Mafia-Paten und die Diktatoren der Dritten Welt liebten die Kernjuden (im Gegensatz zu den Randjuden).

Daher haben gute Menschen ihre Juden und böse Menschen die ihren. Das Problem dabei ist: Die Juden der guten Menschen sind Außenseiter, die sich kaum als Juden qualifizieren, während die Juden böser Menschen die mächtigen jüdischen Anführer sind. Und die jüdische Bruderschaft ist eine hierarchisch strukturierte Organisation, die stark von ihren autoritären Anführern beeinflusst wird. Die guten Juden wurden gegen ihren Willen von den bösen Juden benutzt. Albert Einstein wies die jüdische Gemeinde zurück, missbilligte den Zionismus, ging niemals in eine Synagoge und war ein netter Mann. Doch seine Errungenschaften wurden von bösen Juden dazu benutzt, ihr eigenes Konzept zu promoten.

Dies passierte, weil nicht allzu viele Menschen verstehen, dass die Juden weder ein Volk noch eine Religion noch eine Rasse sind. Sie sind eine quasi-religiöse Organisation; die katholische Kirche verbunden mit dem Internationalen Währungsfonds. Man kann vielen Arten von Katholiken begegnen, doch die Entscheidungen werden in Rom gefällt. Man kann allen Arten von Juden begegnen, doch die Entscheidungen werden an der Wall Street getroffen.

Im Kampf gegen das Herzstück muss man die marginalen Juden unterstützen. Das war auch der traditionelle Ansatz der christlichen Kirche: das Judentum zu bekämpfen, um die Seelen der Juden zu retten. Ein jüdischer Eiferer, der „verrückte“ Goldhagen, behauptete in seinen Büchern, die Kirche sei „antisemitisch“ und ihre Politik führe zum Holocaust. Nichts könnte falscher sein: Die Kirche wollte den Geist korrigieren und nicht den Körper töten. Tatsächlich stehen die wahren Interessen von „Juden“ und „den Juden“ miteinander im Konflikt.

Die jüdischen Eliten wissen, dass Menschen eine Wahl haben sollten, und sie versuchen sicherzustellen, dass sie die falsche Wahl treffen. Darum unterstützen die mammonitischen Juden die zionistischen Fanatiker. Sie wollen, dass wir Juden die Wahl zwischen zwei Übeln treffen: zwischen den Mammoniten und den Fanatikern. Doch es gibt auch noch eine „dritte Philosophie“. Ihre Anhänger glauben an die große Bruderschaft aller Menschen und weisen sowohl den Hass der Fanatiker als auch das Streben der Pharisäer nach Weltdominanz zurück. Sie können verschiedenen politischen und religiösen Strömungen angehören, politisch links oder rechts stehen, an Christus oder Allah glauben, an Lenin oder Chomsky, New Age oder Buddha, Kunst oder Liebe. Sie sind der Überrest Israels, wie vom heiligen Paulus proklamiert. Durch ihr Verschmelzen mit der Menschheit werden die Worte Christi wahr: Ein Getreidekorn, das stirbt, lebt. Ein Getreidekorn, das lebt, stirbt.

Die Geschichte von Tod und Wiederauferstehung hat diese mystische Bedeutung: Fürchtet euch nicht vor Tod und Vergänglichkeit, denn dies ist der Weg zum Leben. Die Juden, die als Juden starben, blieben lebendig, nachdem für die jüdische Gemeinde in Spanien der Vorhang gefallen war; die heilige Theresa von Avila und Johannes von Gott (der Gründer der Barmherzigen Brüder) starben als Juden und blieben für immer lebendig. Die Namen der Exiljuden, die nach Amsterdam und Marokko gingen, sind tot und vergessen: sie lebten als Juden und starben dann für immer. Dies wiederholte sich 1917 in Russland: Diejenigen, die Juden blieben, starben für immer, und diejenigen, die die Revolution annahmen, lebten für immer.

IX.

Kurz vor dem 11. September 2001 besuchte eine Gruppe von amerikanischen Kongressmitgliedern Palästina und eines von ihnen schaffte es in die Schlagzeilen. Das Kongressmitglied Shelley Berkley (eine Demokratin aus Nevada) sagte zum palästinensischen Minister Saeb Erakat: „Das ist unser Land; wir haben den Krieg gewonnen. Wenn es den Palästinensern nicht gefällt, unter jüdischer Herrschaft zu leben, dann würde ich sie nicht vom Gehen abhalten."

Wer ist denn dieses „wir", von dem Shelley Berkley spricht? Sie meinte damit sicher nicht „wir, die Amerikaner", oder „wir, die Einwohner Nevadas", die sie nach Washington gewählt haben. Meinem Wissen nach hat Nevada im Mittleren Osten keinen Krieg geführt. Ein naiver Mensch würde wahrscheinlich „Israel" antworten und sie sogar „dualer Loyalität" beschuldigen. Strikte Berater würden sie dafür zensieren, dass sie das Vertrauen ihrer Wählerschaft durch die Loyalität gegenüber einem fremden Land brach. Doch das wäre eine unaufrichtige Fehldeutung. Miss Berkley hat niemals ihre Loyalität gewechselt. So wie viele andere Kongress- und Senatsmitglieder hat sie nur eine Loyalität, und zwar die gegenüber der jüdischen Sache.

Miss Berkley klingt vernünftig. Wenn es die Einwohner Nevadas und andere Amerikaner nicht stört, unter starkem jüdischem Einfluss zu leben, warum sollte es dann die Palästinenser stören? Amerikaner stört es offenbar nicht, dass ihr Vermögen von großen Investmentbankern unter der Schirmherrschaft von Herrn Greenspans Federal Reserve verwaltet wird.

Jesus spart, doch Moses investiert. Jüdischer Einfluss endet nicht dort, wo letztlich die Verantwortung liegt. Die Vorbilder der Amerikaner werden von Hollywood mit seiner Verehrung der Habgier und des Erfolges geformt. Ihre Gedanken werden von den jüdischen Experten in den Universitäten und den Medien geliefert. Aus Bequemlichkeit löffeln sie die *New York Times*-Hühnersuppe aus. Ihre Geschichte beschränkt sich nur noch auf Holocaust-Studien. Ihre Bücher werden von Saul Bellow und Bernard Malamud geschrieben. Amerikanern macht es nichts aus, dass sich ihre Politik in den Händen von Personen befindet, die einzig und allein der jüdischen Sache ergeben sind.

Wenn es ihnen egal ist, warum ist es mir, einem israelischen Juden, nicht egal und warum empfinde ich keinen Stolz für die große Errungenschaft meiner Brüder, der amerikanischen Juden? Schließlich ist es keine Kleinigkeit, die einzige Supermacht zu übernehmen, ohne dass ein einziger Schuss abgefeuert werden musste. Dies ist nicht nur eine rhetorische Frage – man kann sie beantworten und die Antwort darauf ist nicht „Selbsthass“. Ich bin mit mir selbst völlig im Reinen und fühle mich wohl in Gesellschaft der meisten Juden, die ich treffe. Jeder für sich genommen sind wir nett und zum Liebhaben. Zumindest so nett wie alle anderen auch. Doch alle zusammen bilden wir eine gewaltige und abstoßende Gesellschaftsmaschine, versessen auf Machtzuwachs und voll Habgier. Ich mag „die Juden“ so, wie der große Amerikaner Henry David Thoreau das amerikanische Imperium mochte, wie Voltaire seine katholische Kirche mochte und wie George Orwell Stalins Partei mochte.

Das Judentum ist zum Gegner der Juden in Israel geworden. Israelis, die in Frieden mit ihren palästinensischen Nachbarn leben möchten, in Frieden mit Kirchen und Moscheen, haben dem starken Arm der amerikanisch-jüdischen Anführer nichts entgegenzusetzen. Gute Israelis und deren palästinensische Verbündete können nicht gewinnen, solange diese Macht nicht gebrochen ist. In einer nordischen Geschichte kam der Gott und Held Thor nach Utgard, um seine Kraft zu beweisen. Die Götter von Utgard forderten ihn auf, ein gefülltes Horn leer zu trinken. Er versuchte es und versagte. Das Horn war mit einem Brunnen verbunden. Nur indem Thor den Verbindungsschlauch durchschnitt, konnte er siegen. Wenn Sie, meine Leser jenseits des Atlantiks, den Zufluss jüdischer Unterstützung aus dem Ausland stoppen, dann werden wir, Israelis und Palästinenser vereint, die Zustände vor Ort ändern können. Die Unterstützer des jüdischen Staates unter Ihnen sollten in Schach gehalten werden, uns und Ihnen selbst zuliebe.

X.

Vor einigen Monaten führten mich meine Reisen an den Amazonas, in den Dschungel Perus, den der Rio del Madre de Dios zerschneidet. In diesem entlegenen Teil der Erde schlängeln sich Flüsschen meilenweit durch endlose Wälder und sind nur mit kleinen Pirogen befahrbar. Nach einer langen Segelfahrt von Puerto Maldonado brachte mich mein einheimischer Führer in diese verlorene Welt mit ihren zahlreichen farbenfrohen Papageien und freundlich gesinnten Affen, die sich auf meiner Schulter niederließen. Auf einem engen Weg bemerkte ich einen riesigen Baum. Er war größer als alle anderen Bäume des Dschungels. Seine gigantischen Wurzeln erstreckten sich über viele Meter. Auf meine Frage, was das für ein Baum sei, antwortete mir mein Führer, es sei ein *telegraph-tree*. Er klopfte an den Stamm des Monsterbaumes und das Geräusch hallte durch den Dschungel. Der Gigant war innen hohl.

Ich sah mir den Baum näher an und bemerkte etwas, das mir vorher entgangen war: Etwa sechs Meter über dem Erdboden stand ein weiterer Stamm, der halb verdaute Stamm einer Palme, aus der Umarmung der glatten Rinde hervor. Der Telegrafenbaum war ein gigantischer Parasit und war auf einer Palme gewachsen. Er hatte keinen eigenen Stamm, sondern umgab die Palme und wuchs auf ihr, blockierte sie schließlich und verdaute ihren Lebenssaft. Die Palme verrottete in ihrer Hülle, der hohle Stamm wuchs in die Höhe und wurde somit zur perfekten Trommel für die einheimischen Indianer.

Dies war das lebendige Abbild der Vereinigten Staaten von Amerika, dieses riesigen hohlen Stammes, der über dem Wald der Nationen thront, doch innerlich tot ist. Das amerikanische Imperium ist in eine Phase des Niedergangs eingetreten. Der Dollar ist immer noch die weltweite Währung, die US Army ist immer noch eine beeindruckende Kriegsmaschine, die Börse läuft immer noch mit Milliardenbeträgen, doch der große westliche Staat führt spirituell ein Nicht-Dasein. Das politische Leben in den USA befindet sich in einem Dämmerungszustand, der an die letzten Tage der merowingischen Königsherrschaft erinnert. Für Außenstehende ist es schwer zu begreifen, dass diese Nation mit 275 Millionen Einwohnern keinen besseren Anführer finden konnte als den Einfaltspinsel Bush.

Der allgemeine politische Niedergang geht mit Geistesschwäche einher. Das Amerika der Massenmedien und des öffentlichen Lebens ist dumm. Es erscheinen keine wichtigen neuen Bücher, die Situation ist mit der Kreativität des Vorkriegsamerika nicht zu vergleichen. Das amerikanische Fernsehen ist eine Beleidigung für die menschliche Intelligenz. Museen sind voll mit rostigem Schrott und Videodarbietungen, die vorgeben, amerikanische Kunst zu sein. Die jüdisch-mammonitische Übernahme hat die Lebenskräfte Amerikas eliminiert und sie auf Konsum umgestellt.

XI.

Der „jüdische" Geist Amerikas, von Marx denunziert, wurde am 22. Jänner 2001 im *New York Observer* von dem jüdisch-amerikanischen Journalisten Phillip Weiss gelobt und gepriesen: „Niemand darf über etwas sprechen, das wir im Stillen alle wissen: Die Juden haben Amerika verändert. Die Bürgerrechtsbewegung spiegelt jüdische Werte der Gerechtigkeit wider. Der Feminismus ist eine Manifestation der liberalen jüdischen matriarchalischen Werte. Mächtige Juden haben das Informationszeitalter herbeigeführt. Pyschologisch aufeinander abgestimmte Juden und Hollywood haben die Sprache der Volkskultur verändert – Seinfeld, Weinstein. Und die neue Betonung der Errungenschaften des Bildungssystems in unserer Gesellschaft zeigt die jüdische Liebe zur Bildung. Und dabei habe ich noch nicht einmal die Finanzen und die Gesetzgebung erwähnt … Diese Tendenzen haben Amerika gerechter und kreativer gemacht. Juden haben die Trennung von Kirche und Staat gefördert. Der Einfluss der Kirche auf öffentliche Sitten wäre nicht zurückgegangen, hätten nicht säkulare Juden kulturell an Macht gewonnen. Und keiner spricht darüber. Die wichtigste Veränderung einer etablierten Kultur in den letzten 25 Jahren und man geht darüber stillschweigend hinweg."

Die blasierte Selbstbeweihräucherung von Phillip Weiss verlangt nach einer nüchternen Betrachtung. Diese Veränderungen kann man auch in einem weniger günstigen Licht sehen. Weiss sagt, die Juden hätten Amerika in den letzten 25 bis 30 Jahren verändert. Das waren die goldenen

Jahre für amerikanische Juden, da ihr Anteil an der Macht und am Einfluss wuchs. Doch diese Jahre waren ziemlich schwer für nicht auserwählte Amerikaner. Die britische Wochenzeitschrift *The Economist*, die den Neoliberalismus leidenschaftlich unterstützt, berichtete am 16. Juni 2001: „Die Kluft zwischen Arm und Reich vergrößert sich. In Amerika stieg das durchschnittliche Einkommen des reichsten Fünftels der Bevölkerung von neun Mal auf 15 Mal soviel wie das durchschnittliche Einkommen des ärmsten Fünftels. Im Jahr 1999 erreichte die Ungleichheit der britischen Einkommen das höchste Niveau in vierzig Jahren."

Die Zunahme jüdischen Einflusses ging mit Divergenz einher: Die Reichen wurden noch reicher, die Armen wurden noch ärmer und die Mittelklasse ging dabei verloren. Dies war zu erwarten, da traditionell der Wohlstand der jüdischen Gemeinde gegen die Interessen der Normalbevölkerung arbeitet. Die Bibel erzählt die archetypische Geschichte von Joseph und seinen Brüdern, die zu Wohlstand kamen, indem sie durchschnittliche Ägypter als Sklaven an den Pharao verkauften. Die jüdische Gemeinde stellte sich in Spanien in den Tagen Don Pedros des Grausamen auf die Seite des Königs und gegen das gewöhnliche Volk, genauso wie in Polen und der Ukraine im 17. Jahrhundert. Nicht umsonst befanden sich die jüdischen Viertel überall in Europa immer in der Nähe der Königspaläste.

Die „mächtigen Juden in den Medien" verfielen in ihr übliches Gefasel: von der Glorifizierung Israels, dem Gejammer über den jüdischen Holocaust und die Unterstützung jedes Ekel erregenden Falles vom Massenmord im Irak bis hin zum Blockieren des Vorwärtskommens der schwarzen Bevölkerung in den USA. Unter jüdischer Vormacht wurde das amerikanische Kino in Hollywood noch gewalttätiger, moralisierender, abstoßender und kulturloser. Es gibt einen guten jüdischen Typ im Filmgeschäft, Woody Allen, doch er ist nicht in Hollywood und wird ohnedies als Antisemit bezeichnet. Im Bereich der Gesetzgebung machte die Ankunft der Juden Amerika nicht zu einer gerechteren, sondern zu einer prozesssüchtigeren Gesellschaft. „Ein jüdischer Anwalt" diente immer als der schwarze Mann, um Kinder nachts das Fürchten zu lehren. Die „Trennung von Kirche und Staat" kann auch als gewaltsame Entchristianisierung und Entspiritualisierung gesehen werden.

XII.

Die USA sind auf mehr als nur eine Art ein jüdischer Staat geworden. Es gibt die selben Sicherheitsmaßnahmen, die selben Holocaust-Museen, die selbe Armut für viele und den selben Reichtum für wenige wie in Israel. Diese Ähnlichkeit nehmen sowohl Freund als auch Feind wahr. David Quinn* schrieb in der *Sunday Times*, dass die Spürbarkeit der Zurückweisung der amerikanischen Politik durch irische Intellektuelle „so stark, so greifbar, so irrational (!?) sei, dass es mich an nicht mehr als Antisemitismus erinnert". Quinn fährt fort: „Die Amerikaner werden heute so wie die Juden in den Augen des halben Planeten als Sündenbock wahrgenommen. Man beschuldigte die Juden, die Weltfinanzen zu kontrollieren, dasselbe wirft man auch den USA vor. Man beschuldigte die Juden, durch ihre Kontrolle des künstlerischen und kulturellen Lebens den Niedergang zu fördern, genauso wie die USA. Man beschuldigte die Juden, ihre Macht für schändliche Zwecke einzusetzen, und das wirft man auch den USA vor. Angesichts der Macht und des Wohlstandes Amerikas und der Macht der jüdischen Lobby war es für den Mittleren Osten ein Leichtes, Antiamerikanismus mit uraltem Antisemitismus zu vermischen und so eine wahrlich giftige Mischung zu kreieren. Zahlreiche Millionen Menschen haben dieses Gebräu geschluckt und sind nun von einem Hass gegen Amerika erfüllt, der so stark ist wie der zahlreicher Deutscher in der Weimarer Republik. Osama bin Laden und seine Anhänger haben ihren Hass bis zu seinem logischen Schluss verfolgt, genauso wie Hitler: Wenn Amerika und seine Bevölkerung wirklich für die Probleme der Welt verantwortlich sind, dann müssen sie ausgelöscht werden."

Dieser Artikel ist deshalb wichtig, weil er das Unterbewusstsein eines Anhängers des Judäo-Amerikanismus zeigt. Quinn appelliert an Juden und Neojuden: Unterstützt Amerika, denn Amerika ist ein jüdischer Staat, der jüdische Politik macht und normale antijüdische Reaktionen hervorruft! Quinn empfindet Juden und Amerikaner als identisch und bemüht das bekannte Klischee der neojüdischen Propaganda.

Eines der Klischees ist, die Zurückweisung der jüdisch-amerikanischen Politik sei „irrational", da es den Glaubensgrundsatz gibt: „Du sollst nicht

---

* „Blaming America", *Sunday Times*, Irish edition.

zu verstehen versuchen, warum deine Politik Zurückweisung verursacht." Elie Wiesel, der Prophet des Holocaustismus, rezitiert zu jeder Gelegenheit: „Völlig irrational ... keine Erklärung ... kein Grund, bloßer Hass auf Juden von allen Seiten ..." Im *Guardian* vom 15. September 2001 wiederholt Rabbi Tony Bayfield den Grundsatz mit der bekannten jüdischen Vehemenz: „Mein Zorn richtet sich gegen jeden, der es auf irgendeine Weise anzudeuten wagt, dass solche Taten (der Angriff auf das Pentagon etc.) erklärbar oder gar zu rechtfertigen seien."

Ohne Rabbi Bayfield persönlich zu kennen, wage ich eine wilde Behauptung. Erwähnte man ihm gegenüber Deir Yassin oder den Genozid im Irak, würde er vor Wut kochen: Wie kann man diesen Vergleich wagen! Er würde diese Massenmorde zu rechtfertigen suchen und mit Sicherheit für erklärbar halten. Doch jedes Mal, wenn Juden leiden, kann die Tat nicht erklärt und nur mit mystischen Mitteln verstanden werden.

Quinn, wie jeder neojüdische Apologet, leugnet das Unleugbare. Für ihn kontrollieren die USA nicht die Weltfinanzen, sondern werden dessen *beschuldigt*. Wahrscheinlich werden die USA nur *beschuldigt*, einen Großteil Nordamerikas einzunehmen. In Quinns Vorstellung leben die USA in einem Armenhaus, in einem kleinen *schtetl*. Ich habe keine Ahnung, wo Quinns Ursprünge liegen, doch niemand könnte jüdischer sein als er.

Für Quinn ist jeder Gegner der jüdischen Übermacht/der amerikanischen Dominanz ein neuer Hitler, der alle Juden/Amerikaner töten will. Nasser war Hitler, als er Suez nationalisierte, Arafat war Hitler und Beirut sein Bunker. Das sowjetische Russland war wie Nazi-Deutschland – von dem Moment an, als Moskau seinen Teil zum Sieg gegen Hitler beigetragen hatte. Osama bin Laden oder „die zahlreichen Millionen Menschen im Mittleren Osten" sind ein neuer Hitler. Der Gedanke hinter diesem Vergleich ist, dass man sich dieser „zahlreichen Millionen" Moslems so annehmen sollte, wie man sich Hitlers und seiner „zahlreichen Deutschen in der Weimarer Republik" annahm.

Der jüdisch-amerikanische Diskurs erbte das Vorgehen der Dämonisierung von seinem jüdischen Vorgänger. Die Einführung von Wut, Hass und Rachegedanken in eine Diskussion über den Gegner ist eine mächtige traditionelle jüdische ideologische Waffe. Sie wird niemals gegen die Gemeinde, sondern nur gegen Außenstehende gerichtet. Dämonisierung und Zorn verursachen allgemeine Garstigkeit und Verzerrung des Diskurses und können letzten Endes eine Gesellschaft zerstören. Rabbi Shmuel Boteach, ehemaliger Oberrabi an der Universität Oxford, präsentierte diesen jüdischen Ansatz in seinem passend benannten Stück „A Time to Hate“:* „Die passende Antwort auf die feigen Grobiane, die die schrecklichen Angriffe gegen Amerika begangen haben, ist, sie mit jeder Faser unseres Wesens zu hassen und uns selbst von jeglicher Art von Sympathie zu reinigen, die versucht sein könnte, ihre Motivation zu verstehen. Hass ist ein zulässiges Gefühl … Im Gegensatz zum Christentum, das dazu auffordert, dem Kriegswütigen die andere Wange hinzuhalten und die Bösen zu lieben, verpflichtet uns das Judentum dazu, die bösen Kräfte zu verachten und ihnen um jeden Preis zu widerstehen. Für uns ist es nicht nur heimtückisch, den ‘Sündern’ im Namen der Religion Vergeben und Mitgefühl entgegenzubringen, es ist sogar eine Art, sich über Gott lustig zu machen, der Gnade für alle hat, jedoch Gerechtigkeit für die Unschuldigen fordert. Die einzige Antwort auf Hitler sind absolute Verachtung und heftiger Hass. Der einzige Weg, auf das unverbesserliche Böse zu reagieren, ist, unablässig dagegen anzukämpfen, bis es völlig von unserem Planeten gefegt ist. Ich bin weiterhin der Meinung, dass jede Kultur, die Hitler und seinesgleichen nicht hasst, eine mitleidlose Gesellschaft ist. Tatsächlich – dem Mörder Freundlichkeit entgegenzubringen, ist vergleichbar mit einer neuerlichen Vergewaltigung des Opfers. So ist im Interesse der Gerechtigkeit die passende Antwort auf die üble Person, sie mit jeder Faser unseres Wesens zu hassen und darauf zu hoffen, sie möge keine Ruhe finden, weder in dieser noch in der nächsten Welt.“

XIII.

Im Kampf der Ideen gibt es eine furchtbare Massenvernichtungswaffe: die Dämonisierung des Gegners. Theologisch nennt man das die „manichäische“ Ketzerei. Es gibt keine bessere systematische Waffe, wenn man eine Gesellschaft zerstören will. Man sollte Menschen nicht in Söhne bzw. Töchter des Lichts und Söhne bzw. Töchter der Finsternis einteilen.

Juden stehen Ideen, die aus der eigenen Gemeinde stammen, meist ziemlich tolerant gegenüber. Der Gründer des Zionismus, Theodor Herzl, war

* http://www.arutzsheva.org

alles, nur kein frommer Jude. Religiöse Juden empfanden ihm gegenüber große Abneigung. Dennoch wusste jeder Rabbi, den man befragte, Gutes über ihn zu sagen. Herzl sprach niemals über weltliche Themen in einer Synagoge, betrat niemals die Toilette mit Gebetsriemen, las niemals den Talmud am Weihnachtsabend. Wahr ist, dass Herzl niemals eine Synagoge besuchte, niemals Gebetsriemen anlegte, niemals den Talmud las, punktum. In einem ähnlichen Sinn waren Juden gegenüber Trotzki, dem Kommunisten, und gegenüber Yair Stern, dem Nazi-Unterstützer, ziemlich tolerant, denn sie wussten, dass jede Idee positive Elemente enthält. Yossi Sarid, der Anführer der linken Oppositionspartei, war ein Freund des ermordeten jüdisch-nazistischen Ministers Zeevi und hielt eine ergreifende Lobesrede auf ihn.

Doch der Außenwelt boten die Juden üblicherweise das Bild der ewig Gesegneten versus die ewig Verdammten, von loderndem Zorn, von Wut und Rachsucht. Um den Ausgleich wieder herzustellen, sollte die interne jüdische Toleranz universalisiert und die nach außen gerichtete jüdische Intoleranz abgeschafft werden.

DER GROSSE AUFBRUCH

I.

Im frühen Herbst, wenn die Granatäpfel reif werden, breche ich zu den Ruinen des zerstörten palästinensischen Dorfes Saffurie auf. Die Geburtsstadt von Marias Mutter beherbergt immer noch die Kreuzfahrerkirche St. Anna. Dieses alte Dorf war vor etwa 2.000 Jahren eine wichtige Stadt mit dem Namen Sepphoris, die sich weigerte, sich den jüdischen Fanatikern anzuschließen, und dem Imperium treu blieb. Der Ort überlebte alle Launen der Zeit, bis er 1948 von der israelischen Armee gestürmt und zerstört wurde. Die Dorfbewohner wurden zu Flüchtlingen und zogen in Lager oder ins nahe gelegene Nazareth.

Die Wäldchen des toten Dorfes liegen in den Tälern versteckt und bringen jedes Jahr volle, runde, schwere und pralle Granatäpfel hervor, doch es ist niemand mehr da, um sie zu pflücken. Den Bewohnern der jüdischen Siedlung, die neben den Ruinen entstanden ist, ist das Schicksal der Granatäpfel und der Bauern, die die Bäume pflanzten, gleichgültig. In diesem Königreich der Trostlosigkeit und der reichlich tragenden Obstbäume gibt es auch ein sorgfältig gelegtes römisches Bodenmosaik, das manchmal die Mona Lisa von Galiläa genannt wird. Tausende von kleinen Steinchen in verschiedenen Schattierungen bilden ein längliches Gesicht mit einer geraden Nase, hochgestecktem Haar und vollen Lippen. Das Bild wird von Akanthusblättern umrahmt.

Dieses Mosaik erinnert mich immer an unsere wunderbare Welt, dieses erfreuliche Mosaik aus kleinen Städten, grünen Wiesen, Ballungsräumen, Schlössern und Hütten, Flüssen und Strömen, Kirchen und Moscheen. Jedes Stück des Mosaiks ist fein zugeschliffen, wertvoll und passgenau. Ich habe viele von ihnen gesehen und liebe sie alle: die steinigen, tief liegenden Inseln in der klaren und transparenten baltischen See, wo blonde Kinder vom Pier aus vorbeifahrenden Schiffen zuwinken; La France Profonde von Conque, ein kleiner Weiler im Massif Central auf der alten Pilgerstraße nach St. Jacques, wo ein schnatterndes Flüsschen den Hügel durchschneidet, die Schieferdächer und die vor tausend Jahren gepflasterten Straßen; die Kuppeln russischer Kirchen im hohen Gras am Fluss Oka, wo Mädchen mit Blumengirlanden einer Melodie lauschen; die hübschen Stimmen der Suzhou-Mädchen, die im Hof des Tempels widerhallen, und die Kanäle, die sich im Zickzack durch Südchina schlängeln; die barocken Häuser der Tabakfabriken in Trinidad und der stolze Tanz der Kubaner auf den Straßen; die schönen Körper der tätowierten Massai-Krieger, die in der Serengeti-Savanne um ein Lagerfeuer sitzen. Diese Welt ist schön und ihre Bewohner sind sehr nett.

Diese wunderschöne und komplexe Zusammensetzung ist von bevorstehenden Feindseligkeiten bedroht, denn der Dritte Weltkrieg richtet sich nicht nur gegen die Dritte Welt. Dieser Krieg begann bereits, bevor die erste Bombe auf dem steinigen Boden Afghanistans einschlug. Eine Million Flüchtlinge stehen auf der Straße, verursachen großen Tumult und beunruhigen Asien. Zweifellos wird früher oder später die Flüchtlingswelle auf Europa überschwappen. Hunderttausende Flüchtlinge sind bereits auf dem Weg nach Europa, Russland und den relativ stabilen Ländern im Umkreis. Man kann sie verstehen: Die USA haben versprochen, ihre Heimat mit Atomwaffen zu zerstören, und die wehrlose Bevölkerung hat keine andere Wahl, als aus den Zielgebieten zu fliehen. Keine Grenzkontrollen werden dem starken Druck dieser Welle standhalten können. Pakistan wird das erste, aber nicht das letzte Land sein. Da die USA und Großbritannien planen, ihren Kreuzzug in einen langen Krieg „gegen den Terror" zu verwandeln, wird es immer mehr Flüchtlinge geben, bis schließlich das schwache soziale Gewebe Europas zerreißt und zerbröselt. Europa wird überrannt werden, genauso wie einst das römische Imperium, und es wird die schwere Wahl treffen müssen: entweder die Einführung eines Systems der Apartheid und Diskriminierung oder der Verlust seiner Identität.

Wird Europa Amerikas Zorn nebenbei zum Opfer fallen wie ein unschuldiger Zuschauer bei einem Schusswechsel in einem Western? Es scheint mir, als sei Europa eines der wahren Ziele der bevorstehenden Offensive. Die Durchschnittsamerikaner wollen dies nicht, doch sie werden erst gar nicht gefragt. Die neuen herrschenden Eliten der USA sowie ihre Partner und Agenten jenseits des Atlantiks haben die Zerstörung des blühenden, unabhängigen und kohäsiven Europa auf ihre Liste gesetzt. Dafür gibt es einen praktischen kurzfristigen Grund. Europa ist ein Konkurrent Amerikas. Es ist zu unabhängig und verfügt nun über seine eigene Währung, die den Dollar ablösen kann. Europa unterstützt eine ausgeglichene Politik in Palästina. Europa ist zu sehr auf gleiche Rechte bedacht. In New York traf ich einen Liftboy, einen Immigranten aus dem verwüsteten Panama, der tatsächlich in dem Aufzug lebte. So jemandem würde man in Europa niemals begegnen, da Europa noch nicht „mammonisiert" ist.

II.

Den neuen regierenden Eliten ist Christus oder Muhammad ziemlich egal, das ist wahr, doch sie haben eine Menge religiöser Gefühle gegenüber einer anderen alten Gottheit, Mammon. Dieser alte Gott der Habgier wurde vor etwa 2.000 Jahren von den Pharisäern sehr verehrt, so steht es im Evangelium. Jesus sprach zu ihnen: „Ihr könnt nicht gleichzeitig Gott und Mammon verehren." Doch die Pharisäer lachten ihn nur aus, denn sie liebten das Geld (Lukas 16:13-14). Dieser Glaube wurde durch die weitere Entwicklung verdrängt. Die Liebe zum Geld wurde zu Habgier, einer der Todsünden; diese Eigenschaft wurde von Christen und Moslems gleichermaßen verdammt.

Doch sie verschwand nicht völlig. 2.000 Jahre später kam ein Enkel des Rabbi von Trier, Karl Marx, zu einem revolutionären Schluss: Der Glaube an Mammon, diese „Wochentagsreligion der Juden", um es mit seinen Worten auszudrücken, wurde zur wahren Religion der amerikanischen Eliten. Marx stimmte Colonel Hamilton zu und zitierte ihn: „Mammon ist ihr Götze, sie beten ihn nicht nur allein mit ihren Lippen, sondern mit allen Kräften ihres Körpers und ihres Gemüts an. Die Erde ist in ihren Augen nichts andres als eine Börse, und sie sind überzeugt, daß sie hienieden keine andere Bestimmung haben, als reicher zu werden denn ihre Nachbarn." Marx schloss: „Ja, die praktische Herrschaft des Judentums über die christliche Welt hat in Nordamerika den unzweideutigen, normalen Ausdruck erreicht, daß die Verkündigung des Evangeliums selbst, daß das christliche Lehramt zu einem Handelsartikel geworden ist, und der bankerotte Kaufmann im Evangelium macht wie der reichgewordene Evangelist in Geschäftchen."

Dieser siegreiche Geist beruhte laut Marx auf „Habgier und Egoismus, er bekannte sich zum Geschäft und sein Gott ist Mammon".* Diese Worte

* Deutsch-französische Jahrbücher, 1844.

wie auch andere Ideen von Karl Marx waren zwar bekannt, doch ihr tieferer spiritueller Sinn wurde aus gutem Grund nicht verstanden. Bis zum heutigen Tage kamen die religiösen Formen des Glaubens an die Habgier nicht zum Ausdruck und man konnte sich nur die eines Kapitalisten vorstellen, der an seine eigenen Interessen denkt und dabei das Gute für die Allgemeinheit fördert, so wie Adam Smith es tat.

Die Dinge änderten sich mit der Ankunft des „Neoliberalismus". Vorlesungen von Milton Friedman stellten das „Outing" der Mammoniten dar, der Anhänger des neuen/alten Glaubens. Sie unterscheiden sich von normalen habgierigen Personen dadurch, dass sie die Habgier auf das Niveau der eifersüchtigen Gottheit erheben, die neben sich keine anderen Gottheiten duldet. Den traditionellen Wohlhabenden wäre es nicht im Traum eingefallen, ihre Gesellschaft zu zerstören. Sie kümmerten sich um ihr Land und ihre Gemeinde. Sie wollten einfach die Besten unter den Ihren sein. Sie sahen sich selbst als „Hirten". Es stimmt zwar, dass Hirten auch die eigenen Schafe essen, doch sie würden nicht die ganze Herde an den Metzger verkaufen, nur weil der Preis stimmt.

Die Mammoniten sehen solche Rücksichtnahme als Verrat an Mammon. Wie Robert McChesney in seinem Vorwort zu Noam Chomskys Buch „Profit over People" (New York 1999) schrieb: „Sie fordern religiösen Glauben an die Unfehlbarkeit des ungeregelten Marktes" – in anderen Worten: den unbegrenzten Glauben an Egoismus und Habgier. Sie haben keinerlei Mitgefühl mit den Menschen, unter denen sie leben, sie sehen die Einheimischen nicht als „ebenbürtig" an. Wenn sie die einheimischen Bewohner eliminieren und durch arme Immigranten ersetzen könnten, um ihre Gewinne zu optimieren, würden sie das tun, so wie ihre Brüder in Palästina.

Den Mammoniten ist das amerikanische Volk völlig egal und sie benutzen es als ihr Mittel, um die Dominanz über die Welt zu gewinnen. Das Idealbild ihrer Welt ist archaisch oder futuristisch – sie träumen von einer Welt von Sklaven und Herren. Um das zu erreichen, streben die Mammoniten danach, die soziale und nationale Kohäsion zu zerstören.

Solange Menschen auf ihrem Land bleiben, ihre Sprache weiterhin sprechen, unter ihren Brüdern leben, Wasser aus ihren Flüssen trinken, in ihren Kirchen und Moscheen beten, können sie nicht versklavt werden. Doch wenn ihr Land von Flüchtlingen überrannt wird, kollabiert ihre soziale

Struktur. Sie werden ihren großen Vorteil verlieren, das Zusammengehörigkeitsgefühl, die Brüderlichkeit, und sie werden leichte Beute für Mammoniten.

III.

Afghanen sind wunderbare Menschen, entschlossen, unabhängig und selbstständig. Ihr Charakter wurde von ihrer gebirgigen Umgebung geformt und wie alle Hochlandbewohner sind sie ziemlich stur und konservativ. Die Angst vor amerikanischen Bombenangriffen könnte sie in das holländische Flachland oder in französische Städte treiben und sie werden, ohne es zu wollen, das Land, in dem sie sich niederlassen, unwiederbringlich verändern. Dieser Prozess dauert bereits eine ganze Weile an. Während die Mammoniten die armen Länder der Dritten Welt ausbeuten, ihre Rohstoffe und Einkünfte herauspumpen, ihre widerlichen betrügerischen Herrscher unterstützen und ihre Natur zerstören, sehen sich immer mehr Menschen dazu gezwungen, sich dem Flüchtlingsstrom nach Europa und den USA anzuschließen.

Diese Bedrohung ist in Europa bereits spürbar. Oriana Fallaci, eine bekannte italienische Journalistin, veröffentlichte in der Mailänder Zeitung *Corriere della Sera** einen Artikel, der das Schicksal des von „muslimischen Horden“ überrannten Europa beklagt. Sie betrachtete Immigranten mit den Augen eines Höflings von Romulus in Ravenna, der germanische Krieger vor sich sieht. Oriana schrieb, dass „somalische Moslems drei Monate lang den Hauptplatz meiner Stadt entstellten, verschissen und verwüsteten“, dass einige „Kinder Allahs“ auf die Mauern der Kathedrale urinierten, dass sie Matratzen in ihre Zelte legten, um „darauf zu schlafen und zu ficken“, und dass sie den Platz mit dem Geruch und dem Rauch der Zubereitung ihres Essens verpestet hätten. Oriana schrieb weiters, dass Florenz, „einst die Hauptstadt der Kunst, Kultur und Schönheit, verwundet und erniedrigt“ wurde von „arroganten Albanern, Sudanesen, Bengalen, Tunesiern, Algeriern, Pakistanis und Nigerianern“, die „Drogen verkauften“ und Zuhälter waren. Sie rief dazu auf, einen von Amerika angeführ-

* Englische Übersetzung: „Leading Italian Daily Spews Racist Hatred“ von Miguel Martinez: http://www.kelebekler.com – italienisches Original: *Corriere della Sera*, 29. September 2001.

ten Kreuzzug zu unterstützen, und schloss dramatisch mit den Worten: „Wenn Amerika fällt, fällt auch Europa … statt Kirchenglocken wird der Muezzin rufen, statt Miniröcken werden wir den Tschador tragen und statt Cognac Kamelmilch trinken."

Bevor wir ihren Stil verurteilen, lasst uns nach ihren Logikfehlern suchen. Frau Fallaci, eine erfahrene und nicht allzu junge Journalistin, sieht in Amerika einen möglichen Beschützer und nicht die Ursache ihrer und Florenz' Besorgnis. Sie sollte sich über den Sieg und nicht über den Fall Amerikas Sorgen machen.

Sie will nicht wahrhaben, dass die Flüchtlinge und Immigranten nach Italien kommen, weil ihre Länder von den USA und ihren Verbündeten zerstört wurden. Sie würde keine Albaner sehen, hätte die NATO nicht den Balkan verwüstet. Sie würde keine Sudanesen sehen, hätte Clinton nicht den Sudan bombardieren lassen. Sie würde keine Somalis sehen, wäre Somalia nicht durch die italienische Kolonialmacht und den amerikanischen Eingriff ruiniert worden. Weder sie noch Amerika würden einen palästinensischen Immigranten sehen, könnten die Bauern aus Saffurie immer noch ihre Granatäpfelhaine bearbeiten.

Niemand, wirklich niemand würde das eigene Land verlassen, mit seiner einzigartigen Natur, seiner Lebensweise, seinen Freunden und Verwandten, seinen Gebetsstätten und den Gräbern seiner Väter, um das zweifelhafte Vergnügen zu haben, neben den Mauern einer italienischen Kathedrale zu campen. So wie junge Gänse geprägt werden, lieben Menschen von Geburt an ihre Heimat. Der junge Telemach verglich seine schmale, gebirgige Insel mit den weiten Wiesen und reichen Feldern von Lakedaimon und sagte zu seinem Gastgeber: „Bei uns gibt es überhaupt keine Wiesen und meine Insel erhebt sich wie ein Fels aus dem Meer. Dennoch sind ihre Ziegenweiden in meinen Augen lieblicher als eure Felder für grasende Pferde."* Menschen emigrieren, wenn ihr Land zerstört wird. Die Iren hätten die grünen Felder Irlands nicht verlassen, hätte die englische Regierung sie nicht ausgehungert. Meine eigenen russischen Landesgenossen hätten Palästina niemals besetzt, wäre Russland nicht von den proamerikanischen Kräften Jelzins und Tschubais in den Ruin getrieben worden.

---

* Homer: Odyssee IV.

Für das Gastland ist eine Immigrationswelle im besten Fall ein Ärgernis, im schlimmsten Fall ein Desaster. Es ist nicht sein Fehler, sondern eine einfache Rechnung. Carlos Castaneda schloss sich einem indianischen Stamm an und lernte viel über dessen Lebensweise. Ich bin sicher, der Stamm lernte auch etwas von Castaneda. Man stelle sich nun vor, tausend wundervolle Jungen und Mädchen aus Yale und Berkeley würden sich dem indianischen Stamm anschließen. Der Stamm würde verschwinden; er könnte seine Lebensweise nicht durchsetzen. Während ein einzelner Immigrant immer willkommen ist und eine Gesellschaft bunter gestaltet, ähnelt eine Massenimmigration eher einer Invasion.

Ob die Immigranten nun als Invasoren und Eroberer kommen oder als Flüchtlinge – es ist immer ein Schock für das Gastland. Wenn die Neuankömmlinge intelligent sind, werden sie die Einheimischen von interessanten und wichtigen gesellschaftlichen Positionen verdrängen und ihre eigene Subkultur schaffen. Wenn sie gewalttätig sind, werden sie das Land mit anderen Mitteln übernehmen. Wenn sie bescheiden und schüchtern sind, werden sie den Preis der Arbeitskraft drücken. Darum sind Immigranten normalerweise nicht sehr beliebt.

Ein guter Kerl, mein Freund Miguel Martinez, der die englische Leserschaft auf Orianas Artikel aufmerksam machte, war zu Recht über ihren Rassismus entsetzt. Er hat Recht – aus Frau Fallaci spricht die Rassistin, wie auch aus Ann Coulter, dieser amerikanischen Plage „dunkelhäutiger Männer". Doch er übersah eine gewisse Wahrheit, die in ihren Worten steckt. Ein Mann, dessen Garten von Büffeln überrannt wurde, sieht den Jäger nicht, der die Herde zuerst in seine Richtung trieb, und gibt den unschuldigen Tieren die Schuld dafür. Natürlich irrt der Mann: Die Schuld liegt immer noch bei dem Jäger, doch das bedeutet nicht, dass die Büffel den Garten nicht zerstört haben. Massenimmigration ist sowohl für den Immigranten als auch für das Gastland schmerzhaft.

Doch für die Mammoniten ist dies nicht schmerzhaft. Sie mögen die Immigration tatsächlich, da sie den Preis der Arbeitskraft drückt. Der *Economist* ist ein führendes mammonitisches britisches Magazin. Vor dem „neuen Pearl Harbor" verlangte sein Leitartikel nach einem gesteigerten Zufluss von Immigranten aus der Dritten Welt. Der *Economist* schrieb, dass die dynamischsten, besten, qualifiziertesten Leute aus Afrika, Asien und Südamerika für Großbritannien, Europa und die USA nützlich sein könnten. Sie könnten die Gehälter der europäischen Arbeiter drücken und die Gewinne der Unternehmer steigern. Ganz nebenbei schwächt die Abwanderung von dynamischen Elementen die gebende Gesellschaft und macht sie zu einer leichten Beute für die feindliche Übernahme. Dies ist eine verbesserte Version des Sklavenhandels – denn was wäre besser als willige Sklaven, die darum wetteifern, an Bord des Sklavenschiffes gehen zu dürfen? Selbstverständlich wurde die Bedingung für eine solche Zuwanderung in dem Leitartikel nicht erwähnt: Zuerst müssen die Länder der Dritten Welt verwüstet und ruiniert sein.

Mammoniten brauchen Immigranten auch um ihres eigenen Schicksals willen. Eine solidarische und gesunde Gesellschaft weist habgierige Elemente instinktiv zurück, denn Habgier ist eine sozial zerstörerische Tendenz. In einer integrierten Gesellschaft würden Mammoniten Parias bleiben. Die Immigration zerstört die Solidarität des Gastlandes. Mammoniten gefällt die Solidarität in einer Gesellschaft nicht; sie ziehen eine wackelige, bröckelnde Struktur vor, die somit leichter umzuwerfen ist. Darum unterstützen Mammoniten die Immigration. Die Immigranten nehmen sie als ihre natürlichen Verbündeten wahr und begreifen nicht, dass die Mammoniten sie so sehr mögen wie Vampire frisches Blut. Wegen dieses Mangels an Verständnis unterstützen Immigranten die mammonitische Macht Tony Blairs und der New Yorker Demokraten. Die Mammoniten und nicht die unschuldigen Einwanderer auf den Straßen und Plätzen Europas sollten Zielscheibe von Orianas Hetzrede sein.

IV.

Die mammonitische kalifornische Senatorin Diane Feinstein importiert immer mehr arme Mexikaner in ihren Staat. Sie geben ihr ihre Stimmen, halten sich für viele Jahre aus der Politik heraus, sind mit niedrigen Löhnen zufrieden und untergraben die organisierte Arbeiterschaft. Durchschnittliche Kalifornier leben schlechter, doch das kümmert sie nicht. Einige Menschen bezeichnen Feinstein wegen ihrer Unterstützung Israels als Zionistin.

Dennoch wäre es ein Fehler, sie als Zionistin zu bezeichnen. Historisch gesehen spüren Zionisten, dass Menschen Wurzeln brauchen. Sie empfanden die fehlende Ortsgebundenheit der Juden als Manko. Sie wollten die heimatlosen Juden mit Wurzeln im Heiligen Land versorgen. Mammoniten verstehen nicht, wozu man Wurzeln braucht. Sie wollen jedermann entwurzeln; Zionisten spürten, dass die mammonitische Lebensweise falsch ist. Mammoniten jeden Ursprungs nahmen die Lebensweise an, die die Zionisten ablehnten.

Die Zionisten befanden sich auf dem Holzweg, denn sie verstanden nicht, dass sie ohne die Palästinenser im Boden Palästinas keine Wurzeln schlagen konnten. Sie irrten sich, denn eine Person jüdischen Ursprungs kann überall Wurzeln schlagen, nicht nur in Palästina. Ein Jude kann Amerikaner werden, Engländer, Russe und auch Palästinenser. Das Wichtigste ist die Identifizierung mit den Mitbürgern und die Besorgnis um das Wohlergehen des Landes. Jedes Land ist das Gelobte Land für denjenigen, der es liebt. Menschen, die Amerika dazu zwingen, Milliarden US-Dollar nach Israel zu schicken, anstatt für die Armen Amerikas zu sorgen, sind nicht loyal gegenüber Amerika. Doch sie sind auch gegenüber Israel nicht loyal. Sie bewundern Israel als Modell ihrer Welt.

Viele gute Menschen lehnen den Zionismus ab, denn er verursacht diese massive Zerstörung des lieblichen Landes Palästina und die Entwurzelung der Palästinenser. Doch der Zionismus ist eine lokal begrenzte Krankheit. Sein großer Bruder, die „Mammonitis“, ist eine weltweite Plage, die den Globus in ein „Großisrael“ verwandeln möchte – mit Einkaufszentren und zerstörten Dörfern, mit Wohnsiedlungen für die wenigen Auserwählten und mit vielen, vielen Flüchtlingen, die als billige Arbeitskräfte dienen. Zionisten zerstörten die Natur Palästinas, Mammoniten zerstören die Umwelt des Planeten. Zionisten entwurzeln Palästinenser, Mammoniten berauben jeden seiner Wurzeln.

Zionisten bekämpfen Christus. Im modernen Israel würden der heilige Paulus und der heilige Petrus dafür eingesperrt, dass sie das Evangelium lehren. Die Mammoniten bekämpfen jede Glaubensrichtung, jede Überzeugung, Christus und Muhammad, Nationalismus und Kommunismus. Die Feinde des Zionismus hoffen, dass die Mammoniten die Zionisten zügeln werden, da die unabhängige Politik der Zionisten die weltumspannenden Pläne der Mammoniten behindern könnte. Doch ich sage Ihnen: Gott toleriert die Exzesse der Zionisten, damit Sie auf die Pläne der Mammoniten aufmerksam werden.

V.

Dies ist nicht der Aufschrei eines eingefleischten Linken. Wir können mit Reichen leben, wir können einen gewissen Grad an Privilegien überleben. Die Linke und auch die Rechte sind gut und werden von einer Gesellschaft gebraucht, genauso wie wir unser linkes und rechtes Bein brauchen, um stehen zu können. Man stelle sich eine Frühlingswiese in den Jerusalemer Bergen vor, einen magischen Blumenteppich, der dazu auffordert, sich auf ihm niederzulassen. Wenn Tausende das tun, kann man die Natur nicht erhalten, und wenn die Wiese eingezäunt wird, kann sich keiner daran erfreuen. Diese zwei Tendenzen, Zugang und Bewahrung, sind die Denkmuster der Linken und der Rechten. Die ausgewogene Kombinierung der beiden ermöglicht es vielen Menschen, sich an der Wiese zu erfreuen.

Die Rechte ist die konservative Kraft, sie bewahrt die Macht der traditionellen Eliten. Sie bewahrt die Landschaft, beschützt die Natur und hält Tradition hoch. Die Linke ist die bewegende Kraft einer Gesellschaft, die Garantie für ihre Lebendigkeit, für die Fähigkeit zur Veränderung, zur sozialen Mobilität. Eine Gesellschaft ohne die Linke würde verrotten und eine Gesellschaft ohne die Rechte kollabieren. Die Linke verschafft Bewegung und die Rechte garantiert Stabilität. Doch die Mammoniten schaffen für ihre Zwecke eine Pseudo-Linke und eine Pseudo-Rechte und nutzen die Fehler der wahren Linken und Rechten aus.

Einer der Fehler der europäischen „wahren" Rechten waren ihr Mangel an Mitgefühl und ihre rassistische Tendenz. Ihr spontaner Reflex war korrekt: Immigranten destabilisieren die Gesellschaft. Doch nicht deshalb, weil Immigranten Untermenschen sind, wie es Rassisten ausdrücken. Immigranten können wunderbare Menschen sein und dennoch Probleme bereiten. Die Holländer gingen nach Indonesien und plagten das Land für eine ganze Weile mit ihrer Anwesenheit. Sie ruinierten Indonesien ziemlich. Die Indonesier gingen nach Holland, um nun ihrerseits Probleme zu bereiten. Die Engländer quälten Amerika aufs heftigste: Sie löschten die Eingeborenen aus. Der Kolonialisierungsprozess führt häufig zu gegenseitiger Quälerei. Die Briten plünderten Irland und wurden dafür von den Iren geplagt.

Rassismus ist falsch, denn er behauptet, dass gewisse Gruppen von Menschen von Natur aus besser oder schlechter sind als andere. Jede Gruppe ist wunderbar: Zulus und Briten, Russen und Tschechen, Palästinenser und Franzosen, Pakistanis und Türken, solange sie sich in ihrem Heimatland befinden. In der Fremde werden diese guten Menschen zum Ärgernis. In den Tagen des europäischen Imperialismus und der Kolonialexpansion dienten rassistische Theorien zur Rechtfertigung des einseitigen Flusses von Menschen. Ohne Rassismus konnte man die Einheimischen nicht eliminieren, nicht ihren Besitz übernehmen, ihre Industrie stoppen, riesigen Landbesitz schaffen und Menschen grundlegende Menschenrechte versagen. Doch jetzt wird Rassismus nicht mehr gebraucht. Nun, da das Kolonialabenteuer Europas beendet ist, kann die falsche Theorie der rassischen Überlegenheit endlich zur letzten Ruhe gebettet werden.

Die wahre Linke sollte sich um die Interessen der Arbeiterklassen bemühen, was bedeutet, dass sie sich gegen die Massenimmigration stellen muss. Doch unter mammonitischem Einfluss unterstützt die Linke die Zuwanderung aus Gründen des Mitgefühls. Mammoniten, denen normalerweise jegliches Mitgefühl fehlt, benutzen diese humanitären Begründungen für ihre eigenen Zwecke. Sie gewinnen dadurch auch Folgendes: Die europäischen und amerikanischen Arbeiter werden der Linken entfremdet. Für die Arbeiter ist die Gefahr, die die Immigration darstellt, offensichtlich. Immigranten leben in den selben Vierteln wie die Arbeiter und konkurrieren mit ihnen um die Arbeitsplätze. Daher werden die Arbeiter dazu gezwungen, sich der rassistischen extremen Rechten anzuschließen.

Es gibt einen guten Weg aus der Sackgasse, einen Weg, der für jeden von Vorteil ist – außer für Mammoniten. Stoppt die Immigration und öffnet einen Geldtransfer in die Dritte Welt. Afrikaner und Schweden sollten das gleiche Einkommen haben. Steuergelder sollten an die Indianer im Amazonasbecken und an die Bauern in Afghanistan fließen. Nicht viele Pakistanis würden nach Großbritannien einwandern, wenn sie das gleiche (oder fast gleiche) Einkommen bei sich zu Hause hätten. Die Europäische Union ist der Beweis dafür: Obwohl die Schweden immer noch besser verdienen als die Portugiesen, die Griechen und die Italiener, ist der Unterschied nicht sehr groß und diese Länder sind friedlich. Daher gibt es wenig innereuropäische Immigration nach Schweden oder Deutschland. Was das Mitgefühl angeht, so lehrt uns die christliche Barmherzigkeit, man solle Menschen in Frieden daheim leben lassen, bei ihren Weingärten und

Feigenbäumen, so gut, wie man selbst im eigenen Land leben möchte. Es gäbe dann vielleicht keine billigen Wäschereien mehr, doch man würde in einem saubereren und besseren Land leben. Das wäre gerecht, denn über Hunderte von Jahren haben Europa und die USA Wohlstand aus dem Süden und Osten herausgepumpt.

Das Schicksal der Immigranten ist traurig. Schließlich bedeutet Immigration Exil, den traurigsten Zustand eines Menschen. Ovid beweinte sein Exil an der moldawischen Küste in der Nähe von Tyros und Prinz Genji verkümmerte in Suma. Mein palästinensischer Freund Mussa brachte seinen Vater aus dem Dorf Aboud in sein neues Zuhause in Vermont und der alte Mann fing an, Terrassen anzulegen, wie auf den Hängen Samarias. Wir sind Teil der Landschaft, Teil der Berge und Täler unserer Heimat. Wenn nun in den USA Immigranten angegriffen werden, denken wahrscheinlich viele von ihnen an die Heimat, die sie verlassen mussten.

Obwohl ich der Meinung bin, Immigration sollte gestoppt und durch Geldtransfers in ärmere Länder ersetzt werden, bis deren Einkommen gesteigert wird, sind Einwanderer, die bereits zugewandert sind, wahrscheinlich gekommen, um sich für immer niederzulassen. Sie können auch Einheimische werden: zu Deutschen in Deutschland, zu Franzosen in Frankreich, in Amerika zu Amerikanern und in Palästina zu Palästinensern. Die Vorfahren der Europäer und Amerikaner sind ebenso gewandert und haben sich an neue Lebensweisen angepasst. Die germanischen Stämme der Franken überfielen das romanisierte keltische Gallien und bildeten zusammen mit der alten Bevölkerung die modernen Franzosen. Nachfahren von europäischen Kreuzrittern leben immer noch im palästinensischen Dorf Sinjil, das nach dem berühmten provençalischen Kommandanten Raymond de St. Gilles benannt ist, doch sie sind in jeder Weise Palästinenser und werden von den Israelis belagert wie alle anderen auch. Genauso kamen vor 800 Jahren auf Befehl der Königin Tamar Georgier in das Jerusalemer Dorf Malcha. Sie wurden Palästinenser und teilten das Schicksal anderer Palästinenser, als sie 1948 von den zionistischen Invasoren aus ihren Häusern vertrieben wurden.

Menschen sind anpassungsfähig und wenn die Immigranten ihr neues Land lieben, können sie zu Einheimischen werden. Ich weiß das aus eigener Erfahrung: Ich komme zwar ursprünglich aus Sibirien, entschloss mich aber, ein Palästinenser zu werden.

VI.

Der Zweite Weltkrieg war ein Krieg gegen Vielfalt per se, angestrengt von den Anhängern der Habgier. Ihnen gefiel das erfreuliche Mosaik der Rassen und Kulturen nicht, sie wollten lieber die Welt homogenisieren. Sie hatten einen praktischen Grund: Es ist einfacher, Güter an eine homogenisierte Menschheit zu verkaufen. Sie hatten einen moralischen Grund: Sie konnten es nicht ertragen, dass sich Menschen an dieser Vielfalt kostenlos erfreuten, darum musste sie vernichtet werden. Sie hatten einen religiösen Grund: Die Anbeter Mammons halten diesen fröhlichen Pluralismus für ein Sakrileg gegen ihren eifersüchtigen Gott. Wunderschöne alte Dinge gehören ins Museum, wo man für die Besichtigung ein Eintrittsgeld verlangen kann, nachdem man das Dorf, aus dem sie stammen, vernichtet hat.

In „Die Unendliche Geschichte", einem Film für Jugendliche, verschwindet das farbenfrohe Fantasia ins Nichts. Dasselbe geschieht heute mit unserer Welt. Alte und einzigartige Orte werden ausradiert, durch Einkaufszentren und verbranntes Land ersetzt. Die Linke und die Rechte sollten mit vereinten Kräften gegen das Nichts kämpfen, das unsere Existenz bedroht.

Das Phantom des Terrors

(In Kuala Lumpur, einer futuristischen und üppigen tropischen Stadt Malaysiens, beriefen die Außenminister der islamischen Staaten eine Konferenz über den Terror ein. Ich besuchte die Konferenz als Beobachter. Folgender Text ist eine Rede, die ich auf der Konferenz nicht *gehalten habe.)*

„Meine Frau wurde von einem Marsmenschen vergewaltigt." Das war in den 1950er Jahren, als die Journalisten mit UFO-Geschichten zu tun hatten, eine beliebte und häufige Schlagzeile. Im Lauf der Jahre hat sich die Nähe der Meinungsmacher zur Wahrheit nicht verändert, doch ihre Bösartigkeit hat bedeutend zugenommen. Millionen von Zeitungsausgaben, Milliarden von Fernsehaufnahmen und zig Worte stellen den islamischen Terror als die neueste Geißel der Menschheit dar. Es ist nicht eigenartig, Eure Hoheiten, dass Ihre Verteidigungsreflexe über Ihren Verstand Vorrang gewonnen haben und Sie versuchen, islamischen Terror zu widerlegen, zu rechtfertigen oder zu erklären – mit der Verfolgung der Palästinenser im Apartheid-Staat Israel, mit der amerikanischen Belagerung des Irak und mit der Kolonialisierung Saudi-Arabiens. Sie bringen einige ziemlich gute Gründe vor, doch man kann sogar für die Vergewaltigung von Hausfrauen durch Marsmenschen gute Gründe finden.

Im Erklärungsfieber haben Sie ganz vergessen, sich die erste Frage zu stellen, die sich ein Wissenschaftler stellen würde: Existiert das Phänomen überhaupt? Gibt es den „islamischen Terror"? Ja, es gibt viel Wirbel und die Medien halten es für selbstverständlich. Doch Behauptungen genügen nicht als Beweis. Im 18. Jahrhundert führten die guten Menschen von Salem in Neuengland einen Kreuzzug gegen Hexen. Jeder, der die Tatsache der weiblichen Verbrüderung mit dem Teufel anzweifelte, wurde mit Sicherheit ausgeschlossen oder galt als Handlanger Satans. Jahrhunderte lang kursierte das Gerücht, dass Juden beim Pessach-Fest das Blut christlicher Kinder zu sich nähmen. Hunderte von Büchern und Artikeln wurden zu diesem Thema veröffentlicht. In England gibt es immer noch eine heilige Kinderfigur, die angeblich von blutrünstigen Juden zum Märtyrer gemacht wurde.

Doch heutzutage messen wir diesem dummen Gerücht keine Bedeutung mehr bei. Nun ist die Zeit gekommen, dasselbe mit der jüngsten Hexenjagd zu machen, der neuesten blutigen Lüge, dem so genannten islamischen Terror.

Meiner Meinung nach ist dieses Phänomen so reell wie die jüdische Verschwörung und die Gelbe Gefahr. Auf der Welt gibt es einige voneinander unabhängige und verstreute Guerillabewegungen: die baskische ETA und die südlibanesische Hisbollah, die Korsen, die moslemischen Kämpfer von Mindanao auf den Südphilippinen, die irische IRA und die kolumbianische FARC, die Tamil Tigers in Sri Lanka, die UNITA in Angola und die Hamas in Palästina. Es gibt keine Ursache, auf Grund irgendeiner imaginären religiösen Verbindung einige von ihnen herauszupicken und ihnen ein „islamisches Terrornetzwerk" zu unterstellen.

Die Menschen aus dem Südlibanon, aus Nordirland, von den Südphilippinen, aus Korsika, dem Baskenland und Palästina haben ihre legitimen Beschwerdepunkte, doch die Verbindung dieser Beschwerden zu ihrer Religion ist nur eine Frage der Namensgebung. Den Krieg zwischen dem Iran und dem Irak hätte man auch als Krieg zwischen dem sunnitischen und dem schiitischen Islam bezeichnen können (aber man hätte es nicht tun sollen); wir wissen allerdings, dass bei den Entscheidungen Saddam Husseins und der iranischen Anführer Religion keine große Rolle spielte.

Man kann praktisch nirgends eine islamische Terrororganisation per se finden, die für die Einrichtung eines islamischen Staates kämpft, auf gleicher Ebene wie der jüdische Staat. Vor dem Zusammenbruch des Kommunismus bevorzugten die Palästinenser eine linke Ideologie, um ihre Unterdrücker zu bekämpfen. Unter den militanten palästinensischen Anführern hatte ein Christ, George Habash, einen Ehrenplatz. Die palästinensische Hamas war die einzige Bewegung, die der zionistische Apartheid-Staat ausdrücklich genehmigte, während die nichtreligiöse Fatah verboten wurde. Daher wurden die Gefühle der unterdrückten Palästinenser von den Juden in die Richtung dieser quasi religiösen Bewegung gelenkt.

Die Hisbollah-Krieger aus dem Libanon kämpften gegen die israelische und amerikanische Besatzung und nicht für einen islamischen Staat. Sie ähneln den irischen Republikanern, die nicht gerade für ihren islamischen Glauben bekannt sind. Die Tschetschenen führen ihren 200 Jahre andauernden Krieg gegen die russische Herrschaft fort, schließen zeitweilig Bündnisse mit den USA, Deutschland und der Türkei. Ihr größtes angebliches Verbrechen, die Sprengung von Moskauer Apartmenthäusern, wird nun häufig „wilden Elementen innerhalb der Geheimdienste", „Unterstützern von Präsident Putin" oder sogar „prominenten israelischen Bürgern" zugeschrieben. Der Medienbaron Boris Berezovsky sprach über dieses Thema ziemlich offen, nachdem er aus Russland ins Exil gehen musste.

Können wir „moslemische Terroristen" durch ihre Methoden identifizieren? Sicherlich nicht. Die IRA sprengte Pubs in Birmingham, lange bevor die Hamas Cafés in Tel Aviv für sich entdeckte. Die Tamil Tigers, eine nicht-moslemische militante Organisation, trainiert vom israelischen Mossad*, sind weltweit führend im Bereich Selbstmordattentate. Bis zum 11. September 2000 gab es überhaupt keinen Vorfall, der die Existenz islamischen Terrors annehmen ließ. Erst am 11. September proklamierte Präsident Bush dessen Existenz und stellte die weltweite muslimische Verschwörungsorganisation „Al-Qaida" vor.

Die Täter des 11. September 2001 sind uns immer noch unbekannt. Die sofortige Entdeckung des intakten Passes eines der Flugzeugentführer am Schauplatz eines Flugzeugabsturzes sollte zu den spektakulärsten Wundern aller Zeiten gezählt werden, weit vor Daniels Abstecher in den glühenden Feuerofen. Der alte babylonische Feuerofen hatte bestimmt nicht die Temperatur von brennendem Jet-Treibstoff. Flughandbücher in arabischer Sprache im Kofferraum eines Autos, nicht abspielbare Videokassetten und andere glückliche Beweisstückfunde lassen die Moskauer Tribunale von 1937 als ein glänzendes Beispiel von unbestechlicher Justiz erscheinen. Die afghanischen Kriegsgefangenen hält man in Guantanamo Bay vor neugierigen Augen weggesperrt, damit sie nicht ihr größtes Geheimnis verraten können: ihre Unschuld.

Israel nutzte die Ereignisse des 11. September bis zum Letzten aus: Die andauernden Massaker in den palästinensischen Städten rechtfertigte man als „Krieg gegen den Terror". Die moslemischen Nachbarn Israels wurden durch den Zorn der USA in die Passivität getrieben. Die Zerstörung Afghanistans hob die Schwelle der Weltsensibilität gegenüber Schreckens-

* Laut Victor Ostrovsky/Claire Hoy: By Way of Deception. New York 1990.

** http://www.icts-int.com/, siehe auch http://afrocubaweb.com/news/israelispying.htm

taten und ermöglichte die April-Invasion der palästinensischen Städte. Wahrscheinlich reicht das für einen Schuldspruch nicht aus, doch das gilt ebenso für die angebliche Verwicklung von Al-Qaida.

Es gibt keinen islamischen Terror, doch es gibt eine israelisch-amerikanische Angst vor Dar al-Islam (Haus des Islam). Ihr habt keine Sünden begangen, doch gegen euch wird gesündigt. Daher sollte man, Eure Exzellenzen, wenn der US-Präsident und seine Medien die Frage „Was unternehmen Sie gegen 'islamischen Terror'?" stellen, mit einer guten jüdischen Antwort parieren: „Was für ein Terror?"

Halloween auf Bali

(Das Konzept des „islamischen Terrors" wird im Folgenden weiter demontiert.)

Es gab keine vorangehenden Forderungen; keine Terroristengruppe übernahm die Verantwortung für den Anschlag vom 12. Oktober 2002 auf Bali mit mehr als 180 Todesopfern, und dies machte ihn zum unnötigen Blutbad. Präsident Bush „nahm an", dass Al-Qaida mit der Bali-Explosion in Verbindung stand, und forderte Indonesien auf, das Land nach Moslems zu durchkämmen. Zu unserem Glück hat er nie von Atlantis gehört, sonst würde er wahrscheinlich annehmen, dass der Kontinent von den allseits präsenten moslemischen Terroristen auf den Meeresboden versenkt wurde. Dennoch erreichten uns wichtige neue Informationen aus London. Einer der mächtigsten Männer der Welt, der facettenreiche russische Milliardär und Medienbaron, Boris Berezovsky – der Mann, der Wladimir Putin zur Macht verhalf und dessen Wege sich später von jenen des russischen Präsidenten trennten –, gab in seinem Londoner Exil der größten russischen Oppositionswochenzeitschrift *Zavtra* ein ausführliches Interview*, das nicht nur eine aufregende Lektüre für Russlandbeobachter ist, sondern auch Lösungshilfen zum Bali-Mysterium gibt.

Ende der 1990er Jahre wurde Russland von massiven Explosionen erschüttert. Ganze Apartmentblocks in Moskau und anderen Städten wurden mit dem extrem starken Sprengstoff RDX (in Russland und Deutschland auch Hexogen genannt) voll gestopft und von Terroristen gesprengt. Die Anzahl der Opfer war gigantisch. Sofort wurde angenommen, dass tschetschenische Terroristen hinter den Anschlägen steckten. Die Opfer dienten als *casus belli*, als Rechtfertigung für den Tschetschenienkrieg. Das russische Volk war völlig schockiert und unterstützte den blutigen Feldzug. Die Stadt Grosny wurde bombardiert und attackiert, Tausende ließen ihr Leben, während in Moskau zwei wichtige Veränderungen passierten. Zum Ersten garantierte der Rachefeldzug die Wahl von Wladimir Putin zum Präsidenten und sicherte die Positionen der pro-amerikanischen

---

* http://zavtra.ru/cgi//veil//data/zavtra/02/464/21.html

Kräfte in der ehemaligen Sowjetunion. Zum Zweiten wandte sich Russland gegen die moslemische Welt.

In seinem Interview behauptete Berezovsky, dass zwei Teams daran arbeiteten, die Wahl von Putin zu sichern. Während er persönlich eines der Teams leitete und über seinen Fernsehsender agierte, wählte das zweite Team den Weg der Gewalt. Berezovsky zitierte den russischen Parlamentssprecher Gennadi Selezniov, der das Parlament am 13. September 1999 über eine furchtbare Explosion in der kleinen russischen Stadt Volgodonsk informierte. Dies ist die beste dokumentierte Prophezeiung in der modernen Geschichtsschreibung, da die Explosion in Volgodonsk erst drei Tage *später* erfolgte, am 16. September 1999.

Bei dem Londoner Interview wurde Berezovsky gefragt, wie er sich diesen unglaublichen Patzer der Täter erkläre. „Diese Sicherheitsdienste sind nicht so professionell, wie sie uns glauben machen wollen", sagte er. „Sie sind auch keine Einheit. Innerhalb der Sicherheitsdienste gibt es mehrere Gruppen, die verschiedenen Machtstrukturen dienen. Eine von ihnen hat diesen Job verpatzt oder die Abstimmung mit einer anderen Gruppe verpasst. Sie berichteten über die Explosion, bevor sie erfolgte, und dies machte die Wahrheit sichtbar."

In einem moslemischen Viertel in Ryazan entdeckten aufmerksame Bewohner im Keller ihres Mietshauses Taschen mit RDX und riefen die Polizei. Die Polizei entfernte die Taschen, behauptete jedoch, es handle sich nur um Zucker, der dort von den Sicherheitsdiensten untergebracht worden sei, um die Wachsamkeit der Menschen zu testen. Berezovsky gibt an, es sei echtes RDX mit echten Sprengsätzen gewesen.

In Moskau bringen Journalisten „das zweite Team" in Verbindung mit einem Kraftprotz der russischen Politik, dem Mann hinter einer breiten Privatisierungskampagne, die ihn und seine Kumpel ungeheuer reich und andere Russen unglaublich arm gemacht hat. Als großer Freund Israels unterstützte er eine pro-israelische Wendung in der russischen Politik.

Die Enthüllungen von Boris Berezovsky kamen in Realzeit, während man in Bali noch die Leichen von australischen Touristen zählte. Ist es purer Zufall, dass unser Premierminister Ariel Scharon seine ruhmreiche Karriere mit der Sprengung von fünfzig palästinensischen Häusern über den Köpfen ihrer Bewohner in Qibya begann, damals, im Jahr 1953? Ist es purer Zufall, dass die Täter dieser Explosionen, von Moskau 2000 bis

New York 2001 und Bali 2002 dieselbe Technik benutzten, um Menschen zu entsetzen und sie dazu zu bringen, die israelischen und amerikanischen Pläne zu unterstützen? Ist es purer Zufall, dass die von Zionisten „befallenen“ Medien die offensichtlichen Fehler in den offiziellen Versionen vertuschten, angefangen mit der einzigartigen „Prophezeiung“ von Gennadi Selezniev bis hin zu den ODIGO-Internet-Warnungen einiger Israelis in Manhattan am 11. September 2001?

Eines ist sicher: Das „islamische“ Etikett, das Bush und Scharon der Bali-Explosion blitzschnell aufklebten, ist eine widerliche, blutige Verleumdung von einer Milliarde Moslems. Den „islamischen“ Terror gibt es nur im Auge des Betrachters. Die „katholische“ IRA verübte schon lange vor der Hamas Sprengstoffattentate auf Gaststätten. Die nicht-moslemischen Tamil Tigers führen weltweit im Bereich Selbstmordattentate. Französische OAS-Terroristen bombardierten sowohl die Algerier als auch ihre französischen Gegner. Der größte Terroranschlag in Palästina war und bleibt das Bombenattentat auf das „King David Hotel“ in Jerusalem, begangen von einem Juden, dem späteren Premierminister Menachem Begin. Scheinbar zögern Menschen, die jeder Erwähnung von „jüdischen“ Verbrechen, „jüdischem“ Terror oder Genozid widersprechen, nicht, den Islam zum bösen schwarzen Mann dieses Halloween zu machen.

Der Schatten von Zog

(Exegese von Luc Besson)

I.

In Luc Bessons unterhaltsamem Film „Das fünfte Element" (mit der perfekten Mila Jovovich und dem überragenden Bruce Willis) kommt eine absolut böse Macht, der Schatten, der Todesbote, aus dem Weltraum, um das menschliche Leben auf unserem Planeten zu zerstören. Sie ist Bomben und Raketen gegenüber unempfindlich und rückt näher, was auch immer die Menschen unternehmen; ihr Schatten hüllt die Erde immer stärker ein. Dennoch benötigt der Schatten menschliche Hilfe, um zum Erfolg zu gelangen. Wer würde schon aus persönlichem Interesse dem teuflischen Schatten assistieren und dabei unsere Mutter Erde zerstören? In der besten ironischen Tradition Swifts gab Besson dem monströsen Freiwilligen, diesem Diener des Profits, den gruseligen Namen „Zog".

Zog, der Name des albanischen Vorkriegskönigs, ist eines der wenigen Worte, die die Furcht erregende Gedankenpolizei der ADL* auf den Plan rufen, die das FBI aufschrecken lassen wie die Erwähnung von Milzbrand und wegen der IDF**-Schergen auf Verfolgungsjagd gehen, denn dieser König, genauso wie der jüdische Gott, mag es nicht, wenn man seinen Namen erwähnt. Mit dem bevorstehenden Einsatz von General Jay Garner als Vizekönig im Irak fiel mir dieser Name wieder ein. Garner erhielt seine Referenzen aus den blutigen Händen von Ariel Scharon: Er unterstützte das Töten von Palästinensern, als er im Oktober 2000 seine Unterschrift unter einen Brief setzte, der folgendermaßen begann: „Wir glauben, dass sich die Israel Defence Forces angesichts der tödlichen Gewalt-

---

* Anti-Defamation League (Anti-Diffamierungs-Liga): „Der unmittelbare Gegenstand der Liga ist, die Diffamierung des jüdischen Volkes durch Appelle an Verstand und Gewissen und, wenn notwendig, an die Justiz zu stoppen" (ADL-Charta, Oktober 1913). Noam Chomsky meint, die ADL sei eine der hässlichsten und mächtigsten Pressure-groups in den USA, die ihre dringlichste Aufgabe darin sähe, jeden Kritiker Israels zu diffamieren und zum Schweigen zu bringen.

** Israel Defence Forces, israelisches Militär.

tätigkeit der palästinensischen Nationalbehörde bemerkenswert zurückgehalten haben", schrieb Michael Lind am 7. April 2003 im *New Statesman*. Der Brief wurde von JINSA* abgesandt, dem „Jewish Institute for National Security Affairs mit Niederlassung in Washington und Pro-Likud-Einstellung", wie Michael Lind diese Bewegung definierte; der Washingtoner Beobachter Jeffrey Steinberg schrieb am 21. Februar 2003 in der *Executive Intelligence Review* von „einer weiteren schlecht verstellten israelischen Spionage- und Rekrutierungsfront". Den Brief zu unterschreiben war eine gute taktische Entscheidung seitens General Garners und wird ihm die Herrschaft über den Irak verschaffen.

Allzu viel Geld wird ihm jedoch nicht zur Verfügung stehen. Trotz der „Kein Geld für Öl"-Slogans wird das irakische Öl die Amerikaner nicht reich machen. Die Staatsverschuldung des Irak ist enorm. Bagdad schuldet allein Russland 70 Milliarden US-Dollar; die Besatzungsregierung wird diese Schulden decken müssen. Die Schulden Frankreich gegenüber betragen über 30 Millarden US-Dollar und auch sie müssen bezahlt werden. Dazu kommt noch, dass die US-Besatzungsverwaltung beachtliche Beträge für die Wiederinstandsetzung der irakischen Infrastruktur aufbringen müssen wird, die durch Sanktionen und Krieg zerstört wurde, bevor auch nur ein Cent Kommission an Dick Cheney und seine Gesellschaft ausbezahlt wird. Nein, in diesem Krieg ging es nicht um imperialistische Interessen der USA oder um die der gigantischen Ölgesellschaften.

Als Chef der Besatzungsverwaltung ist es Jay Garners Aufgabe, einen neuen Irak zu schaffen, der Israel gegenüber freundlich gestimmt ist. Die *Jerusalem Post*, eine radikale zionistische Tageszeitung, herausgegeben von Conrad Black, einem Freund Pinochets und Scharons, führte ein Interview** mit einem ihrer Möchtegernkollaborateure, Ahmad Chalabis rechter Hand, Musawi.

„Musawi spricht enthusiastisch über seine Hoffnung, der Irak möge möglichst enge Beziehungen zu Israel pflegen. Im neuen Irak wird es keinen Platz für Palästinenser geben, denn die große palästinensische Gemeinde wird von den INC-Anführern als verabscheuungswürdige fünfte Kolonne angesehen. Stattdessen soll sich ein 'Bogen des Friedens' von

---

* http://www.yellowtimes.org/print.php?sid55

** *Jerusalem Post*, „No Place in New Iraq for Palestinians" von Douglas David, 10. April 2003.

der Türkei über den Irak und Jordanien bis nach Israel spannen und ein neues Standbein im Mittleren Osten schaffen."

Das Besatzerregime im Irak wurde von der US-Armee eingesetzt, im Interesse der Zionisten, und man kann es zu Recht ZOG, Zionist Occupation Government (zionistische Besatzerregierung), nennen. Dennoch ist dieses ZOG auch ein Zog, ein Diener der Finsternis und der Verwüstung, denn sein erster Schritt war die Zerstörung der Büchereien und Museen von Bagdad. Ein Gelehrter des Zionismus, Joachim Martillo, schrieb: „Der Zionismus hat es sich seit langem zur Aufgabe gemacht, Zielbevölkerungen ihres kulturellen Erbes zu berauben und sie in Lehm zu verwandeln*, um sie dann in Übereinstimmung mit der zionistischen Ideologie formen zu können."

Mein gelehrter Freund sieht das richtig. Diese Woche ging ich auf einen einsamen Hügel nahe Mesecha, einem kleinen Dorf im Herzen des biblischen Israel, wo einige junge Aktivisten des ISM (International Solidarity Movement) und Dorfbewohner den Bulldozern beim Entwurzeln von Olivenbäumen, beim Zerfetzen von Lupinienranken, bei der Zerstörung dieser einzigartigen biblischen Landschaft, Heimat und Wiege des palästinensischen Volkes, zusahen. Sie wagten es nicht, sich vor die Maschinen zu stellen, denn die amerikanische Freiwillige Rachel Corrie wurde unter ähnlichen Umständen ermordet und das Schweigen aus Washington zu diesem Vorfall war ohrenbetäubend. Jeffrey Blankfort, ein Analytiker aus Kalifornien, hatte guten Grund, Washington als „das wichtigste von Terroristen besetzte Territorium" zu bezeichnen.**

Und so führten die verbrannten Schriften von Bagdad und die entwurzelten Olivenbäume von Mesecha zu Zog … und zu ZOG. Dieses Homonym weist auf eine aussagekräftige semantische Konkurrenz hin; wie Kuang-Ming Wu in „The Butterfly as Companion" sagt: „Worte gleichen Lautes gesellen sich zueinander im Sinn; wie der Laut, so der Sinn."***

---

* Lehm, *homer*, war in den 1950er Jahren der zionistische Begriff für jüdische Araber. Dasselbe Wort, *homer*, wird in der hebräischen Liturgie verwendet, um die Erschaffung des Menschen zu bezeichnen.

** Jeffrey Blankfort: Occupied Territory – Congress, the Israel Lobby and Jewish Responsibility; Jeffrey Blankfort: War after War, San Francisco 1992.

*** http://laetusinpraesens.org/docs00s/assmeta.php

Daher lehrte uns der geistreiche Luc Besson, der die Idee des fünften Elementes von Sokrates geborgt hat: „ZOG ist gleich Zog."

II.

Eine Zeit lang versuchte das jüdische Establishment seine direkte Verwicklung in den Dritten Weltkrieg zu leugnen. Zornig wies es jede Bezugnahme auf hoch gestellte und mächtige Juden zurück, die zum Krieg drängten, und bezeichnete dies – erraten! – als „Antisemitismus". Doch schließlich wurde die Mauer des Verleugnens durchbrochen und in der israelischen Zeitung *Haaretz* gestanden die Schuldigen, eine „Bande von 20-30 jüdischen Intellektuellen", die Neokonservativen, ein, dass sie es getan hatten. Danach fasste Michael Lind ihre Standpunkte im *New Statesman* zusammen, während mein Landsmann Gabriel Ash die optimistische Vorhersage traf: „In einigen Monaten, wenn die Rolle der Zionisten in diesem Krieg allseits bekannt ist, wird die *New York Times* einen Leitartikel veröffentlichen und kleinlaut die Art und Weise bedauern, wie einige Beamten des Pentagon ihre persönlichen Ansichten in die US-Politik mit einfließen ließen."*

Das Problem ist, dass das amerikanische Volk keinen Ausweg aus der zionistischen Übernahme hat. Es wäre falsch, den Neokonservativen und den Rechten die Gesamtschuld zuzuschieben, obwohl sie den Dritten Weltkrieg verursachten, faschistische Maßnahmen gegen die amerikanische Bevölkerung ergriffen, den Angriff gegen den souveränen Irak planten und den rassistischen jüdischen Staat bedingungslos unterstützten. Michael Moores Streitreden gegen Präsident Bush sind nur bis zu einem gewissen Punkt überzeugend, denn in seinem Bestseller „Stupid White Men" bedauert er, dass Al Gore seinen rechtmäßigen Sieg nicht genießen durfte. Doch selbst wenn jetzt Al Gore und Joseph Lieberman die Bewohner des Weißen Hauses wären, wären die US-Marines heute trotzdem in Bagdad, die irakische Nationalbibliothek und das irakische Museum wären trotzdem geplündert worden, die Olivenbäume von Mesecha würden trotzdem ausgerissen und amerikanisches Geld würde trotzdem weiterhin ungestoppt nach Israel fließen.

---

* http://www.yellowtimes.org/print.php?sid=1155

Jeff Blankfort schreibt: „Leidenschaftlich pro-israelische amerikanische Juden sind heute in den USA so einflussreich wie noch nie und treffen heute Entscheidungen in nahezu jedem Bereich unserer Kultur und Staatspolitik.“ Und er zitiert aus Benjamin Ginsbergs „The Fatal Embrace: Jews and the State“: „Juden spielten in den 1980er Jahren in der amerikanischen Finanz eine zentrale Rolle und waren die hauptsächlichen Nutznießer der Unternehmensfusionen und Umstrukturierungen dieses Jahrzehnts. Heutzutage, obwohl kaum 2% der Bevölkerung der Nation Juden sind, sind die Hälfte ihrer Milliardäre Juden. Die CEOs der drei größten Fernsehsender und der vier größten Filmstudios sind Juden, genauso wie die Besitzer der größten amerikanischen Zeitungskette und der einflussreichsten Zeitung, der *New York Times*.“

Ist es eine Verschwörung der Juden, um die Republik zu stehlen? Nein, es ist keine Verschwörung nötig.

Moderne Demokratie in einer sehr komplizierten Gesellschaft kann man mit einem hoch empfindlichen Computer vergleichen. Die Programme können nur unter einer Bedingung korrekt funktionieren: durch freien Informationsfluss im ganzen System. Wenn jeder Input automatisch nur auf ein Kriterium hin überprüft und für gut befunden wird, nämlich, ob er gut für Juden ist, ist es nicht erstaunlich, dass die Maschine solch eigenartigen Output ausspuckt wie: „Rache an Babylon nehmen für die Zerstörung Jerusalems im Jahr 586 vor Christus.“* Tatsächlich versprach der erste Herrscher Israels, David Ben Gurion, im lang zurückliegenden Jahr 1948: „Wir werden Assyrien, Aram und Ägypten unsere historische Rache spüren lassen.“ Nun wird das in die Tat umgesetzt, da der Irak, Syrien und Ägypten zur Zielscheibe von „Zog“ geworden sind.

Und so kam es durch die Konzentration von Juden in den Medien zur Informationsverzerrung. Eine Übernahme in jedem anderen Bereich der Industrie oder des Handels würde bemerkt, von den Medien würde darüber berichtet werden; doch gegen die Übernahme der Medien ist kein Kraut gewachsen. Die Diskussion dieser unerträglichen Situation wird noch weiter erschwert durch das Tabu der „politischen Korrektheit“. Die politische Korrektheit hat ihre guten Seiten, denn sie macht einem einsamen Außenseiter das Leben leichter. Jedoch hat auch dieses sehr gute und nützliche

---

* Zitiert von Bar Zohar in seiner Biographie von Ben Gurion.

Instrument seine Grenzen. Wäre dem nicht so, könnte man damit auch die südafrikanische Apartheid oder die britische Kolonialherrschaft in Indien verteidigen. Ist es nicht rassistisch den Weißen gegenüber, anzumerken, dass die Weißen die politische Macht in Südafrika innehaben? Sicherlich gibt es dort auch arme und gute Weiße! Man hätte Gandhi als „Rassisten" verdammen können, denn er „bemerkte" die privilegierte Stellung der Briten in Indien. Der Logik der politischen Korrektheit folgend sollte ein guter Amerikaner dem Mahatma antworten: „Ja, es gibt einige reiche und mächtige Briten in Indien, doch es gibt auch arme Tommy Atkinses, Gouvernanten, ehrliche Verwalter, Schriftsteller wie Kipling und Orwell. Andererseits gibt es reiche und mächtige Rajas, bedeutende Brahmanen. Wie können Sie, mein Herr, es wagen, die 'Entkolonialisierung' zu verlangen! Das ist purer antienglischer Rassismus!"

Ein ehemaliger Angehöriger der indischen Air Force, Joe Thomas, erinnerte sich, dass, „obwohl die Bevölkerung der USA heute etwa so groß ist wie die Bevölkerung Indiens vor einem Jahrhundert, die Zahl der Briten in Indien niemals 50.000 überstieg und sie dennoch das Land beherrschten. Sie regierten Indien nicht mit Gewalt, sondern dominierten den indischen Diskurs. Die Inder kämpften für die Briten und schlugen Aufstände nieder. In den zwei Weltkriegen kämpften Hunderttausende Inder als Freiwillige für die Briten. Wenn eine so kleine Gruppe Indien kontrollieren konnte, ist es nicht verwunderlich, dass eine hundertmal so große Gruppe die Vereinigten Staaten von Amerika beeinflussen kann".

Auf keinen Fall sollte man aus rassistischen Gründen heraus handeln. *Au contraire*, der antirassistische Eifer Amerikas sollte sich gegen die jüdischen Rassisten richten – Elliott Abrams, Deborah Lipstadt und ihresgleichen, die Abhandlungen veröffentlichen, in denen Mischehen mit Holocaust verglichen werden. Er sollte sich gegen die Wolfowitz-Clique richten, die um des Schicksals des rassistischen jüdischen Staates willen zum rassistischen Krieg im Mittleren Osten drängt. Er sollte sich gegen Medienbesitzer richten, die eine unproportionelle Anzahl von Juden einstellen und somit nichtjüdische Amerikaner diskriminieren.

Die jüdische Dominanz in den Medien sollte unter anderem durch die Trennung von Werbung und Medien beseitigt werden. Werbende Medien sollten keine Nachrichten oder Artikel enthalten und Nachrichten-Medien sollten keine Werbung enthalten dürfen. Die kommerzielle Werbung in den allgemeinen Medien war (laut Werner Sombart) eine jüdische Erfindung im 18. Jahrhundert. Das war nicht gut für die Gesellschaft im Allgemeinen, da sich die Medien dadurch vom Leser ab- und zum Werbenden hinwandten. Die Trennung könnte durch ein Verbot der Interaktion zwischen Medien und Geschäftswelt verstärkt werden, so wie auch die Interaktion zwischen Polizei und Geschäftswelt verboten ist. Die Medien sind für die Sicherheit einer Gesellschaft wichtiger als die Polizei. Sie sollten frei von Einflüssen sein. Medien sind der Kompass einer Gesellschaft.

III.

Die Konzentration jeglicher Minderheit – ob Koreaner oder Mormonen, Armenier oder Griechen – in den Medien wäre gefährlich. Dennoch hat die Konzentration von Juden ihre Besonderheiten, denn Juden bekennen sich zu einem anderen, nicht-christlichen oder sogar antichristlichen Glauben. Der durchschnittliche jüdische Herausgeber oder Medienbaron ist jedes Mal ziemlich unzufrieden, wenn er auf eine Bezugnahme zu Christus oder der Heiligen Jungfrau stößt, denn selbst ihre Namen sind in seiner Kultur einem starken, expliziten Tabu unterworfen. Im besten Fall wird er diese Bezugnahme mit einem pro-jüdischen Artikel oder Bezug auszugleichen versuchen. Falls christliche Amerikaner sich häufig auf Christus bezögen, würde auch die Häufigkeit jüdischer Referenzen ansteigen, entgegengesetzt proportionell zum jüdischen Anteil an der Bevölkerung.

An diesem Punkt beginnt das Interesse so manchen erleuchteten Lesers zu schwinden. Wo Görings Hand bei der Erwähnung des Wortes „Kultur“ automatisch zum Revolver griff, ist der moderne westliche Mensch darauf konditioniert, beim Wort „Christus“ sofort auf den „Löschen“-Knopf zu drücken. Dennoch stellen wir die Geduld auf eine noch härtere Probe, indem wir das bedeutungsschwangere Wort „Metaphysik“ einbringen.

Junge Fahrer achten häufig nicht auf die Ratschläge des Herstellers und benutzen ungeeignetes Öl für ihre Motoren. Andere benutzen ungeeigneten Treibstoff. Sie sagen: „Mein Auto funktioniert auch so, warum sollte ich also mehr bezahlen?“ Für unsere jungen Fahrer klingen Begriffe wie „Kompression“ oder „Zündung“ wie Kauderwelsch: Sie haben sie noch nie gesehen. Erst nach einigen unerfreulichen Erfahrungen ist ein Fahrer überzeugt, dass die unsichtbare Kompression ein völlig reales Phänomen ist, das sich als plötzliche Panne auf der Autobahn bemerkbar machen kann. Metaphysik ist nichts anderes – eine versteckte, aber völlig reale Kraft in der Maschine unserer Zivilisation. M. Jourdain aus Molières „Der Bürger als Edelmann" war erstaunt darüber, dass er, ohne es zu wissen, sein ganzes Leben in Prosa gesprochen hatte. Wir sind ebenfalls genauso erstaunt darüber, dass wir in unserem täglichen Leben gewisse metaphysische Messgrößen anwenden. Tatsächlich hängt unsere Behandlung von Nachbarn, unser soziales Verhalten von solchem Kauderwelsch wie „die Beziehung zwischen Mensch und Gott" ab.

Das jüdische Konzept der Beziehung von Mensch zu Gott unterscheidet sich metaphysisch von dem – sagen wir einmal – katholischen Konzept, und zwar so sehr, wie sich Diesel von Benzin unterscheidet. Die vorherrschende Stellung der Juden im westlichen Diskurs verursacht dieselben Probleme, die man bekäme, würde man den Tank eines mit Diesel betriebenen Autos mit Benzin füllen.

Der jüdische Glaube in der Form, wie er von gläubigen Juden praktiziert wird, enthält viele positive Ideen, die er mit anderen Religionen teilt. Er hat sich auch viel von anderen religiösen Systemen geborgt – zum Beispiel wurden Worte Christi in die Mischna (ein Teil der Thora) übernommen und Hillel dem Älteren zugeschrieben (laut Niebuhr). Er basiert jedoch auf störender Metaphysik; das metaphysische Niveau überdauert sogar das gegenwärtige niedrige Niveau der jüdischen Religiosität. Laut der jüdischen Lehre schuf der einzige Gott diese einzige Welt und hat keine Verbindung zu ihr. Diese Tatsache wird durch den kabbalistischen Begriff *Zimzum* (der zurückgezogene Gott) bekräftigt. Dies bedeutet, dass Gottes Rückzug aus der Meta-Welt der materiellen Welt etwas „Meta-Raum" überlässt. Die gottlose Welt ist der notwendige Partner des unweltlichen Gottes. Demnach ist die immanente Welt grausam und unbarmherzig, ein Ort ewigen Kriegsgeschehens, während Gott transzendental und unerreichbar ist. „Es gibt keine Propheten", „Gott kann sich nicht in unsere Entscheidungen einschalten", „das Gesetz wurde uns gesandt und Gott kann es nicht ändern" – diese Glaubensgrundsätze schaffen effektiv eine gottlose Welt. Zwar existiert Gott, doch er manifestiert sich nicht.

Im christlichen Glauben überbrückten Christus und die Heilige Jungfrau die Trennung zwischen der Welt und Gott durch dessen Inkarnation in Christus und brachten Barmherzigkeit und Gnade in die Welt. Seither ist die Welt voll des Lichts Christi, des göttlichen Lichts. Menschen wurden zu Brüdern in Christus, seine Seele vereint sie und ein Vergehen an einem Mitmenschen ist auch ein Vergehen an Christus (ich beschreibe die ideale, paradigmatische Metaphysik des christlichen Glaubens, die sich so sehr von der Realität unterscheidet wie das Schema des Motors in Ihrer Gebrauchsanweisung sich vom wahren Motor Ihres fünf Jahre alten Autos unterscheidet).

In der gottlosen Welt der jüdischen Metaphysik gab es einen Lichtblick, (das Volk) Israel, gekrönt von der Thora. Das „Israel" der Juden entspricht dem „Christus" der Christen. Die Beziehung der Angehörigen des Volkes Israel untereinander ist brüderlich, denn sie sind eine Familie (die Nachkommen Jakobs) und erkennen einander an diesem Lichtfunken. Die Ähnlichkeit zur Brüderlichkeit in Christus ist nur äußerlich, denn die Metaphysik ist ziemlich unterschiedlich – während im Christentum jeder Nachkomme Adams und Evas am Licht Christi teilhaben kann, sind in der jüdischen Metaphysik andere Völker, die nicht zu Israel gehören, absolut gottlos und nicht mehr als „denkende Tiere". In einigen esoterischen jüdischen Lehren wird Nichtjuden sogar ihre Abstammung von Adam abgesprochen. Es gibt keine Möglichkeit, jemanden, der nicht Israel angehört, in ein Mitglied zu verwandeln, denn die Bekehrung zum Judentum ist bloß die Behebung eines Fehlers: Gewisse Israeliten wurden nur irrtümlicherweise in eine nicht-israelitische Familie hineingeboren und ihre Bekehrung ist nichts als die öffentliche Anerkennung dieses Irrtums.

(Es gibt ein gutes Beispiel aus dem tatsächlichen Leben von zwei Bekehrten, Jennifer und Andrew. Jennifer konvertierte und zog nach Gaza, um für die palästinensische Sache zu kämpfen. Andrew fuhr nach seiner Bekehrung fort, die Juden und den jüdischen Terror in Palästina in jedem Internet-Forum zu verteidigen. Ich muss den Rabbinern zustimmen: Jennifers Bekehrung war nicht erfolgreich, da sie mit einer christlichen Seele geboren wurde, während Andrew als Jude geboren wurde und seine Bekehrung dies nur offiziell richtig stellte).

Somit ist die Unterscheidung zwischen „uns" und „den anderen", „Insidern" und „Outsidern" im Judentum viel unbeugsamer als in den anderen großen Religionen (wie die zoroastrische Stufe, laut Toynbee ein weiteres Fossil, das friedlich weiter vor sich hin schläft), da Nichtjuden absolut profan sind, während Juden heilig sind. Ein Nichtjude, der eine Welt ohne Gott beschreibt, hat aus jüdischer Sicht heraus Recht, da der Nichtjude keine Verbindung mit Gott hat. Solch ein Nichtjude ist einem Christen vorzuziehen, da der Christ behauptet, einem Juden ebenbürtig zu sein, und das ist in den Augen eines Juden ein Sakrileg. Darum unterstützen prominente Juden in den Medien und Universitäten nach außen hin die Doktrin der religiösen Indifferenz oder des atheistischen Materialismus. „Alle Religionen sind gleich" oder „Religion ist unwichtig" oder „Religion ist eine persönliche Angelegenheit" oder „niemand hat Gott je gesehen" – das ist gleichbedeutend mit „alle Treibstoffe sind gleich", „man kann jede Art von Treibstoff verwenden" oder „niemand hat bis jetzt Kompression gesehen".

Alexander Dugin*, ein zeitgenössischer russisch-traditionalistischer Philosoph und Anhänger von René Guenon, verfolgte den ursprünglichen Fehler der jüdischen Metaphysik bis zu seinem „extremen Kreationismus" zurück, dem Gedanken an den Einen Gott, der aus dem Nichts *(ex nihilo)* eine völlig separate Eine Welt (Monokosmismus) schuf. Man könnte Dugins Ansicht mit der Bemerkung abtun, dass die Schöpfung auch ein Teil des christlichen Dogmas ist. Jedoch ist das Äquivalent in der christlichen Schöpfung die Inkarnation, die Frucht der heiligen göttlichen Vereinigung mit der sterblichen Frau, während die Vorgeschichte aus dem Alten Testament keine Rolle mehr spielt oder im Licht der neuen Ereignisse neu interpretiert wird.

Das Alte Testament konnte von den frühen Christen nicht in seiner Gesamtheit abgelehnt werden, denn der wunderbare Kodex der einheimischen alten palästinensischen Poesie, Liturgie, Metaphysik, Religion und Tradition wurde von den zugewanderten Soferim, den spirituellen Vorfahren der Pharisäer, stark überarbeitet. Die Erinnerung an diese Überarbeitung wurde in der semitischen Welt bewahrt und der Prophet Muhammad bezog sich darauf. Die alte palästinensische Tradition war holistischer, der Gott *El* und seine Frau *Ashera* wurden als der Regen bringende Himmel Palästinas und sein fruchtbares Land integriert. Zusammen bildeten sie das Äquivalent von „Gott" aus dem Alten Testament und das Evangelium bewahrte für uns die letzten Worte Jesu auf dem Kreuz: Er rief *El* an und nicht *Jahwe*.

---

* Siehe seine Werke auf http://www.arctogaia.com

Frühe Christen waren sich der problematischen Seiten des Alten Testaments bewusst, doch sie hatten keine Möglichkeit, die Soferim-Pharisäer-Redigierung rückgängig zu machen und den palästinensischen Text wieder herzustellen. Die Pharisäer, deren Lehre unter den Juden die Oberhand gewann, übernahmen das palästinensische Erbe – so sicher, wie König Macbeth Schottland übernahm.

Die frühen Christen entschieden, sich vom Alten Testament zu entfernen (die Kirche verbat Laien seine Lektüre), doch nicht zu sehr. Sie verließen sich auf Paulus (und später auf den heiligen Augustin), dass es einen Weg gibt, das Alte Testament im Licht des christlichen Geistes neu zu interpretieren. Es stimmt, dass „Mein Kampf" als zionistischer Text neu interpretiert werden kann, und einige zionistische Nazi-Antisemiten von Adolf Eichmann bis Donald Pauly haben das auch getan, doch ich bin der Erste, der zugibt, dass es eine forcierte Interpretation ist. Besser wäre es, die palästinensische Ausgabe des Alten Testaments wieder herzustellen, doch das ist nicht leicht in der Welt des ideologischen Kampfes um die Seelen der Juden, gegen das pharisäische Establishment und seine Erben, die Tannaim.

Der russische Historiker Lev Gumilev* stellte fest, dass das Alte Testament als verborgener Teil der christlichen Tradition aus historischen Gründen erhalten blieb: Im ideologischen Kampf des 1. bis 4. Jahrhunderts zwischen Orthodoxen und Gnostikern wurde das Alte Testament von den Kirchenvätern als praktische Waffe gegen einige esoterische Konzepte der Gnostiker einesetzt. Für die ungezügelten Gnostiker war die materielle Welt böse und sie stuften die Welt als einen Ort ein, der Menschen gegenüber so feindlich war wie die Welt des besiegten jüdischen Denkmusters. Tatsächlich hat das Wiederaufleben des Gnostizismus (Ketzerei der Albigenser, Manichäer und Katharer) seine Gefahr für die Gesellschaft bewiesen. Die Lehre von der bösen Welt würde effektiv alles Leben auf dem Planeten auslöschen.

Jedoch wollte das scharfe Schwert des Alten Testaments nicht in seiner Scheide ruhen. Der massive Import von Gedankengut aus dem Alten Testament durch die Prostestanten belebte das untergetauchte jüdische Denkmuster wieder und führte die Auslöschung der eingeborenen Amerikaner

---

* Siehe Lev Gumilev: Russia and the Great Steppe.

herbei, der „Kanaaiter des neuen Gelobten Landes des neuen auserwählten Volkes", und führte schließlich auch zum Aufstieg der Juden zu ihrer gegenwärtigen privilegierten Stellung in Amerika und somit auch zu ihrer Vormacht im westlichen Diskurs.

(Dies ist der richtige Moment um zu erklären, dass „Jude" für mich ein ideologisches und metaphysisches Konstrukt ist, eine Abkürzung für einen „Anhänger des jüdischen Denkmusters". Niemand muss ein Jude, Katharer oder dialektischer Materialist sein. Der Begriff hat keine rassische Bedeutung, trotz des tief sitzenden Rassismus der Vertreter des jüdischen Denkmusters. Eine rassistisch-nationalistische Ableitung eines „Juden" ist ein Zionist, denn Zionisten konzentrieren ihre Aufmerksamkeit auf das tatsächliche jüdische Volk und glauben an ihren einzigartigen Auserwähltenstatus. Die universalistische Ableitung von „Jude" ist „Mammonit", denn Mammoniten akzeptieren und verallgemeinern die äußerlichen Merkmale des jüdischen Denkmusters. Ein „absoluter Jude" ist Zionist (für sich selbst und für andere Juden) und Mammonit (gegenüber Nichtjuden). Ein Nichtjude kann ein fälschlicherweise altruistischer Zionist oder ein egoistischer Mammonit sein, doch wenn er beide Konzepte übernimmt, wird er zum „Neojuden" – wie Conrad Black, der Besitzer des Großteils der britischen Medien. Ein „perfekter Christ" ist die Antithese des „absoluten Juden", denn er weist sowohl das „göttliche Recht" der Juden, Nichtjuden (in Palästina und anderswo) zu unterdrücken, als auch den mammonitischen Egoismus gegenüber seinem Nächsten zurück. Ein „perfekter Christ" ist ein Anti-Zionist, denn die historischen Juden sind seine potenziellen Brüder, die erleuchtet, nicht aber isoliert und ausgeschlossen werden sollten.

Der weise Rabe ist tot

Nur ein Feind kann eine Lobrede auf einen großen Krieger halten. Sein verletzter Schrei ist süßer als die zustimmenden Worte eines Freundes. Vor kurzem starb mein großartiger Landsmann Edward Said und unsere Waffenbrüder schrieben Nachrufe, die wie kupferne Glocken im Himmel seines Geburtsortes Jerusalem widerklangen. Sie betonten seine Herzensgüte, sein breit gefächertes Wissen, seine unerbittliche Unterstützung für die Unterdrückten in Palästina. Doch für mich kam die erfreulichste Beileidsbezeugung von seinem und unser aller Feind, einem gewissen Zev Chafets, der in der amerikanisch-zionistischen Zeitung *The New York Daily News* Folgendes schrieb: „Said hat die Marines im Libanon 1983 nicht in die Luft gejagt, nicht die palästinensische Intifada ausgelöst und keine Wahabiten-Missionare ausgesandt, um Gewaltanwendung gegen Ungläubige zu predigen. Er hat sicherlich kein Flugzeug ins World Trade Center geflogen. Doch er hat Amerikas intellektuelles Radar gestört."

Wer in aller Welt ist dieser Zev Chafets? Dieses Symbol der Vereinigung zweier jüdischer Eliten, der amerikanischen und der israelischen, ein amerikanischer Jude aus Michigan, ging 1969 nach Israel. Als er beim israelischen Militär war, postierte man ihn an der West Bank und er stellte fest, dass es ihm gefiel, Araber zu misshandeln; er wurde sogar für seine Brutalität gemaßregelt. Seine erste Ehe ging zu Bruch, weil er seine Hand einmal zu oft gegen seine Frau erhob. Seine Karriere als kleiner Sadist machte einen Satz vorwärts, als Menachem Begin Premierminister Israels wurde. Begin machte Chafets zum Chef des Regierungspressebüros. Nun vergiftet er die amerikanischen Gehirne mit seiner rassistischen Propaganda und wirbt für Krieg. Am 19. August 2003 schrieb er: „Das irakische Volk hat seine Wahl getroffen. Es will Barbarei. In der arabischen Welt ist die höfliche Bezeichnung dafür Selbstbestimmung. Die Araber hatten ihre Chance, sich selbst zu regieren. Das Ergebnis waren fast zwei Dutzend verarmte, xenophobe Diktaturen. Das war keine Regierungsform, die den Arabern auferlegt wurde. Im Gegenteil, dies drückt ihre politische Kultur aus. Es enspricht dem Willen der Araber."*

---

* http://www.nydailynews.com/news/col/story/110377p-99696c.html

Und was wollen denn dann „die Juden“ in der Person von Chafets? Am 12. November 2002 verfasste Zev Chafets im *New Haven Register* einen Artikel mit dem Titel „Disarming Iraq Is Only a Start in Middle East“ (Die Entwaffnung des Irak ist nur ein Anfang im Mittleren Osten).* Er erklärte, dass die arabische und die iranische Kultur „irrational“ seien und dass nichts getan werden könnte, um „die kollektive mentale Gesundheit der arabischen Gesellschaften zu verbessern“, außer man dringe in die Länder ein und unterwerfe sie der direkten israelisch-amerikanischen Herrschaft. Kurz gesagt: Sie wollen dominiert werden.

Wenn wir Chafets' eigene Rhetorik umkehren, können wir Folgendes sagen: Chafets überfuhr die schwangere Nuha Swaidan und das Mädchen Rachel Corrie aus Seattle nicht mit einem 65 Tonnen schweren Bulldozer, er schändete die libanesischen Kriegsgefangenen nicht in den dunklen Kellern der Shabak (israelische Sicherheitsbehörde) und er warf sicherlich keine Bomben auf Bagdad und Kabul ab. Er gab diesen Taten seine intellektuelle Unterstützung. Und Edward Said war sein größter Gegner.

Edward Said konnte die mächtige jüdisch-amerikanische Desinformationsmaschine nicht alleine aufhalten, doch er erklärte uns, wie sie funktioniert. Wie der weise Rabe aus Tolkiens „Hobbit“ zeigte er die verwundbaren Stellen des Drachens auf. Er erklärte uns, dass der Kampf um die Berichterstattung, um den Diskurs, das spirituelle Schlachtfeld auf der Erde lebenswichtig war. Er hatte verstanden, dass die „Erklärung“ der Welt außerhalb des englisch-amerikanischen „Kerns“ von Wissenschaftlern und Kolumnenschreibern dem Eroberungsfeldzug vorangeht. Paradoxerweise kam ich zu einer Geschichtsvorlesung von Said im verschneiten Moskau. Das war 1991, als die Theorien von Milton Friedman, Werkzeug des neoliberalen Diskurses, als mächtige systemische Waffe angewendet und die Menschen Russlands in ihrem eigenen Land zu armen Fremden wurden.

Obwohl der Name Edward Said untrennbar mit dem traurigen, quälenden Schicksal des Heiligen Landes verbunden ist, wäre es ein Fehler, sein Werk speziell auf Palästina zu beziehen. Er war für Foucault das, was Karl Marx für Hegel war, denn Marx stürzte Hegel um und stellte seine Theorie auf die Füsse, während sie davor auf dem Kopf stand. Said krempelte

---

* „Er sagt ‘entwaffnen’, doch natürlich meint er damit: den Mittleren Osten angreifen“, kommentierte unser Freund Stanley Heller in seinem Artikel „It's Not Just the Oil“.

Foucault um und brachte seine großartigen Ideen dem Volk nahe. Sein Werk „Orientalismus“ ist eine erleuchtende Lektüre, denn sie erklärt, dass „Bereichsstudien“ des amerikanischen Diskurses – nicht nur Orientstudien, sondern auch Kreml-Studien, russische und chinesische Studien – Werkzeuge zur Unterwerfung sind.

Doch er war auch ein Karl Marx gegenüber Karl Marx selbst. Gewöhnliche Marxisten konzentrierten ihre Aufmerksamkeit auf den Besitz von Produktionsmitteln und sahen kapitalistische Besitzer als die ultimativen Feinde des Volkes an. Said erkannte die wahre Schlachtordnung. Die großen, üblen Geister, die die Politik von ihren Lehrstühlen aus steuern, sind für unsere Zukunft unendlich bedeutender als die reichen, jedoch schwachsinnigen Bastarde. Ihre Übernahme der amerikanischen Universitäten, die Saul Bellow in seinem Werk „Ravelstein“ so klar darstellte, war tatsächlich das wichtigste Ereignis der letzten dreißig Jahre. Jeder, der Medien kontrolliert, fördert eine akademische Schule; jeder, der Universitäten kontrolliert, entscheidet über den Inhalt der Medien; jeder, der Universitäten und Medien kontrolliert, kontrolliert auch die Regierung. Um in biblischen Begriffen zu sprechen: Sulzberger erwählte Leo Strauss, Leo Strauss brachte Wolfowitz hervor, Wolfowitz brachte den Irakkrieg hervor. Bernard Lewis brachte Samuel Huntington hervor und Huntington schuf den Krieg gegen den Islam. Bernard-Henri Levy brachte Andrej Sacharov hervor und die Sowjetunion wurde von Gusinski und Chodorovski privatisiert.

Said lehrte uns, hinter dem akademischen Mantel zurückhaltender Professoren die schweren Geschütze der Flugzeugträger zu erkennen. Er erkannte den einzigartigen Platz zionistischer Ideen in der westlichen imperialistischen Gedankenwelt. Er überließ uns die Weiterentwicklung seiner Gedanken. Als ich auf die zionistische Verbindung und den bösartigen jüdischen Geist des neuen amerikanischen Imperialismus hinwies, wurde ich von den Hütern der kommunistischen Partei stark angegriffen, doch Edward Said gab mir mit seinen Briefen die moralische Unterstützung, die ich bitter nötig hatte.

Edward Said träumte davon, im Tauziehen um die amerikanischen Gehirne arabische Gelder gegen die zionistische Propagandamaschine einzusetzen. Er schaffte es nicht. Nicht umsonst schrieb Chafets, „dass sein Werk ‘Orientalismus’ mehr für den Jihad getan hat als ein Bataillon von Osamas“. Er war tatsächlich ein großer Krieger im Jihad des Geistes und er träumte davon, dass unsere Ideenfabriken diejenigen der JINSA (Jewish Institute for National Security Affairs) in einem spirituellen Armageddon bekämpfen würden. Doch die arabischen Prinzen und die russischen Milliardäre gaben ihr Geld lieber für Greifbareres aus. Sie verstanden nicht, dass Materielles zerbrechlicher und vergänglicher ist als geistige Errungenschaften und dass sie morgen ihre materiellen Güter verlieren werden, weil sie heute nicht in das Spirituelle investiert haben.

Edward Said war ein Araber und es ist nur natürlich, dass er sich häufig auf arabische Erfahrungen bezog. Doch seine Ideen sind für alle jene Völker bedeutend, die von den neuen Herren der Welt als irrelevant eingestuft wurden. Die üblen Hexer, denen er sich widersetzte, sind die Feinde der Menschheit. Sie sind einem Arbeiter aus Detroit gegenüber genauso fremd und feindlich wie gegenüber einem palästinensischen Bauern, einem russischen Wissenschaftler oder einem türkischen Schriftsteller. Wir wissen nicht, wer den Traum von Said verkörpern wird – ein kalifornisches Computergenie, ein saudischer Prinz, ein russischer Medienbaron oder ein weiser chinesischer kommunistischer Anführer, ein indischer Raja oder ein malaiischer Premierminister. Doch es wird geschehen, denn die Magie der Namen sagt uns, dass *Said* (spiritueller Segen) *Chafets* (Streben nach Materiellem) besiegen wird.

Sumud und Flux

Die Palästinenser bezeichnen ihr Zugehörigkeitsgefühl zu einem bestimmten Boden, zu dem besonderen und einzigartigen Stück Land, auf dem sie leben, mit dem Wort *Sumud*. Die Intifada ist eine aktive Form von *Sumud*. „*Sumud* ist eine Form von Widerstand gegen die entwurzelnde Kraft des Zionismus", erklärte Emile Habibi, ein palästinensisch-kommunistischer christlich-orthodoxer Schriftsteller. „Er blieb in Haifa", steht auf seinem Grabstein zu lesen. Obwohl die Juden seine Gemeinde zu entwurzeln versuchten, blieb er standhaft. Das ist *Sumud*.

Sumud ist nicht mit Nationalismus zu verwechseln. Progressive Zionisten stellen den Kampf der Palästinenser häufig dar als den „arabischen Nationalismus, der auf den jüdischen Nationalismus trifft". Darum bieten sie an, diesen imaginären palästinensischen Nationalismus mit Symbolen zu befriedigen – mit einer Flagge, einer Hymne, einem Staat, einem Sitz in der UNO. Die Bindung an einen speziellen Ort auf Erden ist für Juden ein fremder und eigenartiger Gedanke; darum versuchen sie ihre Gefühle auf Palästinenser und andere Völker zu projizieren, denen sie begegnen. Doch unsere Welt wurde auf dem Gedanken von *Sumud*, diesem natürlichen Zustand des Menschen, begründet.

Die erfolgreiche Demokratie der alten Griechen basierte auf *Sumud*. Ein Bürger Athens konnte nicht einfach in einen anderen Stadtstaat, zum Beispiel Megara, ziehen, denn er wurde nicht zum Bürger Megaras. Er hätte zwar dort leben können, doch seine Rechte wären ziemlich eingeschränkt gewesen. Eine Gemeinde sei genau die richtige Staatsgröße für eine bessere Zukunft, das Ideal für die Menschheit, schloss Wladimir Iljitsch Lenin in seinem Werk „Staat und Revolution" und stützte sich auf die Analyse der Pariser Commune von Karl Marx im Jahr 1871. In Zukunft werden örtlich begrenzte, provinzlerische, auf *Sumud* basierende Städte und Dörfer das zerstörte Netz der menschlichen Gesellschaft wiederherstellen.

Die grausamen Neokonservativen, die heutzutage die Außenpolitik der USA bestimmen, sind hauptsächlich Juden und viele von ihnen sind trotzkistischen Ursprungs, bemerkte Michael Lind vom *New Statesman* und bot die Erklärung an, es existiere „eine ausgeprägte trotzkistische politische Kultur, die ihren verbleibenden Einfluss auch bei Individuen zeigt, die den Trotzkismus aufgegeben haben oder nie selbst Trotzkisten waren, diese politische Kultur jedoch von ihren Eltern oder älteren Mentoren geerbt haben. Dies drückt sich in einer ungewöhnlichen Kriegslust in der Außenpolitik aus, in Kombination mit dem Wunsch, die 'Revolution' zu exportieren (zuerst handelte es sich um die sozialistische Revolution, dann, unter ehemaligen Trotzkisten, die ins liberale Zentrum oder nach rechts abwanderten, um die 'globale demokratische Revolution')".*

Das ist ein interessanter, doch ungenügend tief gehender Gedanke – anstatt das Problem auf seine trotzkistischen Wurzeln zu reduzieren, sollten wir den gemeinsamen Ursprung der Trotzkisten und Neokonservativen suchen. Denn sie wollen keine „Revolution", sondern eine globalistische Vision exportieren. Diese Radikalen versuchen die Struktur des Nationenstaates zu zerbrechen und lokale Traditionen auszulöschen, ob unter der roten Fahne oder unter jener mit den Sternen und Streifen. Es scheint, als kümmerten sich diese Leute nicht wirklich um die Fahne, solange sie nur die einheimischen Traditionen und Charakteristika unterminieren und die Vielfalt der Welt auslöschen können.

Trotz enormer Unterschiede haben sie doch viel gemeinsam mit anderen Befürwortern der Globalisierungsbewegung, sei es nun mit George Soros, Friedrich A. von Hayek oder Karl Popper. Die Verbindung zwischen ihrem jüdischen Ursprung und ihren Ansichten ist kein Zufall, wie Avi Beker, Direktor der internationalen Angelegenheiten des World Jewish Congress sowie Mitglied der Ausschüsse von Yad Va-Shem, der Bar Ilan-Universität und von Beth Hatefutsoth, in seinem Werk „Dispersion and Globalization: The Jews and the International Economy"** schreibt: „Eine Untersuchung der Wirtschaftsgeschichte der unterschiedlichen Perioden zeigt immer wieder den außergewöhnlichen Einfluss der Juden auf die wirtschaftliche Entwicklung und besonders ihre Rolle bei der Entstehung von deren weltweiten Aspekten. Von einer geschichtlichen Perspektive aus gesehen scheint es so, als hätten die Zerstreuung des jüdischen

---

* The Weird Men Behind George W Bush's War http://www.newamerica.net/index.cfm?pg=article&pubID=1189 von Michael Lind, Whitehead Senior Fellow, *New Statesman* (UK), 7. April 2003.

** http://www.wjc.org.il/publications/policy_studies/pub_study20.html – Policy Study No. 20 (World Jewish Congress).

Volkes, die Konzentration von Juden in gewissen Wirtschaftszweigen, ihre Bewegung zu Wirtschaftszentren hin, vielleicht sogar ihre nationalen und religiösen Charakteristika ihnen gewisse Vorteile verliehen, die für die Weltwirtschaft in verschiedenen historischen Perioden nötig waren.

Es mag sein, dass jüdische Historiker davon abgeschreckt wurden, die Verbindung zwischen der jüdischen Zerstreuung und dem Globalisierungsprozess der Weltwirtschaft methodisch und vergleichend zu analysieren, eben genau deshalb, weil gegen die Juden antisemitische Anschuldigungen erhoben wurden, sie würden das Weltfinanzwesen ausbeuten und kontrollieren. Die Juden waren nicht die einzigen Anführer der Weltwirtschaft und – entgegen antisemitischen Behauptungen – nicht die Reichsten. Dennoch spielten sie während der verschiedenen geschichtlichen Phasen der Weltwirtschaft eine kritische und innovative Rolle.

Jahrhunderte lang basierte die jüdische Existenz in der Diaspora auf Globalisierung und heute wie auch in anderen Perioden der Vergangenheit förderten die Juden die Ideen der Globalisierung und dienten als ihre Mittler. In der Wirtschaft und auch in anderen Bereichen wurden die einzigartige historische Rolle der Juden und das wesentliche historische Bewusstsein ihrer universellen Mission rehabilitiert."

Es gibt einige Arten, auf die man die jüdische Tendenz zur Internationalisierung und Globalisierung interpretieren kann. Der prominente jüdische Kunstkritiker Clement Greenberg, der großartige Fürsprecher abstrakter Kunst, sagte, es sei möglich, „dass nach 'weltgeschichtlichen' Normen der europäische Jude eine höhere Art von Mensch darstellt, als bisher bekannt war".* Nun, das ist möglich. Es ist auch möglich, dass, wie die Zyniker sagen, die Juden nur wenig Unterschiede zwischen verschiedenen Nationen und Völkern machen; für Juden ist ein Goi ein Goi und die Gojim können alle in einen Topf geworfen werden; und sie zitieren solche jüdischen Erklärungen wie: „Die Nationalitäten müssen verschwinden! Die Religionen auch! Israel wird jedoch nicht zu existieren aufhören, denn dieses kleine Volk ist das von Gott auserwählte."**

Ein jüdischer Witz erzählt von der kommunistischen Zukunft, in der alle Nationalitäten und Religionen verschwunden sind und auf Fragebö-

---

* http://www.jewishtribalreview.org

** Alliance Israélite Universelle.

gen nur eine Frage gestellt wird: „Waren Sie in der prä-kommunistischen Vergangenheit ein Jude?" Obwohl dieser Witz nichtjüdischen Argwohn unterstellt, kann er auch so interpretiert werden, dass das Judentum die Nationen und Religionen überdauern werde.

Kevin McDonald merkte an, dass die Abschaffung der Nationen für die Juden in einem praktischen Sinn nützlich wäre, denn dann könnten sie als Team gegen einzelne Individuen spielen. Dazu müssten sie jedoch die ferne Zukunft vorhersehen können. Leichter ist es, zur Kenntnis zu nehmen, dass der Prozess der Kommunikationserleichterung *(Flux)* gut für Juden ist, denn sie befinden sich in verschiedenen Ländern und können so leicht interagieren. Darum fällt das jüdische Interesse mit den Interessen vieler anderer Menschen zusammen, die nach erleichterter Kommunikation streben.

Doch verbesserte Kommunikationswege stellen nicht nur bloßen Segen dar. Wenn die Kommunikationswege wirklich gut sind und man leicht von A nach B kommt, gibt es bald keinen Grund mehr, von A nach B zu fahren, da A und B einander stark ähneln, wenn nicht sogar identisch werden. Andererseits schützen ein schlechtes Straßennetz und das Fehlen moderner Kommunikationssysteme das Land vor nervtötenden Touristen und grausamen Eindringlingen. Ein englischer Reisender des 19. Jahrhunderts erkundigte sich bei einem schlauen palästinensischen Adeligen, warum Araber denn keine Straßen bauten. Der Palästinenser antwortete: „Warum sollte ich eine Straße bauen, damit ein Fremder meine Frau besuchen kann?" Er hatte Recht – die besseren Straßen zogen fremde Armeen an und danach kamen die Zionisten.

Nun können wir das Denkmuster des *Flux* betrachten, das verschiedenen jüdischen Bewegungen zu Grunde liegt. *Flux* ist die allgemeinste Form der freien Beweglichkeit – ob nun durch liberale wirtschaftliche Maßnahmen wie in der offenen Gesellschaft bei Popper und Hayek oder durch brutale Gewalt der Zionisten oder durch revolutionäre Maßnahmen der Trotzkisten oder durch die US-Militärintervention der Neokonservativen. Alle diese Bewegungen basieren auf *Flux* und nicht auf *Sumud*.

Ein Philosemit würde diesen Gedanken mit dem Standardsatz „Juden stehen immer für Freiheit" ausdrücken, während ein Antisemit sagen würde: „Juden sind darauf versessen, die nichtjüdischen Gesellschaften zu zerstören." Beide werden im Bezug auf die Konsequenzen Recht behalten. Ein Fluss versorgt uns gleichermaßen mit Wasser, befördert Güter und Menschen und zerstört bei Hochwasser Dörfer auf seinem Weg. Man kann daher unmöglich den Schluss ziehen, dass ein „Fluss immer gut ist" oder dass „jüdischer Einfluss immer segensreich ist".

Die Welt sollte nicht als das manichäische Schlachtfeld von Gut und Böse dargestellt werden, sondern eher als die taoistische Arena des ewigen Kampfes entgegengesetzter Kräfte – von Energie und Entropie, von Diversität und Uniformität oder von *Sumud* und *Flux*. Beide Tendenzen werden gebraucht, doch der völlige Sieg einer dieser Kräfte sollte verhindert werden, wenn die Menschheit überleben soll.

Diversität – das heißt Tausende von Stämmen, kulturellen Traditionen, Sprachen und Glaubensrichtungen – ist das verlorene Paradies der Menschheit. Sie ist auch das spirituelle Äquivalent der Ölversorgung, denn Diversität ist eine Energiequelle. Wenn die riesige Batterie der Diversität leer ist, wird Energie frei, Uniformität und Entropie steigen als „Gebühr" für die frei gewordene Energie an. Die Multikulti-Gesellschaft ist falsche Diversität, nur eine kleine Station vor Uniformität und Tod.

Flux leert die „Batterie" der Diversität. In ausgeglichenem Zustand sollte die frei werdende Energie Kunst und Glauben schaffen, doch sie könnte in utilitaristischen Nutzen umgeleitet werden. Mammon, diese Personifizierung des Kultes der Gier, steht mit Gott (Kunst und Glaube) im Wettstreit um die frei werdende Energie, denn wie es bereits im Evangelium steht: „Man kann nicht Gott und Mammon gleichzeitig dienen."

Theologisch ausgedrückt sollte das auserwählte Volk die entladene Energie auf Gott richten und somit den geteilten Stämmen dabei helfen, sich in der Spiritualität zu vereinen. Es hat diesen Zweck voll erfüllt, indem es Christus hervorbrachte. Doch seither fährt es mit der Entladung der Diversitätsbatterie fort. In einer jüdischen Volkssage erweckt ein Zauberlehrling den Golem, einen geistlosen Roboter, zum Leben und befiehlt diesem, ihm Wasser zu bringen. Doch der Zauberlehrling kennt das Zauberwort nicht, das den Golem aufhalten kann, und so bringt die Kreatur so lange Wasser, bis das Haus überschwemmt ist. In einer gewissen Art sind die Juden wie ein entkommener Golem, der unsere Welt überschwemmt. *Sumud* ist das Zauberwort, mit dem man den Golem aufhalten kann.

Flux ist ein Weg zur Freiheit. Denken Sie an eine Herde Schafe, die in einem Stall eingesperrt ist. Die Schafe wollen in die Freiheit der grünen

Wiesen hinaus und ihrer schmutzigen Umgebung entkommen, vielleicht auch aus ihrem Herdendasein ausbrechen und weg von ihrem groben Hirten. Sie können die Tür nicht selbst öffnen, doch sie haben einen Verbündeten in der Außenwelt gefunden, den Wolf. La Fontaine kannte den Ausgang der Geschichte, doch wir kannten ihn nicht. Die Schafe können noch gerettet werden, wenn sie die Absichten des Wolfs erkennen und seine weiteren Pläne aufhalten, den *Flux* von Hammelfleisch in seinen Magen zu ermöglichen.

Unbegrenzter *Flux* ist tödlich für die Menschen. Sie können dies bei ihrem nächsten Türkeiurlaub herausfinden. Während Ihre Freunde sich am Strand aalen, nehmen Sie ein Auto und fahren Sie in die bergige Gegend von Anatolien. Dort werden Sie an reißenden Flüssen und Stromschnellen die Ruinen großartiger byzantinischer Städte finden, zusammen mit verlassenen Kirchen. Der heilige Paulus, ein Einheimischer, besuchte sie und der heilige Johannes sandte ihnen feurige Episteln. Welche Katastrophe kam über sie? Sie fielen *Flux* zum Opfer. Vor tausend Jahren lebten in den Bergen und Tälern von Asia Minor robuste Byzantiner. Die Anatolier, Bauern und Krieger, stellten das Hinterland der entwickelten Städte an der Küste dar. Als Konstantinopel von den Arabern in ihrem gegen Norden gerichteten Blitzkrieg angegriffen wurde, hielten die Anatolier die Invasion auf und bildeten einen Puffer zwischen den moslemischen arabischen Ländern und dem orthodoxen byzantinischen Imperium. Die Anatolier hielten sich die Perser und das Kalifat von Bagdad vom Leib und das Imperium existierte in Frieden.

Doch dann fanden neoliberale Ideen ihren Weg nach Byzanz, denn diese gar nicht neuen Erfindungen des Nobelpreisträgers Milton Friedman gehören zusammen mit dem Wucher zu den ältesten vom Menschen entdeckten Plagen. Die byzantinischen Neoliberalen erklärten den einheimischen Adeligen und den aufstrebenden Kapitalisten, dass es Sinn mache, das anatolische Land zu privatisieren, die kommerziell unprofitable Agrikultur in den Bergen aufzugeben und stattdessen in großem Umfang Schafweiden zu entwickeln. Die Reichen und Mächtigen folgten ihrem schlüssigen Rat. Sie beschlagnahmten die Ländereien, verwandelten sie in Weideland und erzielten einen schönen Profit. Die nun arbeitslosen und besitzlosen Bauern verließen ihre verödeten Berge und strömten nach Konstantinopel.

Das neoliberale Gedankengut bewies seinen Wert – die große Stadt am Bosporus bekam große Lieferungen an billig produziertem Hammelfleisch und gleichermaßen billiger Arbeitskraft. Zur selben Zeit blickten die turkmenischen Stämme über die Grenze nach Anatolien und erlebten eine freudige Überraschung – sie sahen die völlig Leere, die in Asia Minor herrschte, das nur noch von großen Schafherden und einigen Hirten bevölkert wurde. Sie drangen in das Gebiet ein, machten aus den Schafen Kebab, nahmen die einheimischen Schäfer auf und schufen das osmanische Reich. Nach einiger Zeit nahmen sie auch die große Stadt ein, denn eine Stadt ohne Hinterland kann nicht lange Widerstand leisten.

Das war das Ende des byzantinischen Imperiums. Es wurde nicht von den Türken zerstört, wie uns die Schulbücher lehren, sondern von den Neoliberalen; die Türken übernahmen nur das entvölkerte Land. Dasselbe Ende steht dem jüdisch-amerikanischen Imperium bevor, denn es zerstört unaufhaltsam die Basis seiner Macht. Dennoch haben seine Ideologen auch ein oder zwei Dinge aus der Geschichte gelernt und eine Lösung gefunden: Sie wenden ihre Politik auf weltweiter Ebene an. In der Tat: Wären die turkmenischen Stämme ebenfalls neoliberalisiert worden, hätten sie niemals Anatolien übernommen, sondern würden in ihrer Steppe in Ausbeuterbetrieben schwitzen. Wenn die Anhänger von *Flux* erfolgreich sind, steht der gesamten Menschheit eine düstere Zukunft bevor.

Die Menschheit hat eine lange Verbindung zu *Flux*. Es gab uns mehr persönliche Freiheit, als wir ohne es gehabt hätten. Doch diese Freiheit erhielten wir nicht umsonst; sie kostete uns wertvolle Diversität. Wenn wir sie ganz verlieren, werden wir spirituell sterben. Um zu überleben, sollten wir uns wieder *Sumud* zuwenden.

Die linken und rechten Denker des 19. Jahrhunderts, vom Bauernsohn Pierre-Joseph Proudhon bis zu dem brillanten Wiener Otto Weininger, spürten intuitiv, dass Juden unter günstigen Bedingungen erfolgreich sind, während *Sumud* die nichtjüdische Antwort auf exzessives *Flux* darstellt. Daher kann der gegenwärtige Aufstieg der Juden als Besorgnis erregendes Symptom für die Menschheit angesehen werden.

Das bedeutet nicht, dass Juden am Ursprung von *Flux* stehen, denn wir beobachten das Phänomen des *Flux* auch ohne Juden. Ihr Platz kann auch von Asiaten in Ostafrika eingenommen werden, von Bengalen in Indien, Schotten in England, Yankees in den USA oder von heimischen *Flux*-Anhängern. Antisemiten glauben, die Entfernung der Juden von ihren Positionen würde das Problem des exzessiven *Flux* lösen. Doch das ist wie der klassische Fehler eines unerfahrenen Arztes, der ein Linderungsmittel verschreibt, ohne sich um die Krankheit zu kümmern. Diskriminierung gegen Juden ist nicht nur moralisch verwerflich, sondern auch die falsche Strategie. Würden die Juden entfernt werden, würden ihre Plätze nur von aufstrebenden „Juden" nichtjüdischen Ursprungs eingenommen. Stattdessen sollte die Gesellschaft diesen großartigen Indikator nutzen: Wenn die Juden als Banker Erfolg haben, sollte das Bankensystem neu organisiert werden, bis der Erfolg von Bankern Geschichte ist – wie der von holländischen Tulpenzüchtern. Wladimir Iljitsch Lenin schlug vor, das Einkommen von Bankern solle das Gehalt eines durchschnittlichen Arbeiters nicht übertreffen, und das half: Im sowjetischen Russland zog das Bankensystem, unter fehlender Diskriminierung, Juden nicht an.

Wenn Juden in den Medien erfolgreich sind, sollten die Medien demokratisiert werden. Das Internet bietet uns ein freies, für alle zugängliches Forum, um Ansichten auszutauschen und Informationen zu sammeln. Wenn Juden sich in der Werbebranche sammeln, sollte dieses Genre abgeschafft werden. Ohne ständige Aufforderungen zu Kauf und Konsum werden wir besser leben. Wenn Juden in den USA den Hauptanteil der Anwälte darstellen, sollte das Rechtssystem neu angepasst werden, bis Millionenklagen auf Schadenersatz vergessen sind.

Wenn Juden sich – wie im 19. Jahrhundert im russischen Imperium – in der Alkoholproduktion konzentrieren, gibt es auch dafür eine Lösung. Die russische Regierung verstaatlichte damals die Brauereien und bezog durch sie mehr Einkommen als durch Steuern, was auch gleichzeitig die hohen Zahlen an Alkoholvergiftungen eliminierte. (Eher diese Verstaatlichung und nicht die Verfolgungen trieb die Juden zur Auswanderung in die USA.)

Flux manifestiert sich auch im Imperialismus. Der moderne amerikanische Imperialismus wird von den rechten Neokonservativen vorangetrieben. Doch die linke Trotzki-Fraktion in der UdSSR unterstützte die imperialistische Politik der weltweiten Revolution, bis sie von Stalin mit seinem *Sumud*-Slogan „Sozialismus in einem Land" gestoppt wurde. Der britische Imperialismus wurde vom rechten britischen Premierminister Disraeli unterstützt, der, obwohl getauft, immer noch jüdisch anmaßend und ein grimmiger Chauvinist war. (Disraeli träumte von der Erschaffung eines jüdischen Staates, er – und nicht Theodor Herzl – war der wahre Begründer des Zionismus.) Laut der „Encyclopaedia Britannica“ kämpfte Disraeli gegen die vernünftige Überzeugung der Engländer an, „die Kolonien seien nur Mühlsteine um den Hals des Mutterlandes“. Der französische Linkspolitiker Adolphe Crémieux, Begründer der Alliance Israélite Universale, war ein großer Unterstützer des französischen Imperialismus. (Er gab den algerischen Juden die französische Staatsbürgerschaft und ließ ihre muslimischen Nachbarn in ihrem eigenen Land als Bürger zweiter Klasse zurück. So säte er, was in den 1950er Jahren zum Algerienkrieg führen sollte.)

Der Imperialismus verbesserte das Dasein der durchschnittlichen Engländer und Franzosen des „Mutterlandes“ nicht. Er brachte ihnen viele Kriege sowie Massenimmigration und endete in völliger Erschöpfung. Verfügten wir noch über einen weiteren Erdball, könnten wir dem amerikanischen Imperialismus freien Lauf lassen, bis das System kollabiert, doch leider wird unsere Welt früher zusammenbrechen. *Sumud* ist also eine antiimperialistische Strömung, die von Gladstones oder Pat Buchanans Rechter und von der Linken des Eugene V. Debs von IWW (Industrial Workers of the World) hochgehalten werden kann.

Die Bewegung des Gay Pride muss *Flux* zugeordnet werden. In dieser Kombination bin ich nicht gegen das Wort „gay“ – schwul. Schließlich ist das Privatleben von Männern und Frauen ihre persönliche Angelegenheit. Doch Anmaßung ist keine private Angelegenheit und „pride“ – Stolz – ist nur die englische Übersetzung von Anmaßung.

Das bedeutet nicht, dass *Flux* eliminiert werden sollte. Die Welt braucht etwas *Flux*, denn ohne *Flux* gäbe es keine universellen Ideen, keinen großartigen Informationsaustausch im Internet. Doch seine Anmaßung sollte durch größere Bewusstwerdung gebrochen werden, denn *Flux* verbraucht die aufgebaute Energie der Diversität, unser gemeinsames Erbe. In ähnlicher Weise erblühen jüdische Siedlungen mit ihren grünen Rasen und Swimmingpools auf Kosten des unersetzlichen Grundwassers und trocknen so die palästinensischen Dörfer aus.

Dieser *Flux*- und *Sumud*-Ansatz ist kein rassistischer, er steht dem Slogan „Blut und Boden“ diametral gegenüber. Boden ist von Dauer, denn Blut reicht nicht wirklich aus. Nach 1993 kamen viele palästinensische Flüchtlinge nach Palästina zurück. Das ist eine gute Sache; hoffentlich werden noch viel mehr zurückkehren dürfen. Doch sie haben viele Jahre lang im Ausland gelebt und die Verbindung zum Boden verloren. Sie sind nun Anhänger des *Flux* und in einer besseren Welt müssten sie von den einheimischen Bauern lernen, wie sie wieder zu Einheimischen werden können. Doch in Wirklichkeit belehren die *Flux*-Anhänger die Einheimischen durch ihr Beispiel und ihren Erfolg. Die einheimischen Dorf- und Stadtbewohner Palästinas drücken oft ihren Unmut über den Aufstieg der Zurückgekehrten aus. Die Heimkehrer sind ihre engen Verwandten, häufig ihre Cousins, doch die Macht in Ramallah und Gaza ist – auf Kosten der Einheimischen – ungleichmäßig verteilt.

Dennoch ist dies keine Frage von Macht. Mein guter Freund Sam, ein amerikanisch-palästinensischer Heimkehrer, baute in Ramallah ein Einkaufszentrum, obwohl dieses Einkaufszentrum die Loslösung der einheimischen palästinensischen Kinder von ihrem Boden beschleunigen wird. Die grünen Hügel um Ramallah sind ein gefährlicher Ort, um ausgelassen zu sein, denn aufmerksame israelische Heckenschützen schießen auf Kinder und Erwachsene gleichermaßen und die Kinder aus Ramallah müssen in den Gängen des Einkaufszentrums herumlaufen. Morgen werden sie dann keinen Bezug mehr zu den Hügeln haben, sie werden die von Menschen gemachte Umgebung bevorzugen. So haben sich das *Flux* der israelischen Armee und das kapitalistische *Flux* des amerikanischen Einkaufszentrums gegen das palästinensische *Sumud* verschworen. Die guten Absichten von Sam führen zu weniger wünschenswerten Ergebnissen.

Was können die Heimkehrer oder alle möglichen Immigranten auf der Welt tun? Sind sie – wir – dazu verdammt, *Flux* zu unterstützen, nachdem wir von unseren Geburtsorten entwurzelt wurden, durch Krieg, durch Hungersnot, durch Neugier oder Zufall? Nein.

In Britisch-Indien musste ein Raj-Beamter, der weit entfernt von den britischen Machtzentren stationiert war, einen jährlichen Bericht an seine Zahlmeister senden. Manchmal lasen sie ihn sorgfältig und schrieben auf die letzte Seite: „Thompson ist hoffnungslos. Er ist ein Einheimischer geworden.“ Das bedeutete: Er hatte eine Einheimische zur Frau genommen, trug einheimische Kleidung, verbrachte Zeit mit Einheimischen und kümmerte sich nicht sehr um die Sorgen der Weißen. Er war für das Imperium verloren, für *Flux*, denn er hatte die Grenze überschritten und sich einem neuen *Sumud* angeschlossen.

Ernest Fenollosa, ein amerikanischer Orientalist aus Salem/Massachusetts mit sephardischem Ursprung, wurde im Japan der Meiji-Ära zum Einheimischen. Er lernte die Sprache, verliebte sich in die japanische Kultur und rettete das traditionelle japanische Theater, Noh – die Quintessenz des japanischen *Sumud* –, vor dem Untergang. Sein Werk inspirierte Ezra Pound, einen weiteren *Sumud*-Anhänger.

Das ist unser Ausweg: zu Einheimischen zu werden, *Flux* aufzugeben und uns einem neuen *Sumud* anzuschließen, die Lebensweise und die Bräuche des Landes zu lernen, den dort geltenden Regeln zu folgen, das Volk zu lieben, sich seiner Kirche anzuschließen, seine Führung anzunehmen, die Anmaßung von *Flux* zurückzuweisen und die Idee von *Sumud* lieben zu lernen. Daran dachte ich, während ich einem palästinensischen Bauern bei der Olivenernte half und dabei in die Gewehrläufe der Siedler blickte.

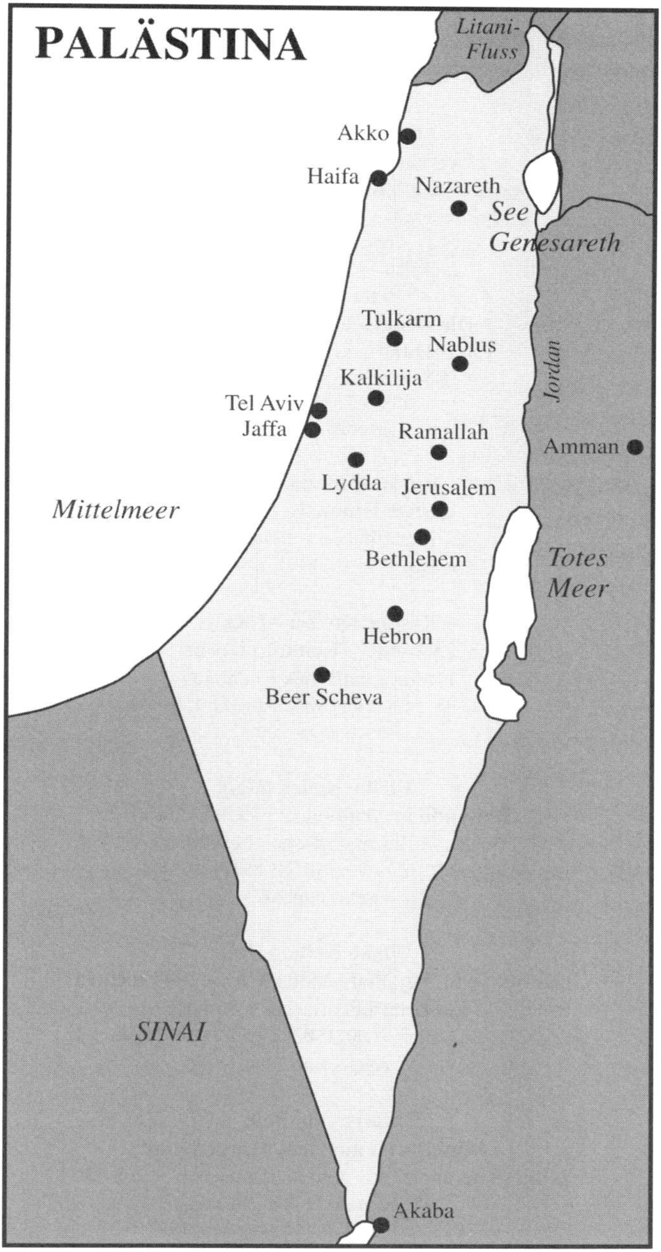
PALÄSTINA
Litani-
Fluss
Akko
Haifa
Nazareth
See
Genesareth
Tulkarm
Nablus
Jordan
Kalkilija
Tel Aviv
Jaffa
Ramallah
Amman
Lydda
Jerusalem
Mittelmeer
Bethlehem
Totes
Meer
Hebron
Beer Scheva
SINAI
Akaba

ARABISCHE WELT
im Promedia-Verlag

Fritz Edlinger (Hg.)
Befreiungskampf in Palästina
Von der Madrid-Konferenz zur Al Aqsa-Intifada
240 Seiten, € 17,90; ISBN 3-85371-178-2
erschienen: 2001

Peter Feldbauer
Die islamische Welt 600 - 1250
Ein Frühfall von Unterentwicklung?
616 Seiten, br., gr. Format, € 39,90
ISBN 3-900478-92-9
erschienen: 1997

Rosina-Fawzia Al-Rawi
Gelber Himmel - rote Erde
Frauenleben in Palästina
220 Seiten, € 15,90; ISBN 3-900478-77-5

Rosina-Fawzia Al-Rawi
Zwischen Tisch und Diwan
Ein orientalisches Kochbuch
232 S., € 17,90; ISBN 3-85371-155-3
erschienen: 2000

Ulrike Keller (Hg.)
Reisende in Arabien (25 v.Chr. - 2000)
Ein kulturhistorisches Lesebuch
232 S., € 17,90; ISBN 3-85371-193-6
erschienen: 2003

Ulrike Keller (Hg.)
Reisende in Ägypten (2200 v.Chr. - 2000 n.Chr.)
Ein kulturhistorisches Lesebuch
232 S., € 17,90; ISBN 3-85371-169-3
erschienen: 2004

Gertrude Bell:
„Miniaturen aus dem Morgenland“
Reiseerinnerungen aus dem Osmanischen Reich 1892
224 Seiten, € 21,90, gebunden
ISBN 3-85371-125-1; erschienen: 1997